なぜ生命は捧げられるか

日本の動物供養

Harada Nobuo
原田信男

御茶の水書房

はじめに

私たちの生命は、地球上における生物体系の一環として、存在を許されている。もし地球以外の宇宙に生命体が存在しなければ、私たちはここだけで生きるほかなく、他の天体に移動したとしても、基本的には地球からの食料に支えられねばならない、という宿命を負っている。つまり私たちが毎日体内に摂り入れている食物は、水と塩を除けば、全て地球上の有機体つまり生命そのものなのである。米やパンそれに野菜は植物であり、魚や肉は動物であるという事実を認めねばならない。

しかも地球上の生命そのものには、一種の秩序があり、動物は植物が排出する酸素を吸って生きると同時に植物や他の動物を食べて成長し、植物は動物の排泄物や死骸に含まれる窒素などによって育つ。地球上の生命体同士が、食べたり食べられたりしている。人間が他の生物に食べられることは極端に少なくなったが、基本的には食べる食べられるという原理が自然界を貫く法則なのである。

地球上の生命は、いわゆる食物連鎖によって支えられているが、私たち人間は、知識と技術を集団的に駆使して、いつの間にか地球上における生命体のヒエラルキーの頂点に立つに至った。すなわち我々は、可食可能なあらゆる生命体を口に入れる技術と権利を手に入れたが、これには地球環境自体の管理・運営の義務を果たすべき責任が伴う。

地球が生み出す生命体をそのまま利用していた狩猟・採取という段階から進んで、自らが食べるべき生命体を創り出す牧畜・遊牧、さらには農耕という生産活動を営み始めた時から、私たちは地球環境そのものの改造に手を染めた。とくに農耕には、山林や原野を切り開いて畑地や水田という植物の工場を設けることが重要で、それに必要な水分を大量に補給するために、人間は大幅に大地を作り変えてきた。さらには食料のみならず、より豊かな生活のための木材や金属などといった有機物や無機物を求めて、やがては大規模に地球環境を変えるという大改変を行ってきた。

それは数多くの人々が生きていくために必要な営為であったが、それが今まさに地球環境問題として表面化し、人間自身に地球の管理能力が問われている。とくに現代日本では、飢えに苦しむ多くの発展途上国が存在するなかで、あり余る食料に恵まれ、飽食や食料廃棄を繰り返している。しかし、これはきわめて最近のことで、人々は実に長い間、いかに食料を安定させるか、という課題に腐心してきた。豊作は切実な願いであった。

日本列島に人々が暮らし始めたのはほぼ七〜八万年前のことであるが、確実に生活の痕跡が残る後期旧石器時代は約三万年前に始まったとされている。この時期から現在までを仮に一年と見立てれば、日本人の主食である米が安定供給可能となった一九六〇年代以降の五〇年間は、わずか一五時間三〇分に過ぎない。つまり日本人の生活史カレンダーからすれば、食料の安定したのは、元旦から数えて一二月三一日の午前八時三〇分頃の出来事で、実に長い間飢え続けてきたのである。

そうした長期間における人々の最大の願いは、何よりも食料が安定して、身辺に事故や災いが起こらないことであった。もともと身体も小さく動物的運動能力も低い人間は、一人では生きていくことが難しいことから、手と頭脳さらには言語を用いて集団行動を取ったところに、最大の生物的特徴がある。生きていくための食料を確保するためには、一家や一族あるいは村単位の協力が必要で、それらの集団ごとに何事もなく安穏な毎日を送ることが、もっとも大切な生活の指標であった。

それゆえ知識と技術の進歩によって、徐々に食料生産力は発展してきたが、その遂行のために人間は、集団化せざるをえなかった。そうすることで、より豊かで安定した生活を獲得したが、このことは社会的な分業を発達させ、複雑な組織を作り上げるという結果を招き、自らの属する集団の防御と維持という大きな課題を背負い込むところとなった。そのために、さらに多くの食料が必要となり、その再分配に際しては、収奪という弊害も内包せざるを得なかったことから、安定した集団的食料の確保は容易ではなかった。

このような状況のなかで、生活の安定を目指して、人々は自然界を支配する神に祈りを捧げ、それを形にしようとさまざまな祭祀を創出してきた。大きく分けて幸福実現に向けた祭祀には、食物の確保を目的とした農耕などの豊穣祭祀と、不幸を近づけないための除厄祭祀とがある。これらの両面を合わせもつものに祖先祭祀があり、祖霊神を祀ることで、現在の自分たちの安穏を約束してもらおうとした。だからこそ、そうした祭祀には、神への感謝の意が、モノとして明確に示されねばならなかった。つまり人々は、神への供物を用意し、代わりにその恩恵に預かろうとしたのである。

すなわち神に捧げられる供物は、貴重なものであればあるほど、効果が高いと考えられた。おそらくは植物など日常の食物から始まったのであろうが、やがては大切な動物の生命が供されるようになった。そして最終的には、人間の命までもが神のために捧げられるに至る。この場合の神とは、それを祀る人々の意志を受け入れてくれる存在であり、人間集団の願望そのものといってもよいだろう。

本書のタイトルである「なぜ生命は捧げられるか」の答は、ある意味では単純で、貴重な生命を神に捧げることで、生活の安穏を求めたためである。しかし、植物ではなく動物が捧げられるに至る経緯は、食料の生産活動と密接に関連するもので、その実態や現実の理念のあり方は、時代とともに変化するため、実際にはかなり複雑な様相を呈している。

旧著『歴史のなかの米と肉』［原田：一九九三］に対して、あまりにも米と肉との対立を強調しすぎたのではないか、というご意見を頂戴した。確かに政治的な軸で日本の歴史を見直すと、〝聖なる〟米と〝穢れた〟肉という構図が浮かび上がってくることは否定できない。ただ、それ以来、米と肉の対立のみで日本の歴史を語るだけではなく、共存してきたという事実も明らかにしなければならないという新たな課題が、私の背中にしっかりと覆い被さってしまった。

米を同じように主食とする東アジア・東南アジア社会において、日本の米文化はきわめて異様であるといわざるを得ない。基本的に稲作社会では、それに必要な大量の水に棲む魚が重要な位置を占めるとともに、併せて簡単に飼育できるブタを伴うのが一般的である。ところが日本では、ブタを欠落させたどころか、肉食そのものを排除してきたという歴史がある。しかし現実には、初めから肉を遠ざけたわけではなく、まさに歴史の選択として、そうした米文化を形成したにすぎない。すなわち日本にも、米と肉とが共存した時代と社会があったことになる。

これまで日本では、歴史的に肉を食べてこなかったという〝常識〟を前提に、多くの研究者たちが、神への供物に動物など用いることはなく、それは昔から米であったと思い込んできたという経緯がある。そこで本書では、旧著の問題意識を継承・深化し、日本における動物供犠を農耕との関連から明らかにするために、東アジア・東南アジアという観点に立って、その歴史的位置を検討していきたいと思う。

このため本編では、中国大陸と朝鮮半島における動物供犠の在り方を探った上で、その日本列島における存在を、さまざまな角度から検討するとともに、その歴史的展開の具体相を追求する。そして野獣と家畜という観点に立ち、縄文的祭祀から弥生的供犠へ、さらには大陸・半島的供犠の移入という発展の各段階を明らかにしたのちに、人身御供や首狩りの問題にも言及していく。

また付編では、稲作を基本とする東アジア・東南アジアのなかでも特異な動物供犠や肉食の否定という枠組みが、日本古代に形成されたという事実に注目したい。まず補論一では、そうした選択の背景に、稲作儀礼におけるタブーという問題があり、その萌芽はすでに『魏志』倭人伝に見られたが、そうした方向性を強く志向したのが古代国家であったことを指摘する。

そして補論二では、こうした古代国家の意志が、独自の殺生罪業観を形成させ、狩猟・漁撈という生業を農耕の裏側へと追いやった過程について検証していく。

なお捧げられる生命と儀礼の関係については、本書姉妹編『捧げられる生命――沖縄の動物供犠』の序論で簡単なスケッチを試みたので参照されたい［原田ほか：二〇一二］。

なぜ生命は捧げられるか　目次

目次

なぜ生命は捧げられるか

——日本の動物供犠——

本編　日本における動物供犠の位置

序　章　動物供犠の系譜――野獣と家畜

日本における動物供犠は、きわめて古い時代にまで溯ると考えられるが、それならなぜ史料的な裏付けが確認されていないのか、という大問題に突き当たる。これまでの数多くの研究者たちは、あたかも常識かのように、歴史的に肉を嫌ってきた日本人が、動物の犠牲など行ってきたはずがない、という先入観にとらわれてきた。それゆえわずかに動物の供犠を示す史料があっても、それは特別な例外、あるいは異国の風習と見なすことで、そうした価値観の正統性を固持してきた。

もちろん喜田貞吉のように、古くから動物供犠の存在を指摘した研究者もいたが、それが全体の研究俎上に載せられることはなく、議論として注目されなかったために、そうした先入観に訂正を加えることができなかった。さすがに近年では、網野善彦によって水田中心史観への批判が行われ[網野：一九八〇]、さまざまな角度から日本史の実像が見直されるようになったが、まだ動物供犠の問題に関しては、その検討が不充分だといってよいだろう。

そうした日本の動物供犠を考える場合に、自らの反省も含めて問題点を指摘すれば、ほとんど野獣と家畜との区別が曖昧であったことがあげられる。これは日本における家畜飼育の伝統が弱いためで、両者の区別を明確にしつつ、この問題を検討していく必要があろう。もともと中国では、家畜としてのウシやヒツジが供犠動物として捧げられてきたが、それは畑作と牧畜を組み合わせた黄河文明の延長線上に位置するものであった。

また中国には、その南方に水田稲作と漁撈にブタ飼育をセットとした長江文明の伝統があり、そこでは野獣の利用も行われていた。そして北方に畑作農耕に家畜飼育を組み合わせた黄河文明が古くから栄えていたのである。こうした背景のもとで日本では、弥生時代に受け入れた南の長江文明的生活様式を基礎としつつも、古代律令国家成立期に北の黄河文明的社会システムを基調とした政治体制を築き上げてきたという経緯がある。

そして、それらが対立・融合していく過程で、今日の日本社会の原型が生まれたとみなさねばならない。これに伴って、日本における動物供犠も、時代によって変化を余儀なくされたとすべきだろう。そのあり方と変容の内実については、以下の本論で展開することになるが、日本における動物祭祀と供犠については、基本的に次の三つのタイプがあったと考えている。①狩猟のためのもので供犠とは呼び得ない縄文的な動物祭祀、②農耕のために野獣（＋ブタ）を用いる弥生的供犠、③農耕のために牛馬を用いる大陸・半島的供犠、の三種である。

こうした三つの系譜を整理しない限り、日本における動物祭祀と供犠の展開と衰退とを正しく理解することはできないものと思われる。まず、このことを念頭に置いて、最初に中国大陸における動物供犠の問題を概観し、その後に朝鮮半島のそれを踏まえた上で、日本における動物供犠の存在を明らかにするとともに、三つのタイプについて、順次、具体的に検討していくこととしたい。

第一章　中国大陸の動物供犠——黄河文明と長江文明

第一節　古代中国の動物供犠

いうまでもなく日本の文化には、西方の中国大陸や朝鮮半島だけでなく、北方ルートや南方ルートからも、さまざまな文化要素が流入しており、それらが渾然一体となって、長い時間をかけながら形成されたものである。

もちろん、列島における歴史の展開のなかで、独自の発展を遂げてきた点を無視することもできない。しかし中国に発生した巨大文明が、周辺諸国に与えた影響力の大きさは圧倒的なもので、日本も例外ではなかった。とくに日本文化の形成において、漢字文化そのものと、中国における習俗や思想・技術が与えた影響力を、決して過小評価すべきではない。

たしかに日本における漢字の使用は、紀元一世紀前後のこととされているが、必ずしも漢字を伴わなくても、それ以前にさまざまな習俗や文化が、中国からもたらされていたと考えねばならない。とくに日本の弥生時代には、水田稲作による生産力の著しい発展によって、一気に社会の成熟度が高まったが、その時期に中国社会は較べものにならないほどの高度な文明を形成していた。

仮に弥生時代を最大限遡らせて、その始期を紀元前八世紀にまで引き上げたとしても、すでに中国では古代王朝の周が終わりを告げて、春秋戦国時代への胎動を始めていたことになる。この時期に中国では、漢字文化が著しく開花し、『周礼』や『礼記』に見られるように、盛んに祭祀が行われていた。とりわけ、この祭祀には犠牲つまり動物供犠が付きもので、その内実が整えられており、そこには日本の動物供犠に共通する部分と相異する点とが、明らかに存在する。

にもかかわらず、これまで日本の供犠研究が、中国のそれを充分に検討してこなかったことは大いに問題だろう。儒教の経典の一つとされる『礼記』は、まさに儀礼そのものを体系的に記した書物で、そこには動物供犠の次第について、実に豊富な内容が示されている。こうした動物供犠については、周代に始まったものではなく、それ以前の殷代にも行われており、古く長い歴史を有するものである点に注目しなければならない。そこで本書では、日本の動物供犠を論ずるにあたって、まず中国における事例を、農耕との関連から見ていくこととしたい。

世界四大文明の一つとされる中国の黄河文明は、中原の河南省一帯を中心に栄えたもので、他の三大文明とともに農耕という生産様式に支えられている点が重要だろう。もともと中国の歴史においては、神話時代のこととして、夏・殷・周という三王朝が存在したとされている。これらの王朝については、古典籍の記すところで信用に価しないとされた時期もあったが、その後における考古学の発達は、その実在を示すとともに、さらには内実についても多くを明らかにしつつある。

すでに殷・周に関しては、甲骨文や金石文さらには漢字の記すところから、その存在が証明済みであるが、最初の王朝とされる夏についても、同時代のものと考えられる遺跡が発掘されるに至った。

河南省偃師市の二里頭《にりとう》遺跡は、紀元前一八〇〇～一五〇〇年頃の宮殿遺跡で、少なくとも前半期は夏の時代のものと見られ、後半期からは殷の文物が出土するところから、殷代初期の都城と考えられている。二里頭遺跡の宮殿が、夏王朝そのものの帝都かどうかは別にしても、初期国家の痕跡を示すものであることに疑いはない。

もともと中国の神話では、紀元前二七四〇年という時代の皇帝である神農が、人々に医術と農耕を教えたとされているが、あくまでも伝承にすぎない。神農は農耕の神と崇められているが、すでに黄河南岸の中原地域では、紀元前七〇〇〇～五〇〇〇年前に裴李崗《はいりこう》文化が起こり、粟を中心としてブタを飼育する農耕・牧畜が行われていた。このほか長江中流域の湖南省北西部でも、紀元前七五〇〇～六〇〇〇年の時期に、稲を栽培していたと推定される膨頭山《ほうとうざん》文化の存在も知られている。

こうした農業の発達が、四〇〇〇年も前に国家の出現を促したわけで、まさに二里頭遺跡は黄河文明の萌芽を物語るものといえよう。この黄河文明は、もともと粟・稗を主体とするものであったが、後にはシルクロード経由でもたらされた麦を伴って、著しい展開を遂げるところとなった。西アジアからの小麦・大麦の移入は、夏に続く殷代のこととされている［ブレイ：二〇〇七］。

しかし近年の考古学上の成果によれば、すでに殷に先行し二里頭文化に属する洛陽市皁角樹《そうかくじゅ》遺跡からは、粟が最も主要な作物で、次いで黍が多く栽培されていたことが判明すると同時に、小麦・大麦および稲が検出されている［岡村：二〇〇三］。水稲か陸稲かは判然としないが、おそらくは畑作物の一つで、五穀の一部をなしていたものと思われる。いずれにしても夏の時代に、栄養価があり生産性の高い麦や米の栽培が定着していったことで、社会的な剰余が蓄積され、国家の形成を促したと考えてよいだろう。

　また中国大陸における動物の飼育は農耕と同じくらいに古く、すでに紀元前六〇〇〇年代に、イノシシを馴致しブタとして飼育しており、ウシやヒツジの家畜化は紀元前三〇〇〇年代のこととされている［岡村：二〇〇三］。こうした動物飼育は、農耕と結びつくことで、社会的にはより一層の生産性が高まり、やがて温暖湿潤な中国南部では、雑食性の高いブタが稲作の傍らで飼育され、乾燥寒冷な北部では、草食性のウシやヒツジを飼う牧畜が畑作とともに行われるようになっていった。

　すなわち水田稲作を主体とした華南の長江文明は、米と魚とブタという組み合わせが基本となり、華北の畑作と牧畜を基礎とした黄河文明は、麦をはじめとする五穀にウシ・ヒツジを加えた食文化が歴史的に形成されていったとみてよいだろう。とくに黄河流域では、すでに紀元前一六〇〇年頃に甲骨文・金石文が登場し、やがて漢字という高度な文字文化を築き上げた。このためさまざまな記録類が残され、農耕と動物供犠の関係についても、比較的詳しく知ることができる。

　中国最大の歴史書である司馬遷の『史記』は、まさに黄河文明を彩る王朝の興亡を多岐にわたって記しているが、冒頭にあたる「三皇本義」は、司馬遷ではなく唐の司馬貞の補とされている。後代に伝説的な歴史の初源にまで遡ろうとしたもので、燧《すい》人氏に代わって天位を次いで王となった庖犧《ほうぎ》から始まる。この時期の王の姿は、蛇身人首あるいは人身牛首といったもので、とうてい史実とは認められない。

　ただ興味深い記述として、ウシ・ヒツジ・イノコなどを家畜として養い、それらを厨で料理して、神祇や祖霊に犠牲として祭った旨が記されている。この時代には農耕は知らず、次の次に登場する炎帝神農が、鋤や鍬を作り万人に耕作を教えたという。ここでは中国の神話的時代の話として、動物の供犠が農耕に先立って行われたとしている点に注目すべきであるが、これには注意が必要だろう。『史記』本文つまり司馬遷の叙述にかかる「五帝本義」も、黄帝から筆を起こしているが、これも伝説的世界の域を出るものではない。まず司馬遷が農耕に詳しい記述を行うのは、黄帝の曾孫の子・帝堯の代のことで、暦日を数えて播種・収穫の時期を人民に教えたとしている。ただし供犠については、その後を承けた舜が、堯の先祖と舜の父の廟に、一頭のウシを犠牲として供えたとするだけで、その理由については記されていない。

この場合にも、供犠は農耕とは関係なく、祖先供養のために牡牛を捧げたことになっている。しかし『史記』のなかでも、叙述の精度が高い秦代になると、農耕の重視が顕著となる。始皇帝の天下統一によって、安定して生活が訪れ、男は農事に励み女は紡績にいそしんだ旨を伝えている。さらに始皇帝二世は、始皇帝の廟に貢ぎ物を献上し、犠牲を増やして礼式を整えたという。なお二世の記述には、陝西省で渭水に合流する涇水の祟りに際し、斎戒した上で水神を祭り、そこに四頭の白馬を沈めたとある。

あくまでも『史記』の記すところでは、基本的に動物の供犠は農耕とは関係なく、祖先の祭祀に関わるものとして捧げられたことになっている。ただ、いわゆる祖霊祭祀は、農耕儀礼そのものとは言い難いが、あくまでも祖先を祀るという行為の背景には、その恩恵による安穏な生活の持続という願望があり、そのための食料安定という観点から、豊作祈願も含まれているとしなければならない。

ところで『史記』の記事で注目すべきは、始皇帝二世の涇水に白馬を沈めたとする伝承で、ウマを水神に捧げるという洋の東西に共通する信仰の存在を明快に示すものといえよう。これはつとに石田英一郎が『河童駒引考』において指摘した問題で、やがては日本にまで及んだ極めて古い習俗であることが明らかにされている［石田：一九四八］。

石田は、牛馬と水神の関係について、世界各地から膨大な例証を蒐集し、ウマを水神に捧げるはるか以前に、ウシを水神の聖獣として犠牲に供える信仰が、ユーラシア大陸全土にあまねく分布し、中国においては農業とともに古いと推定した。しかもウシは、月と大地と女性と密接に関連して豊穣を象徴するものであり、生命の源泉たる水と不可分の関係にあって、農耕に不可欠な動物だとした。それゆえウシを屠って、社《やしろ》などに祭る豊穣祭的なウシの信仰儀礼が、祖霊崇拝などとともにユーラシアの各地に広まったことを証明したのである。

石田によれば、まさにウシこそが、農耕社会の豊穣儀礼に中心的な役割を果してきたが、やがてウシに代わってウマが水神に捧げられるようになったという。遅くとも秦代には水神の祟りを鎮めるために、白馬が捧げられていたが、これをはるかに遡る時代に、水神へのウシの供犠が行われていた史料が存在する。それは殷代の甲骨文で、すでに白川静は、河と岳と土へウシやヒツジの犠牲を捧げた事例を示している。

例えば甲骨文には「河に三牛を奠し、三牛を沈めんか」などとして、河神を祀るために、ウシを川に沈めていたことが分かる［白川：一九七二］。しかも岳神と河神には請雨を祈るもので、山は雲を起こし、川には龍が棲むと見なされていたことから、ウシを犠牲として水に沈めるのは、明らかに作物の豊穣を祈る農耕儀礼だとしている。

ちなみに、こうしたウシを雨乞いの対象とすることについては、『漢書』巻七一雋疏于薛平彭伝に「これにおいて太守牛を殺し……天に大雨立ちて、歳に孰《じゅく》す」とあるように、漢代には広く行われていたものと思われる。しかも後に第六章で述べるように、こうしたウシなどの家畜を用いた供犠が、やがては雨乞い風習として、朝鮮半島経由で日本へと伝わるところとなる。

さらに白川は、古代中国における農耕と動物供犠の問題に注目し、殷の社会は農耕を主な生産手段とするもので、殷虚から多数出土する獣骨は請雨という農耕儀礼を目的としていたことを、その地理的環境条件と土器文化の性格および甲骨文の解釈から明快に指摘している［白川：一九四八］。従って『史記』の記すところとは別に、すでに紀元前一六〇〇年頃の殷王朝においては、動物供犠が農耕のための儀礼として、盛んに行われていたことが窺われる。

しかし殷に先行する夏の時代については、動物供犠に関する記録を得ることはできない。ただ甲骨文を伴わない卜骨は、紀元前三〇〇〇年代の黄河上流域甘粛省の遺跡から出土している［岡村：二〇〇三］。この地域は黄土高原で、かつ卜骨がヒツジのものであることから、農耕との関連については薄いものと思われる。あるいは農耕が発達をみた夏の時代であれば、これに伴う動物供犠が行われた可能性も考えられるが、今のところは不明とするほかはない。その後の殷代における動物供犠に関しては、青銅器の用途からも窺われる。

とくに青銅器は、楽器・食器・酒器などの礼楽器に大きな特徴があるが、なかでも爵《しゃく》と鼎《てい》が儀礼に深く関係した。三つの足をもつ最古の酒器である爵が殷代に、周代には同じく三足の容器で肉を煮るための鼎が、ともに青銅器として登場をみたことに注目すべきだろう。このうち鼎には、口径が五〇センチメートル以上にも及ぶものも多く、かつ牛骨が入ったまま出土したものもあり、これで骨付きのまま煮た肉を、酒をあたためた爵とともに、神々や祖霊の前に供して祭祀に用いたことが窺われる。なお土器製の爵は発見されているが、青銅器に先行する時代には、鼎状のものはなく、焼け焦げた獣骨が出土するところから［岡村：二〇〇三］、酒と焼かれた肉を捧げる祭祀が行われていたものと想像される。ただ酒の醸造は、基本的には農耕を前提とするため、そうした祭祀は農耕開始後のことと見なすべきだろう。殷代以降、とくに周代の遺跡からは、膨大な数の爵や鼎が出土しており、この時代には酒と肉を捧げる祭祀が、かなり頻繁に行われたとみてよいだろう。

ところで白川は、殷王朝の祭祀には農耕儀礼のほかに祖祭が頻繁に行われており、そのための卜辞を記した獣骨が数多く出土するとしている。これはさまざまな厄災をもたらす神霊のうちでも、祖霊にかかわるものがほとんどで、祖先の霊を鎮めることも祭祀の重要な目的であったという［白川：一九五八］。これは先にも述べたように、いわば除厄儀礼にあたるもので、厄災を排除して安穏を願うと同時に、祖霊への礼を尽くすことで、豊穣によって自らの生活の安定が約束されるところとなる。

さらに祖霊信仰が豊穣儀礼と深く関連することについては、中国以外にもそうした事例を見いだすことができる。ヨーロッパの場合では、すでにミルチャ＝エリアーデが比較宗教学の立場から、種子と死者とは地下を通じて結びつき、その復帰が豊穣をもたらすところから、クリスマスには死者の祭りと豊穣と生命を讃える祭りという二つの側面があることを指摘している［エリアーデ：一九六八］。

また三品彰英も、東南アジアや朝鮮半島の事例分析から、穀霊の再生は祖霊の鎮魂と相通ずるもので、豊作を祈る収穫祭は、そのまま祖霊祭に繋がるとしている［三品：一九七三］。それゆえ、先に『史記』で、舜が尭の先祖と舜の父の廟にウシの供犠を行ったとする記事も、基本的には農耕における豊穣を期待するものであったと考えられる。そこで祖霊祭と農耕儀礼という双方の観点から、古代中国の祭祀における犠牲の事例について、しばらく『史記』以外の文献で見ていくこととしたい。

第二節　黄河畑作文明と動物供犠

古代中国の三大礼書の一つである『周礼』は、紀元前一二～八世紀頃の周王朝の行政組織に詳しいが、それまでの伝承に基づき戦国時代末期つまり紀元前三世紀頃に編纂されたもので、実態をそのまま反映したとは考えにくい。しかし犠牲の起源を考える上では、同じく紀元前五～三世紀頃に整理されたとする『礼記』とともに貴重な手がかりとなろう。

まず周代の行政組織のなかでも、祭祀に関わるのは天官・地官・春官の一部の役職者とされていた。天官は国政を総括し宮中の事務などを司るが、その『周礼』天官大宰の項には「納亨《のうほう》に及んで王の牲事を賛《たす》く」と見え、王の重要な役割として犠牲を捧げることが挙げられている。

ちなみに宰相の「宰」は、宮室などの建物を意味するウ冠に、牲肉を切る把手付きの曲刀を意味する辛の字が付されたもので、王を助けて宰割する長老を指すとされている〔白川：一九九六〕。いずれにしても祭祀における供犠は、王の重要な任務であった。

王の供犠そのものへの関与について、『礼記』祭義は「君、牲を牽《ひ》き、穆《ぼく》、君に答へ……卿大夫袒《はだぬ》ぎて牛を毛《まう》にして耳を尚《うへ》にす。鸞刀《らんたう》を以て刲《さ》き、膟膋《りつれう》を取り乃ち退く」とするが、同じく礼器では

「君親《みずか》ら牲を牽《ひ》けば、大夫幣を賛《たす》けて従う、君親《みずか》ら制して祭れば、夫人盎《ろう》を薦《すす》む。君親《みずか》ら牲を割けば、夫人酒を薦む」とし、郊特牲《こうとくせい》でも「君再拝稽首し、肉袒して親ら割くは、敬の至りなり」と記している。つまり重大な祭祀においては、王自らが犠牲の宰割を行うべきものであった。

このうち祭義と礼器は、宗廟への供犠を記した祖霊祭祀であるが、郊特牲は天地の神への祭祀であった。郊は交木を燃やして雨乞いなどの祭りを行う丘を意味し、そこで冬至に天を南郊に祭り、夏至には地を北郊に祭った[白川：一九九六]。

これを郊祭あるいは郊祀と称し、大自然から身を守り、食料の獲得・生産を祀るものであるから、特牲として仔牛が用いられ、生の肉・切った肉・煮た肉・よく煮た肉や、腸の脂を取って炙り焼いたもののほか、首や毛・血までも供えて、犠牲が完璧なものであることを示す必要があった。

この郊に次ぐのが社稷《しゃしょく》の祭りで、稷は黍の意であるが、転じて五穀の神をさした。『周礼』春官大宗伯は、天神・地祇などの祭祀する職の規定で、その職務として「血祭《けっさい》を以て社稷・五祀・五嶽を祭り、貍沈《ばいちん》を以て山林川沢を祭り、疈辜《ひょうこ》祭を以て四方百物を祭る」と定められている。すなわち、血を地にたらして社稷などを祭り、その犠牲を地下に埋め、あるいは川沢に沈めて山林川沢を祭祀し、牲を解体して四方や百物の小神を祀る、としている。

さらに同書地官封人の項には「社稷の職を令す。凡そ祭祀に其の牛牲を飾《ととの》え」とあり、地方行政官のなかでも地域を司る封人が、五穀の神のためにウシを犠牲とする祭祀を行う定めであったことが窺われる。まさにウシをはじめとする動物の供犠が、農耕に必要不可欠な祭祀の儀礼とされていたのである。そして同じく牧人の項に「六牲を牧して其の物を阜蕃《ふばん》し、以て祭祀の牲牷を共することを掌る」

とあるように、牧人は六牲つまりウシ・ウマ・ヒツジ・ブタ・イヌ・ニワトリを飼育し、祭祀の際に犠牲を供すことを任務としていた。

この六牲のうちウマについては、特別な信仰が古代中国にあり、先にも見たように秦代には、水神に捧げることもあったが、正式な犠牲とはされなかった。日本中世では馬肉には毒があると信じられていたが［原田：一九九三］、その源流は中国にあり、『史記』秦本紀に「吾聞く、善馬の肉を食ひて、酒を飲まざれば、人を傷《そこな》ふ」と見える。ここでは馬肉を食べたら、一緒に酒を飲まないと病気になる、と考えられている。おそらくウマは、畜獣の管理や交通・軍事に重要な役割を果したため、これを除いた五牲が犠牲獣とされたものと思われる。

しかも、これら五牲には厳密なランクが付され、『大戴礼記《だたいらいき》』曽子円天には、「五穀の名を成し、五牲の先後貴賤を序す、諸侯の祭には牛を牲《いけにへ》にするを太牢と曰《い》ひ、大夫の祭には羊を牲にするを小牢と曰ひ、士の祭には特豕を牲にするを饋食《きし》と曰ふ」とある。やがて後には、ウシ・ヒツジ・ブタの組み合わせを大牢、ヒツジとブタを小牢、ブタだけを饋食と、それぞれ称するようになった。

そして『礼記』王制に「天子の社稷は皆大牢、諸侯の社稷は皆小牢」とあるように、ウシを含む大牢が、社稷つまりは土地と五穀という農耕の神を祀るのに、最も重要な供物とされたのである。なお、こうした犠牲獣のランクが、ウシ―ヒツジ―ブタという順位で整ってくるのは、殷代に入ってからのことで、これについては考古学によってもほぼ証明されている。すなわち大型の墓などからは青銅器の鼎が出土しているが、その内部に残る犠牲の骨の種類が確認されており、牲肉の構成が知られている［岡村：二〇〇五］。殷代における農耕社会の展開と、国家体制の充実によって、すでに農耕祭祀における供犠の体系が、ほぼ三七〇〇年近くも前に成立していたのである。

もともと犠牲の文字には、ともに牛偏が用いられており、牧畜獣のうちでも巨大で肉質の良いウシが、最も重要な供犠の対象であった。それは、何よりも完璧なものでなければならず、丁寧に育てられて最も価値の高いものでなければならなかった。先にも述べたように、郊特牲は国家最高の儀礼であったが、『礼記』郊特牲は、これに用いるウシについて「帝牛は必ず滌《でき》に在《あ》こと三月」としており、必ず清潔な牛舎で三ヶ月間養われたものを用いるべきだとしている。

こうした供犠用のウシについては、このほかにもさまざまな規定が設けられており、『礼記』祭義では、祭礼に臨んで王は斎戒沐浴の上、養獣の官を呼び、準備されたウシを見て、毛が良いものを選んで占いにかけ、吉と出たものを供犠に用いるとしている。

また『大戴礼記』曽子天円でも、「山川に犠牷《ぎせん》と曰ふ」としている。『説文解字』によれば、もともと牲とは「牛は完全なり」と見え、牷については「牛は純色、礼、祭祀は牷牲《ぜんせい》」とある。捧げられるウシは完全で、しかも毛の色が純粋なものであることが要求されたのである。

さらに『礼記』王制に「天地を祭るの牛は角繭栗《けんりつ》、宗廟の牛は角握《あく》、賓客の牛は角尺」とある。供犠に用いるウシは、角で年齢を判断され、天地神へは角が繭か栗ほど、祖霊神には握り拳ほど、賓客には一尺ほどとしており、若いウシほど重要な犠牲であったことが分かる。

同書は、これに続けて「諸侯は故《こと》無ければ牛を殺さず、大夫は故無ければ羊を殺さず、士は故無ければ犬豕を殺さず、庶人は故無ければ珍を食はず、庶羞《しょしゅう》は牲に踰《こ》えず」と記し、祭祀以外の時に、王や諸侯はウシ、大夫はヒツジ、士はイヌとブタを殺してはならないとしている。そして最後に、羞は食膳・食事の意味で、一般の食事には祭祀の牲を超える肉を出してはならないとしている。つまり身分によって犠牲の肉が異なり、それが食事のうちでは、最もランクの高いものであったことになる。もちろん同書雑記に「夫れ大饗は、既に饗して三牲の俎を巻き、賓館に帰《おく》る」とあるように、祭祀の肉は、これを祀る人々で共食され、その場にいなかった人にも配られる。つまり祭祀による恵みは、関係者一同に分け与えられることで、本来の目的が達せられるのである。

ただウシを頂点とする供犠の体系は、王や諸侯の祭祀に象徴されるが、その底辺では、さまざまな動物供犠が行われていたことも窺われる。『礼記』礼器には、「故に天の生《な》さず、地の養はざるは、君子以て礼と為さず、鬼神饗《う》けざるなり、山に居て魚鼈《ぎょべつ》を以て礼と為し、沢に居て鹿豕《ろくし》を以て礼と為すは、君子之《これ》を礼を知らざるものと謂《い》ふ」とある。これは一般の魚鼈や鹿豕の供犠を否定したものではなく、いわば地産地消的に、それぞれの土地が産するところの動物を捧げることが、礼に適うものだとしているにすぎない。

このことは『礼記』を中心とした世界ではなく、それ以外の地においては、三牲のように家畜を用いず、魚介類や鹿などのような野生獣が、それぞれの地域で供犠の対象となっていたことを意味している。これは次節で述べるような華南の問題を考える上で、きわめて重要な問題となる。あくまでも『周礼』や『礼記』などに記された家畜を主体とする供犠の体系は、華北を中心に発達を遂げた黄河文明の産物であったとしなければならない。

しかも、それは古代中国においては、国家祭祀の最高峰に位置するもので、民間における供犠の実態を、極度に理想化した結果であった。こうした文字世界に書き残された動物供犠の習俗は、農耕の発達に伴って膨張した古代中国の国家祭祀の根幹をなすものであったが、その周辺あるいは底辺では、野獣を含むさまざまな動物の供犠が行われていたと考えるべきだろう。

これに対して、古代中国の中心地であった華北では、家畜を用いた動物供犠の定式化が進んだ。その典型が儒家の間で行われる釈奠《せきてん》で、伝統を重んじて保守性が強いことから、その長い歴史においても大幅な改変を伴うことなく、はるか後世にまで伝えられるところとなった。

あくまでも釈奠は、国家儀礼としても重んじられたため、すでに『周礼』春官大祝の項に「舎奠」と見えるほか、『礼記』祭義にも王の顧問となる三老五更の長老たちを大学で饗応するために、王が自ら犠牲を割き、醤を取ったり、爵で酒を飲ませたりするとしている。

これは諸侯に孝などの臣下の秩序を示す必要があったことから、天下の政教を広く推進するためにも、儒教という学問が国家的観点から重視され、その体系的保持に社会的努力が注がれていたことを意味しよう。

それゆえ釈奠では、犠牲のうちでも、最も格の高い大牢つまりウシ・ヒツジ・ブタの三牲を、国家として孔子や先哲に捧げることが必要とされたのである。これは殷・周代以降、春秋戦国時代を通じて、盛んに行われてきた供犠の伝統を受け継ぐもので、いわば祖霊信仰の変形と考えることができる。

釈奠は、これを儒教の後継者たちが、その祭儀に採り入れたことから、まさに孔子の時代の動物供犠が、伝統的中国においては、実に近代に至るまで継承されたのである。こうした『周礼』『礼記』や『史記』などに見られるウシやヒツジを中心とした動物供犠は、黄河文明を築いた華夏族つまり漢族のものであった。そしてこれらは、麦を中心とした畑作と牧畜を生業の基礎としたものであったがゆえに、貴重な家畜を犠牲獣として捧げるという文化が成熟を見たのである。

また、ここでは正面から取り上げないが、すでに前城直子が琉球列島の殺牛祭神との関連で論じた中国の立春儀礼も、北方系の動物供犠として注目しておく必要がある。新たな時間が始まる立春に、天子は迎気儀礼を行うとともに、これに農耕のための殺牛儀礼が付随し、やがて生牛から土牛へと変化して、広く民間へと浸透していったことを前城は指摘している［前城：二〇一二］。

これは「土牛之制」あるいは「打春」などとも称されるもので、その具体的な内実に関しては、『捧げられる生命』所収の前城論文を参照されたい。そして、こうしたウシの供犠が朝鮮半島へも伝えられ、やがて日本へと移入された点については、次章以下で検討していくこととしたい。

第三節　長江稲作文明と動物供犠

これに対して、水田稲作をベースとした長江文明における動物供犠については、これを知る手がかりとなる文献はほとんど存在しない。また、そうした稲作文化を支えた人々についても不明な点が多いが、『史記』五帝本紀には「三苗、江《かう》・淮《わい》・荊《けい》州に在りて、数《しばしば》乱を為す」とみえ、殷の始祖・舜によって西南の地へ追われた三苗であった可能性も考えられる。

この江州・淮州・荊州は、洞庭湖を中心とした長江の中・下流域に位置し、水田稲作を中心とした長江文明の本拠地であった。例えば湖南省の城頭山遺跡は、紀元前四五〇〇年頃の水田址や祭壇跡を伴うもので、水田稲作文化を基盤とした長江文明の所産と考えられている。白川静によれば、この地は六朝以前つまり三世紀初頭までは、苗族の根拠地で稲作文化によって栄えていたが、殷や周の圧迫によって、次第に南下を余儀なくされていったとしている［白川：一九七五］。

苗族は、現在中国西南部以外にも、ラオス・タイ・ベトナムの各北部一帯に住んでモンとも呼ばれており、棚田を作ったり焼畑による稲作を行ったりしている。先の三苗を、今日の苗族に単純に置き換えることはできないが、かつて苗族を調査した鳥居龍蔵は、彼らを華南の原住民ととらえ、銅鐸・米・下駄・高床式住居・入墨などの共通性を根拠に、日本文化の形成に大きな影響を及ぼしたと考えた［鳥居：一九一八］。

ただ鳥居の主張は、彼の日本民族起源論の一部をなすもので、その構成要素として、アイヌ・固有日本人（朝鮮半島などを経由して入った北方民族）・インドシナ族（苗族）・インドネシア族（隼人）を想定しており、基本的には今日でも支持されるべきものと考えられている［大林：一九七五］。たしかに日本文化は、中国からの影響という点では文字文化は華北の黄河文明の系譜を引くが、生活レベルの文化に関しては、華北の黄河文明よりも、華南の長江文明の方がはるかに近似性が高い。

そこで貴州省の苗族が行っているウシの供犠について見ておこう。貴州省東南部の山間地帯には多くの苗族が住んでおり、水田稲作が営まれ民俗的にも似た点が多いことから、彼らが日本に稲作と祖霊信仰をもたらしたとする見解もある［萩原：一九八七］。文化伝播の問題を個別民族との関連で論ずることは難しいが、文化要素としては漢族よりも苗族に共通性が高いことは事実で、苗族の民俗は日本文化のルーツを考える上で甚だ興味深い。

そうした苗族の村々では、鼓社節《こしゃせつ》という大規模な祭りが、一三年に一度の丑年に、前後の子年と寅年を挟んで催される［鈴木・金丸：一九八五］。牝牛を殺して天地祖先に祀るが、祖先の霊を牛皮で張った鼓に迎え入れることが重要な儀式とされ、その翌日に殺牛儀礼が行われる。このウシの供犠には、家々の祭牛と公共の公祭牛とが用意されるが、その数は数十頭におよぶ盛大なもので、これを祖霊に捧げる儀礼が中心をなす。

ちなみに、このウシは水牛で、農業労働などに重要な役割を担う大切で高価な財産であるが、その皮を剥いで鼓に張って祭祀を行い、これを供犠して共食することで祝福と恵みを祈る。村の公共の祭鼓田に、祖先の鼓が安置され、そこで重要な儀礼が行われることや、豊穣祈願を伴うことなどから、祖霊祭であるとともに農耕儀礼としての性格が強いことが窺われる。おそらくは長江文明を支えた水田稲作においても、ウシを供犠する儀礼が行われていたものと思われる。

こうした農耕儀礼としての動物供犠は、中国でもほとんどが消滅してしまったが、その名残りは苗族など少数民族の一部に見ることができる。中国南部に住む少数民族の間では、ウシに限らずブタやニワトリなどを犠牲とする祭祀が、今日でも広く行われている。例えば、雲南省弥勒県西一郷の彝《い》族が暮らす紅万村では、旧暦二月二・三日に火祭りの行事が行われ、ここではブタの供犠が行われている。この祭りの意義は、神聖な火で村を清め、祖先神を迎えて、村の除厄・招福を祈るところにあり、農耕儀礼的な意味合いも含まれている［岡部：二〇〇七］。

ただ、この紅万村におけるブタの供犠は、筆者が二〇〇六年に行った調査によれば、かつてはイノシシであったと考えられる。この供犠儀礼においては、ブタを屠る際に若者たちが、ブタを皆でいたぶるシーンがある。その意味を長老に問うと、それは人間がかつて動物と格闘しながら生きてきたことの再現だと答えた。すなわち狩猟によって動物を獲てきたという事実を物語る祭祀の一駒であり、供犠動物はブタではなくイノシシであったことが窺われる。それゆえ西南中国から東南アジアにかけて広く見られるブタの供犠は、かつては狩猟獣としてのイノシシであった可能性が極めて高いものと思われる。

もちろん、これらの動物供犠に関しては、中国西南部のみならずインドもしくはインドネシア東南アジア地域などにも広く見られるところで、古代中国のそれとどう関係するのかが問われねばならない。また古代中国の動物供犠にしても、畑作・牧畜を主体とする黄河文明のものと、稲作・漁撈を中心とした長江文明のものとの間に、どのような共通性と差異があったかが課題とされねばなるまい。

基本的に日本の水田稲作を中心とした弥生文化は、華南における長江文明の流れを引くものであるが、それ以前の縄文文化に華北における黄河文明の影響を認められるか否かが問題となろう。さらに中国大陸からの文字文化の移入、あるいは古代律令国家成立期における政治や祭祀システムの採用などを、本来であれば時間軸で整理しつつ、これらの検討を行うべきであるが、これらの問いは余りにも重い。

本稿の課題は、日本における動物供犠の源流を求めることにあるので、これ以上に論及することは控えるが、明らかに中国とは異なる部分がある。これまで見てきたように、とくに中原における黄河文明の動物供犠については、漢字文化に支えられて、その内実が古典籍に比較的豊富に伝えられているが、そこに登場するのは基本的に飼育動物であることが重要だろう。

先に華北でも、底辺ではシカが用いられた可能性について指摘したが、主流はウシを頂点とする飼育動物であった。また華南では、水牛・ブタなどの家畜ではあるが、搾乳を目的とする飼育動物ではなかった点に注目すべきだろう。やはり黄河文明には、牧畜という生産様式が持つ意味は、決して少なくなかったとしなければなるまい。これに対して、長江文明的な水田稲作文化では、乳を生むがゆえに重要なのではなく、水田農耕に必要な水牛が高い価値を占めたものと思われる。

さらに長江文明が広がりをみせた西南中国および東南アジアにおいては、ブタもしくはイノシシの供犠に注目すべきであろう。先にも述べたように、ブタの供犠の前提にはイノシシの狩猟という問題があったと推定される。中国西南部・東南アジアにおいては、シカは難しいであろうが、イノシシの狩猟については現在でも広く行われており、その伝統はきわめて古いものであったと考えられよう。長江文明の広がった地域では、水田稲作に伴う形でブタの飼育が一般的であるが、それ以前はイノシシの狩猟が重要な役割を果たしていたものと思われる。

そうした野獣であるイノシシの確保が、水田稲作の展開に伴ってブタの飼育を生み出し、やがてはイノシシからブタへと供犠の対象が変化していったと考えてよいだろう。いずれにしても長江稲作文明の前提には、西南中国・東南アジアにおけるイノシシ狩猟があり、古くはそれが供犠の対象であったとする想定は、必ずしも荒唐無稽なものではありえまい。明らかに牧畜文化とは異なり、搾乳を目的としない水牛やブタを主体とする家畜文化は、そうした華南の水田稲作の系譜のなかで展開をみたものと思われる。

そして日本における動物供犠では、飼育動物ではなく狩猟獣である猪鹿が、長く捧げ続けられたという点が重要だろう。農耕文化的には、華南の長江文明の流れを汲みながらも、後に見ていくように、それ以前つまり縄文時代の日本列島においては、狩猟を目的とした独自の動物祭祀が存在していた。そして弥生時代における農耕の開始とともにイノシシなどの狩猟獣を用いた供犠が始まり、さらに古代律令国家のもとでは、積極的に華北の黄河文明の影響を受容したところから、牛馬による家畜の供犠が採り入れられるようになったのである。

ただ日本においては、弥生以来、物忌みにあたって肉食を遠ざけようとする傾向があり、これが稲作の推進の障害とされたことから、強力な古代統一国家の形成期以降に、動物供犠自体が衰退に向かうという現象が見られた。しかし、それはヤマト政権が支配力を発揮した列島の内部のみのことで、その圏外にあって食用家畜と慣れ親しんできた沖縄では、これまで本書で見てきたように、独自の動物供犠が行われていた。また沖縄の対極にあった北海道にも、シカやクマを対象とする伝統的な狩猟文化が根付いており、初源的な動物供犠が一部に見られた。

ところが水田稲作を国家の社会的生産の中核に据え、米を〝聖なる〟食べ物として重視した日本では、次第に動物供犠が衰退していった。そして、これに連動する形で肉食の社会的忌避が浸透するところとなったが、それは水田稲作を基調としてきた東アジア社会のなかで、極めて特異な様相を帯びたものであった点に留意する必要があろう。以下、これまで中国大陸における動物供犠の実態を見てきたが、さらに朝鮮半島の事情を踏まえた上で、日本における動物供犠の意義についての検討に入りたい。

第二章　朝鮮半島の動物供犠——大陸と列島の架け橋

第一節　古代朝鮮の動物供犠

中国大陸では、北方系の黄河畑作文明と南方系の長江稲作文明との二系譜を考えねばならないが、その両文明が朝鮮半島において交差し、そこを経由して日本列島に至ったことは疑いない。それゆえ朝鮮半島における動物供犠の様相を詳しく見ておく必要があろう。

しかし、この問題に関しては研究が薄く、祭祀そのものの蓄積はあっても、供犠を扱った事例はほとんど見あたらない。このため朝鮮半島の動物供犠を系統的に論ずることはできないが、いくつか興味深い史料も存在するので、中国・日本との比較という観点からみておこう。

まず朝鮮半島における農耕については、ほぼ日本の縄文時代に相当する櫛目文土器中期の紀元前三五〇〇〜二〇〇〇年頃にアワを中心とした原始農耕が始まったとされ、狩猟動物としては、イノシシとシカが圧倒的に多かったという。同じく弥生時代にあたる無文土器中期の紀元前八〜四世紀頃に稲作農耕が開始されたが、畑作や狩猟も前代から続いてさかんだったという。なお水田稲作の朝鮮半島への伝播ルートについては、半月形石包丁の分布などから、遼東半島経由であったと考えられている［平郡：二〇〇八］。すなわち初めに北方系の黄河畑作文明が入り、その後に南方系の長江稲作文明が伝えられ、重層的な構造をなしていたことになる。

朝鮮の社会と国家の初源を物語る建国神話については、『三国史記』や中国史書の東夷伝などから窺うことができる。まず貊族《みゃく》が中心となる高句麗に関しては、北夷の王の侍女が日光に感応して妊娠し、卵から生まれた男子が成長し弓矢に長じて朱蒙と称し、やがて北方の扶余に至って国を開いたとしている。このうち前半の日光感精神話が北方民族に特徴的であるのに対し、後半の卵型神話は南方民族系とされており、北方系・南方系の神話要素が混合する形となっているところが興味深い［田中：二〇〇八］。

こうした高句麗に対して韓族が主体となる百済・新羅では、やや様相を異にする。日本との関係がもっとも深かった百済は、民族問題とは別に支配者層が高句麗であったためか、高句麗の朱蒙伝説を継承し、朱蒙の子の異母弟が漢城に国を開いたとしている。また新羅については、かつて六つの村がありそこの井戸でウマが嘶いているので行ってみると大きな卵があり、そこから割れて出てきた嬰児が、一三歳になった時に、六つの村の王となったのが始祖とされている。これは典型的な卵生神話で、南方系の要素が強いとされている［田中：二〇〇八］。

こうした北方系・南方系の神話要素が、そのまま黄河文明と長江文明に直結するわけではなかろうが、日本への文化伝播経路となった朝鮮半島における動物供犠の性格を考える上で、重要な手がかりとなることに疑いはない。

ある意味で朝鮮半島は、日本以上に中国文化の影響を強く受けたが、その根底をなす社会構造と、それに覆い被さった政治システムも問題を考慮することなしに、日本社会の特質究明は難しいものと思われる。そこで次に朝鮮半島における高句麗・百済・新羅三国、および日本列島における統一国家形成に、決定的な影響を及ぼした律令制と祭祀の関係を検討すべきだろう。

これに関しては、古代朝鮮史の碩学・井上秀夫の優れた研究があるので、これによりながら、各国の律令制の在り方と祭祀の特徴についてまとめておきたい。まず朝鮮三国と日本は、程度の差はあれ、それぞれ中国律令を受け容れたが、とくに祭祀に関してはかなり異なることが指摘されている。まず『魏志』高句麗伝などからは、鬼神を祀るとされるが、その内容は五月の種下ろしの予祝祭と一〇月の収穫祭を主とするものであった。

とくに一〇月の祭天である盛大な東盟祭は、河神を祀る典型的な農耕祭祀で、北方狩猟民的な要素を持ちながらも南方の農耕民的祭祀が強く入り込んでいる。ちなみに、こうした祭天の儀礼は三世紀の東北三省から朝鮮・韓国にかけての諸民族の間で行われていたというが、その後、高句麗は中国王朝直轄地へと進出したため、中国文化の影響を強く受けるところとなった［井上：一九九三］。

また百済については、その前身の馬韓の祭祀制度が『魏志』韓伝などに見え、宗廟・山川が祭祀の対象で、鬼神と天神を祀るが、五月の種下ろしと一〇月の収穫祭が中心となっており、同じく農耕神的な性格が強い。ただ天神に関しては、北方諸族の祭天行事とは異なり、シャーマンと見られる天君信仰に基づくものであったとされている。その後、百済では祭祀の対象が、天と五帝と始祖へと変わるが、中国の道家的な影響を受けたものと考えられる。

さらに古代朝鮮では、旱魃に際して、王が農耕神を祀る始祖廟に祈雨することが、百済のみならず高句麗・新羅でも行われていた。とくに『三国史記』百済本紀からは、四、五世紀頃に、「祠天地」と称する予祝祭・収穫祭が行われており、とくに農耕儀礼が始祖信仰と密接な関係にあったとされている［井上：一九八六］。ちなみに百済の近肖古王《きんしょうこおう》・阿莘王《あしんおう》が、即位の翌年正月に行った「祠天地」では、有力貴族を主要な官職に任命するなど、農耕儀礼に即位儀礼が付随しているところから、日本の大嘗祭を彷彿とさせる部分がある。

最後に新羅に関しては、律令制を受け容れなかったとする見解もあるが、新羅の政治制度には、その伝統を重んじる部分と唐の制度を積極的に受容した部分があるとされており、祭祀についてみれば、唐の祠令四六条のうち、五例が類似するにすぎないとされている。ちなみに日本律令の神祇令も四例に止まるとされているが、その違いについては、次に改めて見ていくこととしたい。『三国史記』雑志第一祭祀志は、比較的新羅について詳しく、ここでは宗廟と山川の地祇が重視されている。

このうち新羅の宗廟制は、七～八世紀に唐令に準じたものとなるが、それ以前においては、祖霊祭・穀霊祭が宗廟の祭の中心であったことが注目に値しよう。とくに王都周辺の山岳神を祀ることが最も重要な国家祭祀で、これは各地域の農耕祭祀が、そのまま国家祭祀に昇華したものと考えられている。いずれにしても新羅の祭祀内容は、唐の影響を受けつつも、伝統的な地域信仰を基盤としたもので、独自な特色を有していたことが窺われ、やはり農耕的な要素を色濃くもつものであった［井上秀：一九八四］。

なお朝鮮半島全体に、山岳信仰や河川信仰などの地域神が、農耕などの祭祀においても重要な意味をもったことについては、祈雨祭が行われる場所のほとんどが山上や川辺であったという事実からも窺われる。これについては、後に改めて述べることとして、以上の朝鮮三国の祭祀の特色を踏まえた上で、井上の論考に拠りつつ［井上秀：一九八四・九三］、中国・朝鮮・日本における祭祀制度の比較に入りたい。

比較の方法は、中国唐令の祠令と『三国史記』祭祀志の新羅該当部分（以下、新羅の祭祀志と略称）および『養老律令』神祇令の記事内容を検討したもので、記述の少ない高句麗・百済については正面から扱えないが、それでも中・韓・日の特質を浮かび上がらせることができる。

もちろん唐令祠令は、最も整備されたもので、信仰的な側面よりも国家儀礼としての祭祀の制度化が大きな特色となっている。これに較べて新羅の祭祀志は、素朴で伝統的な信仰面を強く残している。さらに神祇令は、国家的祭祀としての完成度は高いが、月次祭や即位儀礼・大祓などに集中して、偏りがみられるという。

これを具体的に、祭祀のランクである大祀・中祀・小祀ごとに検討すると、次のような興味深い結果が得られる。まず大祀から見ていけば、唐令では昊天上帝・五方上帝・皇地祇・神州・宗廟で、儒教の神々や天神地神および中国全土と皇帝の祖先を祀る祭祀が重要とされている。

これに対して新羅祭祀志では、三山・骨火・穴礼といった自然神もしくは地域神が重視されるが、養老令では践祚大嘗祭のみとなっており、新嘗祭という稲作祭祀を踏まえた天皇の即位儀礼が最高の国家祭祀となっている。刑罰など律令そのものには似通った部分が少なくないものの、それぞれの生活を基盤とする祭祀となれば、国家や社会の性格に応じて、独自の模索がなされていたことが窺われる。

さらに中祀については、唐令では日月・星辰・社稷などの民間信仰や嶽・鎮・海・浜などの地勢にちなむ地域祭祀に儒教関係が加わるが、新羅祭祀志では五嶽を中心とした山岳祭祀が中心をなし、養老令では新嘗祭のほか祈年祭・月次祭・神嘗祭など村落レベルでも行われていた水田農耕に伴う祭祀が重要視されている。

また小祀に関しては、唐令では天帝や皇帝に関わる星や風神・雨神や霊星・山川など王の安泰や農耕に関わる祭祀が多く、新羅祭祀志では大祀・中祀と同様に地方の山岳など地域神を祀ることに集中するほか、養老令では水神を祀る広瀬大社の大忌祭や龍田大社の風神祭や鎮火祭・鎮魂祭・道饗《みちのあえ》祭など農耕関係に厄除儀礼が加わるという特徴がある。

これら井上の見解を要約すると、基本的に中国では儒教の最高神や王朝の祖先儀礼が重要祭祀とされたが、新羅では王都周辺の山岳神や各地の地域神が重視され、日本では天皇の即位儀礼を頂点に水田稲作に関わる祭祀が大切な行事とされていたことがわかる。

もちろん中国の祖先信仰にしても、新羅の山岳信仰にしても、農耕祭祀としての側面が強かったことに留意すべきであるが、とくに日本では水田稲作に関わる祭祀が強調されている点に特徴があったと考えてよいだろう。

こうして見ると、朝鮮半島では、祖霊祭や穀霊祭など農耕祭祀をベースにしつつも、具体的には山川など地域の自然神を祀ることが広く行われていたが、その供物については不明とするほかはない。井上は、朝鮮三国の祭祀を分析しながらも、動物供犠という点には、ほとんど触れることはなかった。実際に、その内実を記した史料は少ないが、子細に見ていけば、その体系は漠然とではあるが浮かび上がってくる。

まず『後漢書』扶余国伝では、馬加・牛加・狗加・猪加など六つの名前を官名とし、戦争の時などにも天を祀りウシを殺して、その蹄で吉凶を占うとしている。扶余は朝鮮北部の五穀に適した平地部に位置し、ここでは牲とするためのウシを多く養っているという。

また『魏志』挹婁《ゆうろう》伝によれば、扶余の王都から東北へ千余里の人々は盛んにブタを飼育しているといい、さらに『通典』挹婁伝では死者を木で作った槨に入れるが、この時にイノシシを殺して、その上に積み上げるとしている。なお『通典』馬韓伝によれば、人々は牛馬に乗ることを知らず、葬送に際しては、これを殺して死者とともに埋めるという。

史料の成立時期などに問題は残るが、おそらく一世紀から四世紀頃の朝鮮半島北部においては、ウシやウマさらにはイノシシなどを飼育し、とくにウシとブタを供犠に用いていたであろうことが窺われる。とくに中国とは地続きゆえ、かなり早くから牛馬の移入が行われ、生贄の思想が採り入れられていたものと思われるが、これらの記述からは農耕に結びつく手がかりは得られない。

しかし古代朝鮮三国では、宗廟祭が始祖祭・穀霊祭として催され、自然神とはいえど山川の神が農耕に深く関わっていたことから、農耕祭祀に際しても動物供犠が行われていたと考えてよいだろう。百済では「祠天地」と称する農耕祭祀が行われていたことは、すでに述べた通りであるが、『三国史記』(鋳字本)巻二四百済本紀第二に、比流王一〇(三一三)年条に「春正月、南郊において天地を祀り、王親《みずか》ら牲を割《さ》く」とある。いかにも中国風の表現ではあるが、農耕祭祀に王自らが犠牲を捧げるという儀式が行われていたことになる。この牲については、先の『通典』馬韓伝などの記事を踏まえれば、おそらくウシであったと考えられる。

これに関しては、新羅の事例として、『三国史記』巻三二雑志第一祭祀に、毎年五廟を六度祭るが、豊年には大牢すなわち牲牛を用い、凶年には小牢つまり牲羊を供したとしている。この記事からも、朝鮮半島ではウシやヒツジが供犠の対象とされていたことが窺われ、明らかに華北の黄河文明系の動物供犠に連なるものであった。いずれにしても古代中国風の祭祀が、四世紀には百済や新羅にも伝わっており、朝鮮半島では、ウシをはじめとする家畜を供犠に用いていたことに疑いはないだろう。

ただ、これに続く『三国史記』二二(三二五)年条には、「十一月、王、狗原北手において猟し、鹿を射る」とあり、王がシカを狩猟した旨が記されている。これは百済の事例であるが、同書巻三二雑志一祭祀(祭祀志)には、「古記」を引き「高句麗、常に三月三日を以て会猟し、楽浪の丘に猪鹿獲り、天および山川を祭る」とある。この年代については、前後の記事から幅をもたせねばならないが、おそらく下っても三〜四世紀頃のことと思われる。

つまり高句麗においては、穀霊を重視する山川の祭に、狩猟獣である猪鹿が捧げられていたことが明らかとなる。朝鮮半島において、家畜であるウシと野獣である猪鹿が、動物供犠においてどのように使い分けていたかの判別は難しいが、その双方を農耕のための祭祀に生贄として捧げられていたことは明らかである。

第二節　近代朝鮮の動物供犠

その後の朝鮮半島の歴史において、どのように動物供犠が行われていたのか、ここで詳らかにする余裕はないが、幸い日本帝国主義の朝鮮植民地支配に際して、詳細な民俗調査が行われており、その報告書からは近代における動物供犠の実態を知ることができる。

朝鮮総督府の嘱託であった村山智順は、朝鮮半島の村々をくまなく歩き、膨大な資料を収集し、昭和一二（一九三七）年に調査資料第四四輯『朝鮮の郷土神祀　第一部部落祭』を、翌年に同じく同第四五輯『朝鮮の郷土神祀第二部　釈奠・祈雨・安宅』を刊行した［朝鮮総督府：一九三七・三八］。

なかでも動物供犠に詳しいのが、その第二部で、とくに朝鮮においては、個人祭ともいうべき家族単位の祭祀が盛んであるという特徴が指摘されている。さらにいうまでもなく儒教の国・朝鮮においては、孔子や先哲を祀る釈奠が、文廟祭などとも称されて重要な祭祀とされてきた。なお朝鮮に孔子の文廟が置かれたのは、新羅の聖徳王一六（七一七）年のことで、これを奉安して享祀させたのが始まりといい、やがては地方にも広まって、一九三〇年代後半には、地方文廟の数は三二九に上り、その参拝者は計一〇万人を数えたという［朝鮮総督府：一九三八］。

こうした文廟におけるもっとも重要な祭祀である釈奠には、中国の伝統を踏まえて、ウシ・ヒツジ・ブタの三牲が供えられていた。昭和一二（一九三七）年四月一五日に、ソウルの経学院（成均館）で行われた春季釈奠では、「俎腥三品　牛腥・羊腥・豕腥」すなわち三牲の頭を正位に供えるほか、ウシ・ヒツジ・ブタの三種の肉を塩なしで煮た大羹と、同じく塩入りで煮た和羹の計六種が配位に供えられている［同前］。

しかし注目すべきは地方文廟の事例で、その供物を見ると、豕腥・羊腥はあるが牛腥が登場せず、代わりに鹿脯一五三斤・魚脯二五斤のほか、鹿醢五斗四升・兎醢七斗五合が供えられている［同前］。

これに関しては、先に第一章の中国の事例で『礼記』礼器にあったように、必ずしも三牲にこだわるのではなく、地方で手に入るところの魚鼈や鹿豕を用いた方が礼に適っている、という部分に対応するものと考えてよいだろう。

後に日本の動物供犠の問題で見るように、日本の釈奠ではウシ・ヒツジ・ブタという組み合わせが定着せずに、代わりに大シカ・小シカ・イノシシやウサギの醢《かい》などが用いられ、やがては肉食忌避との関連で、獣肉類も供物から排除されてしまう。たしかに獣肉類の排除は、日本独自の特色といえるが、シカやイノシシ・ウサギなどの代用は、すでに朝鮮半島でも行われていたと考えられる。

すなわち朝鮮半島においては、中国大陸と陸続きであったため、ウシやヒツジの移入は早くから行われ、こうした家畜が動物供犠に用いられてきた。しかし先の百済の事例で、王が狩猟したシカなどを山川や天に供えたことなどを考慮すれば、その前提には、日本列島と同様に猪鹿が非常に多く、そうした野獣の利用が盛んであったと考えるべきだろう。おそらく日本における弥生的供犠の源流も、華南に広がった長江文明的要素が、朝鮮半島経由で伝えられたものと思われる。

ただ朝鮮半島には、まさに長江文明と黄河文明とが混淆する形で、動物供犠が行われてきたという経緯があることを忘れてはならない。このことをもっとも典型的に示すのが、ウシをはじめとする家畜の供犠で、とくに農耕儀礼のうちでも雨乞いの習俗として、古くから行われ続けてきた。

とくに朝鮮半島における祭祀の特色としては、先にも触れたように、個人祭つまり家族単位や一族単位などで行われるという傾向が強い。その意味では、門中祭祀を重視する沖縄と共通する部分が多い。なお個人祭においては、どちらかといえば安宅祭に象徴されるように、除厄儀礼などを中心に家の安全・繁栄を願うものであるが、これには当然のことながら家の発展の基礎となる豊穣儀礼も含まれ、風神祭・農神祭・山神祭なども行われる。しかし、これらの個人祭においては、動物供犠が伴うような形跡はない。むしろ部落祭などとして行われる共同祭のうち、とくに祈雨祭において、夥しい動物供犠が伴っているという特色がある。

朝鮮半島の祈雨祭つまり雨乞い習俗については、先の村山智順の調査資料第四五輯に、詳細な報告がある［同前］。村山は、昭和一一（一九三六）年段階で行われていた共同祭について、「共同祭概況」として、計三六頁に及ぶ表にまとめたが、そのほとんどは祈雨祭が対象となっている。このうち動物供犠やその肉類を供えたものを一覧し、これに「各道に於て行はるゝ祈雨祭」などに記述がありながら、同表に採録されなかったものを加えて作成したのが表1の朝鮮の祈雨祭供犠表である。

すでに前節で見たように、朝鮮半島では山川なかでも山岳神を崇拝の対象として、農耕儀礼とりわけ雨乞いに関わる祭祀が、三国時代から盛んであった。こうした伝統が、表1から、古代以来綿々と近代まで受け継がれてきたことが分かる。

しかも祈雨祭全一二二例のうち、明らかに動物供犠を行っていることが、ほぼ確実な事例だけで九二にも上る。また記述としても不明なものが多く、供犠の内実が省略された可能性が高いことから、おそらく優に一〇〇を超える実態が想定されよう。

なお「共同祭概況」には、京畿道利川郡の伝染病祭では、ウシ一頭・ブタ一頭を屠殺して生肉を供えている。忠清南道天安郡の同じく伝染病祭でも、ブタ一頭を朝鮮白紙に載せて供え焼紙するほか、全羅北道扶安郡では守護神祭に、岩石を神として祀り正月三日にイノシシを屠るという記載がある。

表1：朝鮮の祈雨祭供犠

番号	道　名	郡　名	祈　雨　祭：供　物	供犠	牛	羊	豚	犬	鶏	不明	補遺
1	京畿道	広州郡	黄牛一頭を屠殺し供える	◎	○						
2		龍仁郡	郡守山上に牛・豚の生肉と酒を供える								
3		水原郡	各山頂に生豚一頭・脯を供える	◎			○				
4		始興郡	山頂に豚・牛肉などを供える								
5		楊平郡	山頂で豚一頭などを供える	◎			○				*
6		安城郡	山上で生豚一頭などを供える	◎			○				*
7	忠清北道	報恩郡	生豚肉を供える								
8		沃川郡	水辺で豚一頭を供える	◎			○				
9		鎮川郡	山上に豚頭や五穀などを供える	◎			○				
10		陰城郡	豚肉や果物などを供える								
11		忠州郡	江辺か山上で豚を屠殺し血を四方へ撒布する	◎			○				
12		丹陽郡	山中で豚か犬を屠殺し血を四方へ流す	◎			○	○			
13	忠清南道	燕岐郡	有名山上に豚肉や果物などを供える								
14		論山郡	山上で生豚頭や酒などを供えて焚火をする	◎			○				
15		舒川郡	山上で夜中に屠獣し鮮血を流して焚火をする	◎						○	
16		青陽郡	山上で子豚三匹や酒などを供える	◎			○				
17		洪城郡	山上で豚頭や酒を供える	◎			○				
18		礼山郡	豚肉や酒などを供えて焚火をする								
19		瑞山郡	山上で果脯や生猪を供える	◎			△				
20		天安郡	生豚や果物を供え山神に祈る	◎			○				
21	全羅北道	全州府	生豚を屠り血を祭壇周囲に撒く	◎			○				
22		鎮安郡	山上などで牛・羊・豚を牲として供え血を撒く	◎	○	○	○				
23		茂朱郡	洞山祭壇に脯などを供える								
24		長水郡	豚や犬などを殺し血を塗布し焚火をする	◎			○	○			
25		井邑郡	山上で猪頭（豚頭）や酒・脯などを供えて焚火する	◎			△				＊＊

26		任実郡	山上で犬を焼きながら農楽を行うか山上や滝壺に生豚を供える	◎			○	○			*
27	全羅南道	谷城郡	豚を屠殺し首を生のまま河水に投入する	◎			○				
28		求礼郡	山中で豚肉や酒を供える								
29		光陽郡	生の豚や羊を龍沼の水中に投げ込む	◎		○	○				
30		高興郡	山上で焚火し豚を殺して血を撒く	◎			○				
31		宝城郡	犬を殺し血を四方に撒いて頭を龍穴に投入する	◎				○			
32		和順郡	山上で豚を屠り血を周囲に撒布する	◎			○				
33		長興郡	犬を屠って血を撒くか、龍穴に犬の生首を投入する	◎				○			
34		珍島郡	豚五頭を山神神域で調理し供える	◎			○				
35	慶尚北道	達城郡	沼や江岸で生豚肉などを供え焼紙する								
36		迎日郡	魚類や雄鶏(白)一羽を山上に供える								
37		盈徳郡	白鶏か豚を供饌し山上で祀る	◎				○		魚類	
38		安東郡	山頂で脯などを供える								
39		義城郡	山上で生豚などを供える								
40		漆谷郡	高山で牛・豚を殺し毛・爪を切り原形のまま供える	◎	○		○				
41		金泉郡	神壇を設けて脯や酒などを供える								
42		奉化郡	山上か江辺で生豚・生犬を供える	◎			○	○			
43		開慶郡	山か沼で犬か豚を屠殺し血を撒布する	◎			○	○			
44		星州郡	牛頭を埋め、生豚を屠殺し血を神壇か山谷河川に流す	◎	○		○				**
45		慶山郡	山上で牛などを供え牛頭は祭場に埋める	◎	○						*
46	慶尚南道	馬山府	祭物に生豚を用い祭物は海に投入して焚火をする								
47		昌寧郡	高山で生猪肉を供え焚火をする								
48		東莱郡	祭物に牛か羊を供える	◎	○	○					
49		昌原郡	豚一頭を祭壇に埋める(現在は行われず)	◎			○				
50		固城郡	高山で生猪肉を供え焚火をする								
51		統営郡	同上								
52		泗川郡	同上								
53		南海郡	同上								

54		河東郡	同上								
55		山清郡	同上								
56		咸陽郡	同上、山上なら生豚、川辺なら白犬								
57		居昌郡	同上								
58		陜川郡	同上								
59		宜寧郡	山上で豚を牲とし頭を地中に埋めて焚火をする	◎			○				＊
60	黄海道	松禾郡	山上で牛・豚または犬を屠殺して、肉片を撒布する	◎	○		○	○			
61		谷山郡	深山か深淵で豚を殺し天に祈る	◎			○				
62		信川郡	山上で毛を抜いた生の豚を供えて焚火をする	◎			○				＊
63		殷栗郡	山上で牛・豚または犬を屠殺して、肉片を撒布する	◎	○		○	○			＊
64		安岳郡	山上で牛・豚または犬を屠殺して、肉片を撒布する	◎	○		○	○			＊
65		遂安郡	深山か深淵で豚を殺し天に祈る	◎			○				＊
66		黄州郡	深山か深淵で豚を殺し天に祈る	◎			○				＊
67	平安南道	順川郡	洞の祭壇で豚を屠殺し龍王に祈る	◎			○				
68		孟山郡	高山で牛・豚を屠殺する	◎	○		○				
69		成川郡	山中か川辺で牛か豚を屠り祭後に頭を埋める	◎	○		○				
70		江東郡	牛・豚などを屠り生肉を天神に供える	◎	○		○				
71		中和郡	山上で犬・鶏・豚などを殺して祈雨する	◎			○	○	○		
72		安州郡	山頂で家畜を屠り四海龍王に祈祷する	◎						○	
73		平原郡	山頂で牛または豚を供え天神に祈る	◎	○		○				＊
74	平安北道	義州郡	牛を屠り深淵か山頂で天神（龍王）に祈る	◎	○						
75		泰川郡	牛か豚を屠り川辺に祭壇を設け天神に祈る	◎	○		○				
76		雲山郡	深淵か断崖絶壁で牛を屠り洞祭に準じて行う	◎	○						
77		定州郡	山頂で牛を屠り行う	◎	○						
78		朔州郡	山中で牛を屠り祭饌を調理して山川の神に祈雨する	◎	○						
79		楚山郡	天祭と称し牛を屠って行う（＊昌城郡に同じ）	◎	○						＊＊
80		昌厚郡	山頂か川辺で牛か豚を屠り山川の神に祈雨する	◎	○		○				
81		亀城郡	牛を屠り深淵か山頂で天神（龍王）に祈る	◎	○						＊

82		熙川郡	深淵か断崖絶壁で牛を屠り洞祭に準じて行う	◎	○						＊
83		寧辺郡	深淵か断崖絶壁で牛を屠り洞祭に準じて行う	◎	○						＊
84		博川郡	深淵か断崖絶壁で牛を屠り洞祭に準じて行う	◎	○						＊
85		昌城郡	山中で牛を屠り名山神・大川神・風伯神を祀って祈る	◎	○						＊
86		碧潼郡	山中で牛を屠り名山神・大川神・風伯神を祀って祈る	◎	○						
87	江原道	春川郡	山上で犬か豚の神饌を供え、川辺で犬・豚の血を撒布する	◎			○	○			
88		麟蹄郡	山中で犬を屠って泉中に投ずる	◎				○			
89		楊口郡	名山・大川で豚か犬を屠って行う	◎			○	○			
90		通川郡	犬・鶏を屠殺して血を撒布する	◎				○	○		
91		高城郡	山上で牛か豚を屠り血を岩石に撒布し天神に祈雨する	◎	○		○				
92		襄陽郡	大川の岩場で犬を屠り血を岩に塗る	◎				○			
93		江陵郡	島上で犬か豚を屠り血を流布して祭饌を行う	◎			○	○			
94		三陟郡	高山か川辺で豚・鶏・犬を牲にして血を流す	◎			○	○	○		
95		旌善郡	川辺か山頂に祭壇を設け豚肉を供える								
96		平昌郡	名山名沼で豚・犬を屠り血を流す	◎			○	○			
97		寧越郡	豚の頭を岩窟の水中に投じ龍王神に祈雨する	◎			○				
98		横城郡	川中の龍岩で牡豚を屠殺し血を岩に流す	◎			○				
99		華川郡	山上で脯などを供える								
100		平康郡	清浄な石壁などに犬の血を塗りつける	◎				○			
101		蔚珍郡	水辺で豚一頭を生きたまま水中に投じる	◎			○				＊
102		鉄原郡	山の淵で犬を屠り血を岩に塗り屍体を淵に投ずる	◎				○			＊
103		淮陽郡	山上で犬か豚の神饌を供え、川辺で犬・豚の血を撒布する	◎			○	○			＊
104	咸鏡南道	咸州郡	霊山で犬か豚肉とともに枯死した作物を山神へ供える								
105		氷興郡	高山の聖地に犬肉を供える								
106		高原郡	霊山に家畜の生血を流し泉にその屍体を投ずる	◎						○	
107		文川郡	頭龍山麓の龍潭に豚の生首を投ずる	◎			○				
108		徳源郡	山水美麗の地に生鶏を埋める	◎					○		
109		安辺郡	山奥で犬を屠殺し飯や酒などを供える	◎				○			

110		洪原郡	山上か淵潭で牛か豚を屠殺し血を撒布する	◎	○		○				
111		北青郡	山上で犬を屠った（20年余前）	◎				○			
112		利原郡	霊山で犬を屠り血を四方の岩壁に塗って天神に祈る	◎				○			
113		端川郡	山中で犬を屠る	◎				○			
114		新興郡	豚か犬を深山で屠り血を付近に撒布する	◎			○	○			
115		豊山郡	山中で犬を屠る	◎				○			
116		山水郡	山頂で犬を殺し血祭を行う	◎				○			
117		甲山郡	山上か川辺で犬か豚を屠り血を四方に撒布し天神に祈る	◎			○	○			
118		長津郡	霊山に家畜の生血を流し梟にその屍体を投ずる	◎						○	*
119	咸鏡北道	明川郡	名山や大川で豚や犬を屠殺し神前に供える	◎			○	○			
120		茂山郡	名山か川辺で酒や肉などを供える								
121		鏡城郡	名山上で豚や犬を供える	◎			○	○			*
122		城津郡	名山上で豚や犬を供える	◎			○	○			*

これらは、いずれも除厄儀礼として集落の安全を祈るものであるが、この三例を除くものは全て祈雨祭に関わるもので、村落の共同祭のうちでも農耕のための豊穣儀礼に動物供犠が伴っている点が興味深い。

とりあえず表1のうちの九二例に限って考察を試みれば、重複を含めてウシ二七例、ヒツジ三例、ブタ五九例（含むイノシシ二例）、イヌ三四例、ニワトリ四例で、ほかに動物名が不明なものが四例ある。これを地域的な分布という観点からみれば、極めて興味深い結果となる。事例の少ないヒツジ・ニワトリを除外すれば、まずウシについては、平安北道・南道に集中し、黄海道・京畿道にも見られるが、南は慶尚北道と慶尚南道・全羅北道の一部まで、基本的に北部を中心とした分布を示している。

もっとも多いブタは、咸鏡北道・南道から平安北道・南道、江原道、黄海道、忠清北道・南道、慶尚北道・南道および全羅北道・南道と、ほぼ全国的に分布するが、やや中南部に集中するという傾向が見られる。またイヌは、咸鏡北道・南道と平安南道の一部、江原道と黄海道のほか慶尚北道や全羅北道・南道および忠清北道の一部に広がり、全国的な分布をみせ、どちらかといえばやや北部に多いという印象がある。

ここで朝鮮半島における中国からの農耕文化の伝播を考慮すれば、先に見たように初めに北方からウシなどを伴う黄河文明的麦作文化が入り、その後、南方からブタを用いた長江文明的な稲作文化が到来し、これが南へと延びて、やがては日本列島にも及ぶところとなる。その後、三国をはじめとする国家の形成期に、北方系の伝統的中国文化が、漢字文明とともに国家のシステムに大きく関わりながら、それぞれの国々に覆い被さってきたという図式を描くことができよう。

もっともポピュラーな家畜であるブタは、中国南方からの稲作文化とともに渡来し広まったが、北方系の中国文化を代表するウシなどの搾乳用の家畜文化は、どちらかといえば広く南へと浸透したというよりも、朝鮮半島北部一帯に強く根付くところとなった。ヒツジの受容は、釈奠などの供物としては登場するが、地方の村々レベルではあまり見られない。むしろ代わりに、イヌが供犠に用いられるのは、東北部中国から朝鮮半島にかけてイヌ肉食が普及しているためで、重要な食料家畜の一つとして、ニワトリよりも貴重であったためと思われる。

こうした古代朝鮮に始まる山川信仰と動物供犠による祈雨という農耕儀礼が、つい近年の二〇世紀前期にまで続いたという事例は、国家上層部のそれが地方の村々へと歴史的に浸透し、そうした習俗が固く維持され続けてきたことを物語るものといえよう。しかも民間における習俗の驚異的な持続は、朝鮮半島に限らず、日本においても同様であった。こうした雨乞い儀礼と動物供犠の結合の存続は、近代日本にも共通するところで、これについては第六章で詳述したい。

また朝鮮半島における祭祀の特徴として、その執行にあたって極度の清浄が求められる。それゆえ不浄を払い去るための致斎と、近づけないための禁忌という行為が要求され、これらが厳重に守られる。もし司祭者に不浄があれば、極めて大きな道義的責任を問われるため、さまざまな致斎と禁忌を実行する。

例えば、祭日の三日または一週間前から、朝夕二回冷水を採って身を清め、全身を洗って爪や髪を切り髭を整えるほか、酒・肉(魚)・房事・煙草・屠殺などが固く禁じられるという。そして昭和一一(一九三六)年段階での「部落祭」における致斎と禁忌の二〇九に及ぶ事例が挙げられている[朝鮮総督府：一九三七]。

これは日本でも同じで、催事にあたって身を清浄に保つことが重要と見なされ、そうした一種のミソギ的行為が、祭祀などの完遂に大きな意義を持つと考えられてきた。とくに日本では、屠殺や肉食の穢れを、徹底して忌むという観念が極度に発展をみたが、これに関しては改めて終章で検討したい。ここでは朝鮮半島にも、日本と同じような観念が存在していたことに注目しておこう。

なお最後に、北方系の伝統的中国の動物供犠が、朝鮮半島に伝えられた明らかな事例について述べておきたい。まず前章第一節の末尾で触れた立春の土牛については、すでに模造のウシが用いられており、動物供犠そのものではないが、その名残りともいうべき形で受容されている点が興味深い。

これに関して李朝末期の風俗を描いた『東国歳時記』は、一九世紀半ばの成立にかかるが、その正月立春条では、ウシの産地である咸鏡道の風俗として、木牛戯を紹介している。立春の行事の一つで、木で作ったウシを官庁から民家の村まで引き回して、農耕の振興と豊穣を祈るとしている。

これは先にも見たように、生きたウシの代わりに土牛を用いて天子に献じ、引き回した後に、土牛に鞭打つ行事で、木牛は変形と考えられる。その起源は古く『高麗史』巻一世家第三の成宗七（九八八）年二月三日条に、「土牛の事、今年は立春を已に過ぐ、後年立春の前に取る。所司更に施行し奏す……当正月中気の初、若し公私の祭の犠牲、牝を用いる勿《なか》れ」とあり、来年からは立春の時期に迎気儀礼として、土牛を用いることとし、公私の祭儀に牝ウシを犠牲とすることを禁じている。

この記事は、この時から中国の土牛の風習を採り入れたことを示しているが、引用部分後半の記述からは、それまで生きたウシを捧げていたのを、この時点で土牛に変えたと読み取ることもできる。この間の事情については判然としないが、こうした国家レベルの農耕儀礼が、まさに木牛戯として広く地方にまで定着していたことが窺われる。いずれにしても北方系中国文化の影響が、古くから朝鮮半島に及んでいたことを物語るものといえよう。

ちなみに『東国歳時記』は、ウシの屠殺について興味深い記述を行っている。同書一二月除夕には、大晦日の一、二日前から屠牛の禁止をゆるめ、元旦に再び解除を止めるという。その理由については、正月に牛肉を飽食できるようにとの配慮で、場合によっては屠牛禁止を解除しない場合もあるとしている。ウシそのものが貴重で、供犠に自由に用いることを禁じたためと思われるが、これを節目には容認していたことが窺われる。

なお、こうした木牛戯の風習は、済州島にも伝わり、毎年立春の前日に、全島巫覡《ふげき》が州司に集合して、農具を供えた木牛を引き回し、豊年を祈る祭祀が大々的に行われるという［李：一九七七］。春季に行われるウシの引き回しを伴う農耕儀礼で、かつ木牛が犠牲の代替えという観点からすれば、これは沖縄知念のハマエーグトゥを想起させる。これに関して前城直子は、その起源は中国に求められるとしているが［前城：二〇一二］、地理的にも近い済州島に木牛戯が残ることは極めて興味深い事例といえよう。

また最後に、古代中国から行われてきた一二月の臘祭《ろうさい》について触れておきたい。これについて、後漢後期の崔寔が著した『四民月令』一二月条では、臘日の五日前にブタを殺し、三日前にはヒツジを殺して祭の準備を行い、当日には稲などを供えるとしている。

これは朝鮮半島でも受容され、『東国歳時記』一二月条によれば、李朝では冬至から三番目の未日を臘日と定め、宗廟と社稷で大祭が行われ、イノシシや山ウサギの肉が捧げられるが、かつては京畿道の山間部ではイノシシ猟を行い、その獲物を捧げたという。

基本的に朝鮮半島では、儒教を中心とした中国文化の圧倒的な影響下にあったが、こうして古代から近代に至る動物供犠の様相を具体的にみてみると、中国の儀礼をそのまま受容したのではなく、朝鮮半島独自の山岳や河川に対する自然信仰を重要視して、それと中国文化の微妙な連関の上に成り立っていることが分かる。

しかも中国文明を、華北の麦作と搾乳家畜を基本とする黄河文明と、華南の稲作と魚・ブタを中心とした長江文明とに区別するなら、朝鮮半島においては、初期に華北の麦作などの影響を受けつつも、華南からの水田稲作を受容し、半島南部を通過して、やがては日本にまで、これを伝播させる経由路となったという点が重要だろう。

そして再び国家形成期に、華北の伝統的中国文化を採り入れて、国家の運営システムを創り上げ、ウシをはじめとする家畜の供犠も早い時期から行われるようになったが、その歴史的前段階においては、日本と同様に猪鹿が多く棲息し、その狩猟も長く行われ続けたという流れを読みとることができる。

中国大陸と朝鮮半島そして日本列島は、同心円的延長線上にあり、非常に古い時代から盛んな文化交流が行われてきたが、それぞれの文化展開においては、微妙な地域的差異が生じた。そもそも中国大陸自体に、複数の性格の異なる文明が展開を見ており、そこからの文化移入も、時間的にも空間的にも、実にさまざまな形で進行し、極めて重層的な様相を呈していることに留意する必要があろう。

たしかに中国文化は、朝鮮半島や日本列島の人々の生活に、大きな影響力を持ったが、その受容をめぐっては一様ではなく、それぞれの地域性に左右されて、現実には異なった歴史の形跡を残すところとなったのである。

第三章　日本列島の動物供犠——血とオビシャ・卜骨

第一節　縄文・弥生の動物供犠

日本の農耕については、かつて弥生時代から始まる、とする見解が考古学の主流を占めてきた時期が長かった。これは栽培植物の遺存体や畑跡の検出が難しく、また米を重視してきた日本人は、暗黙のうちに水田址の認められる弥生稲作のみを農耕と見なしてきたためである。しかし今日では、住居址の炉付近の土を採取して分析するフローテーション法の開発と、これを確認するための電子顕微鏡の普及によって、花粉や種子が可視化されたことなどから、稲作以前における農耕の存在を認めざるを得ない、という認識に変わってきた。

その前提には文化人類学の立場から、水田稲作に先行して畑作農耕が存在していたはずだとする想定がなされたこともあり［佐々木：一九七一］、徐々に縄文農耕の可能性が検証されるようになった。すでに根栽農耕については、縄文中期に行われていたことが指摘されていたが［藤森：一九七〇］、近年では、種子植物の栽培が行われていたことも明らかにされている［佐々木ほか編：一九八八］。これに加えて縄文中期には、水田を伴わない形での稲作の存在が指摘されている［高橋：一九九七］。

さらに植物遺体のＤＮＡ鑑定も進んだことから、縄文農耕の存在はほぼ疑いのないところとなった［佐藤：二〇〇〇］。

ただ縄文時代における農耕の社会的位置付けについては判断が難しく、慎重な検討が必要となる。まさに前章で、中国における動物供犠が農耕と密接な関係にあることを見たが、これを日本の場合に置き換えてみれば、縄文時代に動物供犠が存在したか否かは、同時代に農耕が主要な生産手段として行われていたかどうかに関わる。それゆえ問題は単純ではなく、実証と理論の両面からの考察が加えられねばならないが、以下に述べるように、実証的材料の乏しい現段階では見通しが立てにくい。

この問題に関して、注目すべき理論的考察を挙げれば、国文学者の三浦佑之は、縄文時代には動物供犠は存在せず、それは弥生時代以降に始まったという見解を披瀝している［三浦：一九九二］。三浦は、縄文的な狩猟採集民の間では、動物に対する感覚が異なっており、動物と人間との抗争はあっても、同一レベルの倫理のなかで生きてきた。ところが弥生の農耕という自然と激しく対立する生産のスタイルが、アードルフ＝イェンゼンのいう女神殺しによって始まるため、人は新たな文化を獲得したが、そこには〈負い目〉があり、それが供犠を発生せしめたという立場を採る。

三浦の説は、もう少し複雑で数行の要約では意を尽くせず、イェンゼンの理論についても、より詳細な考察が必要となる。そうした動物供犠と農耕の関係については、終章の結論部分で改めて理論的に検討することとして、ここでは縄文・弥生における農耕と動物供犠に関する事実関係をおさえておくべきだろう。なお三浦は、縄文農耕の存在を認め、かつ動物の骨が儀式を想定させるような形で出土する事例を踏まえながらも、それはイヨマンテのように狩猟民的な霊送りであり、いわゆる動物供犠とは異なるとしている点は重要である。

ところで先にも述べたように、縄文農耕の社会的評価については難しく、三浦も触れているように、縄文も中期以前と以降では、かなり事情を異にする。また農耕に関わる縄文女神とも呼ばれる土偶の破壊については、供犠の理論的問題との関連から、改めて終章第二節で触れるが、ここでは農耕のための供犠の代替えと見なしておきたい。ただ、基本的に農耕に関わる供犠については、これを証明しうる考古学的証拠は確定しがたい。

そこで本節では、動物を用いた祭祀と見なしうる事例をみておきたい。現在の考古学では、すでに縄文早期から、動物骨を意図的に埋葬した例がいくつか報告されている［松井：二〇〇三a］。また縄文前期に属する北海道東釧路貝塚では、イルカの頭骨六〜八頭分が放射状に配置されており、同じく前期の石川県真脇遺跡でも、イルカの頭骨数頭分が並置あるいは扇状に埋葬されている。さらに縄文晩期前半の静岡県井戸川遺跡では、クジラの椎骨のほかイルカ・シカ・イノシシの頭骨も整然と配置されていたという。

これらは頭骨を重視しているところから、動物を送る儀礼であったと思われ、それぞれ動物捕獲を願った祭祀と見なすべきだろう。やがて縄文中期になると、東日本の貝塚ではイノシシの幼獣などの埋葬が見られるようになる。三浦が縄文の事例として引いた嶋崎弘之の報告によれば、千葉市賀曽利貝塚や東京都東久留米市の小山台貝塚などからは、イノシシの幼獣が頭骨を伴わない形で出土している［嶋崎：一九八〇］。

ただ、こうした縄文の動物祭祀を思わせる遺構は、全国でも一〇例程度で海岸部の貝塚に偏っていることが指摘されている[西本：一九九五]。たしかに、これを縄文時代の一万年以上というタイムスパンから見れば、これらの遺構は極めて希有な事例となる。しかしアルカリ性の強い動物の骨は、日本の酸性土壌によって、ほとんどが分解されてしまう。しかし同じアルカリ成分の多い貝塚に含まれたり、とくに海岸部や低湿地などの水分を含んだ土中にあったりすれば、それらが保存されるケースもある。

ところが縄文の遺跡は、基本的に高台にあったことから、保存条件は決して好ましい状態にはなかった。しかも動物祭祀の場合には、貝塚のように大量にアルカリ成分が確保されるわけではなく、骨などの遺体一部が野ざらしに並べられるだけであったと推定されることから、それらが残る確率はきわめて低かったものと思われる。それゆえ動物遺体の発掘事例が少なくても、動物祭祀が稀であったということにはなるまい。

いずれにしても縄文時代には、狩猟を目的とした動物儀礼が存在していたが、それは祭祀のためにわざわざ動物の生命を奪うという性格のものではなく、その意味では動物供犠という範疇に括ることには問題がある。すなわち縄文時代に動物供犠の存在を認めるかどうかについては、供犠の概念に関する慎重な検討が必要だろう。

もともと縄文時代の祭祀においては、動物の殺害に意味があるのではなく、獲物の一部を神に捧げるにすぎない。あくまでも本稿では、こうした動物祭祀を供犠の概念には含めず、縄文的祭祀と呼ぶこととする。ちなみにアイヌ民族のイヨマンテは、確かにクマの生命を奪うが、これは縄文的祭祀の延長線上に位置するもので、狩猟民特有の霊送り儀式と考える。

ところが水田稲作を中心とした農耕が本格化した弥生時代になると、イノシシもしくはブタの下顎骨の一部に孔をあけて、これを棒や縄に通して懸架する事例が急増し、積極的な動物供犠が始ったことが窺われる。とくに奈良県奈良盆地中央部の唐古遺跡や、佐賀県唐津市の菜畑遺跡からも穿孔を伴う下顎骨が出土しており、そうした水田農耕に関わるような供犠が、弥生のかなり早い段階から行われていたことが窺われる［西本：一九九五・松井：二〇〇三a］。

さらに西本豊弘は、こうした弥生の遺跡群から出土するイノシシは、頭蓋骨の特徴や歯槽膿漏にかかった歯骨などから、その多くがブタであるとした。しかも縄文のイノシシの下顎骨には孔が空いたものは一例もなく、弥生になって下顎枝などを吊すという新たな動物儀礼が始まったとし、これが大陸から持ち込まれたものであることを指摘している［西本：一九九一a・九一b・九五］。

また西本は、ブタの用途としては、まず食用とされたとし、穿孔のある下顎骨については、豊作を願う農耕儀礼に用いられたとする。しかも縄文時代には、こうした事例は知られておらず、とくに初期の水田址を伴う菜畑遺跡でブタの下顎骨が出土していることからも、水田稲作とともに日本に伝わり、農耕儀礼を含む農耕文化全体が、日本に広まったと推定している［西本：二〇〇八］。

ところで、こうした弥生のブタについては、付編の補論一で詳述するように、日本における動物飼育の存在を物語って興味深いが、文献的にも猪飼部の存在から、これを確認することができる。次の『播磨国風土記』賀毛郡条に見える猪飼野の記事は注目に値しよう。

猪飼野　右、猪飼と号《なづ》くるは、難波の高津の宮に御宇しめしし天皇のみ世、日向の肥人、朝戸君、天照大神の坐せる舟の於に、猪を持ち参来て、進《たてまつ》りき。飼ふべき所を、求《ま》ぎ申し仰ぎき。仍りて、

此處を賜はりて、猪を放ち飼ひき。故、猪飼野といふ

この地名譚は、仁徳天皇の代に日向から船で「猪」を持ち込み、野に放して飼育したというものであるが、この「猪」は厳密にはイノシシではなく、ブタとすべきだろう。イノシシの飼育に関しては、イノシシ把手土器の存在や骨の出土状況から、すでに縄文中期飼養されていた可能性が指摘されている［小野：一九八四］。

実際に、ウリボウのうちに捕らえて、これを育てることは、現在でも一部で行われているが、イノシシであれば放し飼いは不可能と思われる。従って縄文時代におけるイノシシ飼育については、より慎重な判断が必要であろうが、この記事が物語るのは弥生時代におけるブタを飼育する集団の存在である。大化前代の猪飼部は、その職掌を担った人々であろうが、律令国家体制には継承されず、次第にブタの飼育は衰退に向かったものと考えられる。

いずれにせよ水田稲作が広まった弥生時代には、縄文とは較べものにならないほど本格的な農耕社会に移行したことから、新たに農耕を目的とした動物供犠が日本でも始まったのである。ただイノシシあるいはブタの下顎骨を懸架するという儀礼は、日常生活維持のための除厄という可能性も考えられる。しかし冒頭に検討した古代中国の事例などを視野に入れれば、獣骨が降雨祈願などの農耕儀礼に用いられたことや、農耕が本格化した弥生に入って始まった習俗であることなどから、こうした下顎骨の懸架は豊穣を祈る農耕儀礼と判断してよいだろう。

第二節　シカの血と農耕儀礼

そこで次に、古代日本の動物供犠を文献から検討してみたい。ただ弥生時代に顕著なイノシシやブタの出土遺体は、残念ながら文字の普及が始まる古墳時代頃から減少することもあって、考古学の成果と文字史料とを整合的に検討することが難しい。ただ考古学的には弥生時代に少ないシカの供犠に関しては、これが農耕儀礼と密接に関係していたことを窺わせる文献がいくつか存在する。

基本的に動物供犠については、『古事記』『日本書紀』などの正式な歴史書よりも、地方の実情を記した『風土記』の方が、より雄弁に物語ってくれる傾向にある。なかでもシカの供犠については、次の播磨国の事例が広く知られているので、挙げてみよう。

(A)『播磨国風土記』讃容《さよ》郡条　讃容といふ所以は、大神妹妋《いもせ》二柱、各、競《きそ》ひて国占めましし時、妹玉津日女命《いもたまつひめのみこと》、生ける鹿を捕り臥せて、其の腹を割きて、其の血に稲種きき。仍りて、一夜の間に、苗生ひき。即ち取りて殖ゑしめたまひき。…………今も讃容の町田あり。即ち、鹿を放ちし山を鹿《か》庭山《にわやま》と号く

(B)『播磨国風土記』賀毛郡条　雲潤《うるみ》と号《なづ》くるは、丹津日子《につひこ》の神、「法太《はふだ》の川底を、雲潤の方に越さむと欲ふ」と爾云《しかい》ひし時、彼の村に在せる太水《おおみづ》の神、辭《いな》びて云りたまひしく、「吾は宍の血を以ちて佃《たつく》る。故、河の水を欲りせず」とのりたまひき

(A)では、生きたシカを捕えて腹を割き、その血を種に付けて播いたところ、一夜で苗が生えたとしている。町田の町はシカの足跡の意であろうが、あるいは予め卜骨に孔を空けたり墨書したりする町形の占いの線を、方形鑽《まち》と呼ぶことにちなむとする見解もあり［秋本：一九五八］、後者とすれば、豊穣の鹿卜を行った田ということになる。最後のフレーズは、腹を割いて血を取ったシカを放したとも読めるが、古代には狩猟動物の供犠に関わる行為が、作物の豊穣を招くと考えられていたことが窺われよう。シカの生血をたらしたところを苗代として稲種を播いたら、一夜で苗が生えたので、これを植えたとしている。

これに対して(B)は宍とするだけで、シカかイノシシか分からないが、その血で水田を作るのだから、用水の水は不要だとしている。ただ、これらはいずれも地名の由来に関わるものであるから、風土記の時代には一般的ではなく、特異な事例と認識されていたことになろう。しかし同じ播磨国のこととして、二箇所に登場することは、かつて呪術として広く行われていたことを想像せしめる。しかも第一章でみた中国の血祭を彷彿とさせる。

この稲作に血を用いる記述については、すでに研究史が整理されており［長田：二〇〇〇a］、古くはニコライ＝ネフスキーが注目したところで、この二例とともに後に触れる『古語拾遺』に見える御歳神の話を紹介しているが、同様の痕跡が日本の民俗に残ってはいないか、という疑問を付すに留まっている［ネフスキー：一九一八］。その後、このネフスキーの問いに、農耕儀礼との関連で応じたのは折口信夫で、『播磨国風土記』の二つの事例について、シカの血は田を脅かすシカなどの精霊を追い払うためであろうと推定している［折口：一九三二］。

これに対して松村武雄は、西アフリカや南アフリカあるいはインドなどで、人間を殺してその血を田畑に播いたという事例を紹介し、齋種を動物の血につけると作物の生長を促すという信仰は、広く世界的に分布することを示した［松村：一九五八］。さらに日本においても、オナリ女の話など、田植え時に女性が殺される事例を挙げており、農耕儀礼として人身供犠が行われた可能性を論じている。オナリ女については、すでに柳田国男や中山太郎が論じているが、こうした人身御供の問題については改めて終章で触れることとしたい。

ここで注目したいのは、松村が、折口の議論に流血を見せることで邪霊を脅して退けるか、あるいは血の呪能によって作物の豊穣を祈るか、という両者の可能性を検討すべきだとしている点である。この問題について松村は、流血で苗代に対する害獣を脅し退けるという呪法は類例がないことなどを理由に、折口の見解を否定し、動物の血の呪能によって豊穣を祈るものという結論を導き出している。

松村は、なぜか東南アジア・東アジアの事例には言及していないが、これを中国の事例でみておこう。先に『周礼』春官大宗伯における血祭について触れ、これが社稷などの祭祀つまり農耕儀礼に用いられたことを指摘したが、とくに農耕と血との関わりには密接なものがある。日本では血祭といえば、例えば『広辞苑』第二版に「昔中国で、戦場に出発の際、いけにえを殺し、その血をもって軍神を祀ったことから」戦いに臨んで「敵方のものを殺すこと」とあるように、戦争のイメージが定着している［新村：一九六九］。

ほかの国語辞典もほぼ同様で、『周礼』に見られるような血祭に関しては、全く触れられていない。ちなみに『広辞苑』第二版は、南九州などで狩りの獲物を得た時に肺臓《ふくまる》と心臓を山の神に捧げてから煮て食べる〝ふくまる祭〟を、第二義に挙げているが、吉川弘文館の『日本民俗大辞典』では、血祭のみならず〝ふくまる祭〟さえも立項されていない［福田ほか：二〇〇〇］。これらは、血の問題を凝視しない日本的常識を象徴する事例とも言えるが、あくまでも血祭は縄文的な狩猟儀礼として理解されているにすぎない。

しかし古代中国では、戦争時の軍神よりも、血祭が農耕儀礼として重んじられていた。『大漢和辞典』は、第一義に『周礼』を引き、「犠牲の血を供へてまつること」とし、軍神に対する血祭を第二義としている［諸橋：一九五五～六〇］。さらに注目すべきは『礼記』郊特牲で、「郊《こう》には血、大饗には腥《せい》、三献は爓《せん》、一献は孰《じゅく》、至敬《しけい》は味を饗せずして、気臭《きしゅう》を尊ぶなり」と見え、最上の儀礼では味覚よりも清々しさや香りを尊ぶので、郊祭すなわち天地の神を祀る最高の儀式においては、農耕などのために犠牲の血が捧げられたのである。

このほか中国で血が重視された例としては、これも先に挙げた『大戴礼記』曽子天円に、五穀のために五牲を祀るとした部分に続けて、「割・列・禳《じゅう》・瘞《えい》、是れ五牲有り」と見え、犠牲を割いて張り付け、四方に祀って地中に埋める旨が記されている。これは宗廟と山川を祀る事例であるが、この割牲には血祭が伴っていたと考えられる。同書諸侯釁廟《きんびょう》には、宗廟を建てた場合には、「中屋に南面して羊を刲《さ》く、血前に流れ、乃ち降《くだ》る」としてヒツジの血を供えており、『礼記』雑記下にも、ほぼ同様の記事がある。

いずれにしても古代中国において、犠牲の血が農耕儀礼や祖霊崇拝において、非常に重要な祭祀的意味を有していたことが分かる。先の『播磨国風土記』の二つの記事は、折口が想定したように、血をシカなどの獣害駆除とみなすこともできないし、ましてや木村靖二が指摘する如く［木村：一九四八］、血を動物肥料と考えることも不可能である。さらに吉野裕は、シカの血を播いた町田を製鉄炉と見なして、産鉄族の伝承と理解しているが［吉野：一九七二］、これには詰めるべき課題が多すぎて、かなりの付会と評さねばなるまい。

　ただ古代中国の事例は、あくまでも黄河文明の流れにある畑作文化のもので、長江文明の稲作文化においても、同様な血の儀礼が存在していたか、については残念ながら確認することができない。すなわち、シカの血を田地に播くという儀礼が、弥生の水田稲作とともに到来したものか、それとも中原の黄河漢字文明におけるウシやヒツジの血を捧げる儀礼が、日本に入ってシカに変化したものか否かは、判断を保留せざるを得ないだろう。

　むしろ『播磨国風土記』のシカの血に関する民俗例としては、中部地方三河・信濃・遠江の山間部に広く分布する花祭が知られる。奥天竜一帯では「しし祭り」あるいは「ぶしゃ祭り・しゃち祭り」とも呼ばれ、射儀と豊作祈願を彷彿させるもので、藁で作ったシカを射る行事が伝えられている［早川：一九三〇］。その一つ信濃の下伊那郡天龍村大字向方にある大河内の池大神社では、毎年旧暦三月三日に鹿追い神

写真１：長野県天龍村大河内池大神社の鹿追い神事

（著者撮影）

事が行われる（写真1）。

この祭りのクライマックスでは、シカを弓矢でしとめた後に、模造シカの腹から予め紙に包んで詰めておいた御飯が取り出され、これをハラワタと称し万病に効くとして配られる。そして、このシカ打ちが終わると、三方に盛って神前に供えられていた神種を結わえた鍬型を各家で借り受け、神棚に供えて豊作を祈る種取り鍬の行事が行われる。この種は収穫期に倍にして返すことになるが、この地では焼畑が盛んであったことから、さまざまな畑作物が作られており、最後には餅投げが行われるという［野本：一九八四］。

さらに三河設楽郡奥天龍の振草村古戸にも、鹿追い神事が伝わり、同様に初午の種取りが行われている。早川孝太郎によれば、この神事では、小豆飯の団子と白米を入れた苞を、「さご」と称してシカの胎児に見立てる。さらに射礼の後に、青杉の葉で作ったシカの腹を割って、先の苞を取り出し、白米を神社の土に混ぜ合わせたものを、五穀の種と呼んで村人に分配した、という［早川：一九三〇］。ここでは、赤い小豆飯と共にシカの腹から取り出した白米を、神社の土と混ぜ合わせて、これを五穀の種と呼んでいる点が興味深い。

とくに振草村古戸の事例では、シカの腹に収められた小豆飯の赤は、まさに『播磨国風土記』のシカの血を象徴するものだろう。これと共に取り出した白米を、土に混ぜて五穀の種と称することは、「生ける鹿を捕り伏せて、其の腹を割きて、其の血を稲種きき」という記述を彷彿とさせる。さらに天龍村の池神社の場合では、血が省略されているほか、腹の米と種とが分離した形となるが、鹿打ち後に豊作を祈って神種が配られるという件りは、初源の物語が古戸の事例と同一であったことを窺わせる。

これらの鹿追い神事は、まさに狩猟儀礼と農耕儀礼とが、みごとに一体化したもので、これに関しては、すでに犠牲を用いた播種祭あるいは田植祭の神話的表現だ、とする横田健一の卓見がある［横田：一九六九］。そして、その源流は、後に第五章で論じるように、古墳時代における牛馬を用いた供犠以前のものと考えるべきで、おそらく弥生時代にまでは充分に遡るものと思われる。

これを物語るのは弥生の銅鐸絵画で（図1）、兵庫県桜ヶ丘出土の著名な弥生の銅鐸に、シカを射る図が描かれており、その横では縦臼で脱穀をしていると思われる構図が伴っている。ほかにも伝香川県出土とされる銅鐸には、イノシシを射る図もあり、猪鹿の狩猟という行為自体が重視されていたことが窺われる。しかも銅鐸は、後には政治的勢力のシンボルともなるが、もともとは豊穣を祈る神器であったことから、これらの銅鐸絵画は豊作祈願のためと考えられている［佐

図1：弥生の銅鐸絵画

上：桜ヶ丘・下：伝香川［佐原：1983］

原：一九八三]。こうして見ると農耕のために、猪鹿なかでもシカの狩猟が重要な儀礼となっていたことが予想される。

先にも述べたように、弥生にシカへの信仰が強まるのは、男鹿の角の成長が、稲のそれを思わせるためであろう。それゆえ豊穣のシンボルとして、シカが狩猟獣として供犠の対象になり、その狩猟が豊作祈願へと繋がったものと思われる。しかし古墳時代に入ると、遺体の検出は難しくなるが、次に述べるような埴輪の問題から、供犠の対象がシカからイノシシへという転換が起きた可能性が高い。しかも古墳時代には、日本にもウシやウマといった家畜が移入され、その供犠が始まるようになるが、これについては理論的にも重要な問題となるので、改めて第六章で論ずることにしたい。

ただ、ここでは古墳時代になると、弥生のシカに代わって、イノシシの狩猟が重視されるようになる点に注目しておきたい。つまり五世紀後半から六世紀にかけて、古墳の墳丘に配置される形象埴輪に、数多くの動物埴輪が見られるが、このうちイヌとイノシシとがセットとなったものが多い。なかでも大阪府高槻市の昼神車塚古墳は、古墳時代後期の前方後円墳で、前方部のテラスには、力士と角笛を吹く男の埴輪があり、その内側の列にはイヌとイノシシが交互に並んでおり、猟犬を用いたイノシシ猟の様子が再現されている［千賀：一九九一］。さらにイヌとイノシシの組み合わせとしては、京都府の蛭子山古墳が最古で、四世紀後半にまで遡る［若松：一九九〇］。

また奈良県橿原市の四条古墳、天理市の荒蒔古墳のほか、千葉県の成田市竜角寺古墳や殿塚古墳でも見られ［千賀：一九九一］、とくに千葉県の我孫子市付近からは胴部に矢の刺さったイノシシの埴輪が出土するなど［若松：一九九〇］、古墳時代にはイノシシ猟が政治的に強調された形跡が窺われる。

たしかにシカの埴輪はイノシシに較べて少ないが、先の荒蒔古墳の大刀形埴輪には線刻でシカ狩りの場面が描かれている［千賀：一九九四］。さらにシカの遺存体は多数確認されており、同様に狩猟の主な対象であった。ただシカが登場する弥生の銅鐸絵画とは異なって、古墳時代にはイメージとしてはイノシシ猟が強調されるようになる。

ただ獣骨の出土例は基本的に少ないが、ブタよりもイノシシが顕著となる［西本：一九九一b］。その理由については不明とするほかなく、同時代における猪飼部の存在が知られてはいるが、水田稲作に伴うイノシシ飼育は、日本では定着しにくかったものと思われる。

加えて、そうした狩猟によって確保された猪鹿が、農耕などの供犠に用いられたかどうかについては、考古学的な明証が乏しく判断は下しがたい。ただ第二章第一節で見たように、同時代の朝鮮半島においては、王が狩猟で捕らえた猪鹿を農耕儀礼に供していることや、第五章第四節で詳細に検討するように、日本においても猪鹿を供犠する事例がきわめて多いことなどから、古墳時代以降においては、とくにイノシシの供犠が重要視されたであろうことを想定しておきたい。

第三節　オビシャと農耕神事

こうした古代における狩猟のための射儀が、農耕神事に深く関係していたことを、象徴的に今日まで伝えているのがオビシャとよばれる神事である。農耕儀礼と狩猟儀礼との関わりについては、『豊後国風土記』および『山城国風土記』逸文に、餅の的とよばれる一連の注目すべき伝承がある。

まず豊後国では速見郡田野の項に、多くの肥えた水田を開き裕福に暮らして農民たちが、餅を的として遊んだために、身を滅ぼしてしまったという話がある。同書は「大きに奢り、已に富みて、餅を作ちて的と為しき。時に、餅、白き鳥と化《な》りて、発ちて南に飛びき。当年の間に、百姓死に絶えて、水田を造らず、遂に荒れ廃《は》てたりき」と記している。

また山城国の場合は、逸文の形でしか残らず、検討が必要ではあるが、鳥部里の項に、「鳥部と称ふは、秦公伊呂具《はたのきみいろぐ》が的の餅、鳥と化りて、飛び去き居りき。其の所の森を鳥部と云ふ」とある。このほか伊奈利社の項にも、同じ秦公の話として「稲粱を積みて富み裕ひき。乃ち、餅を用ちて的と為ししかば、白き鳥と化りて飛び翔《かけ》りて山の峰に居り、伊禰奈利《いねなり》生ひき。遂に社の名と為しき。其の苗裔《すえ》に至り、先の過を悔いて、社の木を抜じて、家に殖ゑて祷《い》み祭りき」と見える。

たしかに稲荷大社は、秦の伊呂具ゆかりの神社で、水田稲作と密接に関連しており、その末社は全国で六〇〇〇〇を超えるとされている。これは農耕のみならず商売にも利益があるとして喧伝されたためで、とくに近世には著しい浸透をみせた。そして、その起源譚として餅の的の話が語られているが、このことを過ちとしている点で、豊後の事例と共通する。しかし『豊後国風土記』には、豊前と豊後に別れる以前の豊国の時代のこととして、もう一つ興味深い餅と白鳥の話が収められている。

それは後の豊前国にあたる仲津郡中臣村でのことで、景行天皇は日暮れて同村に入ったが、次の明け方に「白き鳥」が北から飛び来たって、この村に集まった。その鳥を見た時の話として、同書は「鳥、餅と化《な》為り、片時が間に、更、芋草数千許株《いもいくちもと》と化りき。花と葉と、冬も栄えき。……化生《なりかわ》りし芋は、未曽《いまだむかし》より見しことあらず。実に至徳《みめぐみ》の感《ひびき》、乾坤《あめつち》の瑞《しるし》なり」と記している。ここでは的は登場せず、しかも餅は稲作ではなく畑作による芋の招来譚となっている点が注目される。

こうした餅の的の話に関して柳田国男は、実に興味深い解釈を行っている［柳田：一九二五］。まず柳田は、白鳥はシラサギのことで、これを餅すなわち福神を運ぶ霊鳥と解して、いくつかの類似した民間伝承を挙げながら、この話を相対的に検証している。ちなみに柳田が想定したシラサギについては、最近、これをコウノトリだとする説が、考古学サイドから提起され有力視されている［松井：二〇一一］。

大阪府の池島・福万寺遺跡の弥生時代の水田址には、コウノトリの足跡がたくさん残されているほか、群馬県前橋市の元総社北川遺跡の六世紀頃の水田址でも、同様にコウノトリの足跡が多数確認されている。さらに先に見たシカを射る図のある兵庫県桜ヶ丘の銅鐸にも、水田稲作に関わる霊鳥と考えられる長頸長脚の鳥が描かれているが、これもコウノトリと見なすことができるという。あるいはコウノトリの語源自体に、稲を運ぶという意が込められており、それがいつしか赤ん坊に変わったのかもしれない。

ところで豊後国速見の田野の事例では、餅の的を射たために福が去ってしまったが、山城国の伊奈利社の場合には、別の場所に稲が運ばれたとしている点が重要だと思われる。とくに豊前国仲津の中臣村では、芋がもたらされただけの話で、餅の的が罰を与えるというストーリーは見あたらない。いずれにしても農耕は、天候をはじめとする自然条件に大きく左右されることから、そこに飛来する鳥たちに豊作の思いを託す理由があったものと考えられる。

つまり福は飛び去ったり、もたらされたりするもので、これに的を射るという話が付加されたものと柳田は考えた。そして射礼については、破魔弓・破魔矢あるいは破魔射場などの問題を挙げながら、その重要性を強調している。こうした立場から柳田は、山城・豊後の事例も、白い鳥の奇瑞によって、古い的射の儀式を中止しただけではないかとし、その上で、「それをただ奢りの沙汰なるがゆえに神の罰を受けたとする説明のごときは、的射の行事のいたって神秘なものであることを忘れてしまった外国風の考え方のようにも感ぜられる」と結んでいる[柳田：一九二五]。

ここで柳田は決定的な結論を下しているわけではないが、射戯によって神罰を受けたとするような説明は「外国風の考え方」だ、と表現している部分に留意すべきだろう。中国の『隋書』倭国伝には、「毎に正月一日に至れば、必ず射戯・飲酒す。其の余の節は、略《ほぼ》華と同じ」と記して、元日に射戯を行うということが、日本と中国とで異なると記されている。柳田が外国風としたのは、的射の神秘性を忘れたことを指すが、これにはかなり重要な問題が潜んでいる。しかも、それは単なる中国的な射戯ではなく、その神秘性が忘れられるほど古い日本的儀礼を伝えたものとしている点が興味深い。

このことについては、まず『日本書紀』孝徳天皇大化三（六四七）年正月一五日条に「朝庭に射す」と見え、射礼が古くから朝廷の正月行事とされていたことが分かる。これが後にほぼ恒例化し、同書天智天皇九（六七〇）年正月七日条に「士大夫等に詔して、大きに宮門内に射る」、同じく天武天皇五（六七六）年正月一六日条にも「禄を置きて西の門の庭に射ふ。的に中るひとには禄給ふこと差あり」とある。さらに『養老律令』雑令にも「凡そ大射は、正月中旬に、親王以下、初位以上、皆射よ」と規定されており、重要な行事とされていたことに疑いはない。

しかし宮中での射礼については注意が必要で、さらに古く『日本書紀』清寧天皇四年九月朔日の記事として、「天皇、射殿に御《ぎょ》す。百寮及び海表の使者に詔して射しめたまふ」とある点に留意しなければならない。これは『隋書』高祖伝六（五八六）年条の「九月辛巳、上素服にして社殿に御し、百僚に詔して射す」を承けた記述である点に留意せねばならず、清寧紀の記事には注意が必要である。これをそのまま読めば、孝徳天皇以降の射礼も、中国の影響を受けたものとも理解できる。

しかし留意すべきは時期の問題で、孝徳天皇以降においては、これが正月行事となっている点が重要である。むしろ日本では伝統的に、正月に射礼を行ってきたからこそ、同じ『隋書』倭国伝では、中国の行事とは異なると認識されたのであろう。このことは中国と日本の「的射」が別物であったことを意味し、柳田が指摘したように、もともと日本には、「外国風」ではない「神秘な」「的射」が行われていたことになる。

もちろん日本でも、その後、正月の宮中射礼は、先の天武天皇五年のスタイルが踏襲されるようになり、的中の度合いによって臣下に禄が与えられることが、国家的儀礼として定式化した。では、なぜ中国では九月であったものが、日本では正月の行事として催される必要があったのだろうか。古代律令国家は、中国の制度や法令あるいは祭儀などを積極的に摂取したが、神祇官の設置に象徴されるように、日本固有の伝統的な習慣や行事については、巧みに律令システムに採り入れた。

もともと中国では、『周礼』や『儀礼』『礼記』に大射・郷礼などの記載が見られるように、儀礼において射儀は重要な位置を占めており、隋から唐初にかけては一時正月にも行われたが、基本的には九月の行事であった。これは『礼記』月令に（九）「是の月や、天子乃ち田猟を教へて、以て五戎を習はせ、馬政を班《わか》つ」とあるように、もともと田猟との関連で射儀が軍事という観点から重んじられたとみなすべきだろう。

もし『隋書』高祖伝に見られるような射儀が、中国の模倣として日本で採用されたとするなら、それを正月行事として固定させたことの意味は説明できまい。たしかに日本でも、唐風を好んだ天武期以降には、射礼の著しい中国化が進行するが［大日方：一九九三］、それでも正月行事として催されていた点が重要である。正月は年初の月であるから、さまざまな行事が催されるが、やはり最も重視されるのは予祝という観点であろう。すなわち『隋書』倭国伝が語る元旦の「射戯」とは、日本古来の狩猟による農耕の予祝儀礼であったと考えられる。

それが宮中では、賭弓などとして中国風の色彩が濃くなり、やがては衰退して武家の弓始に取って代わるようになった。これは武家儀礼として、鎌倉幕府から室町幕府・江戸幕府へと継承されたが、やはり正月に固定されていたのは、農耕の予祝としての性格が意識されていたためと思われる。

ただ、ここで正月という暦の問題に触れぬわけにはいかない。日本における暦については、『日本書紀』欽明天皇一四（五五三）に、百済へ暦博士や暦本を送るよう要請した記事があり、ヤマト政権の時代に朝鮮半島経由で中国の暦法がもたらされた。それゆえ、それ以前については、『魏志』倭人伝に記されたように、春・秋の播種と収穫によって一年のサイクルを認識しており、正月という観念が成立していなかったことが窺われる。

基本的に農耕は一年という時間の周期的変化を前提とするもので、暦法が未発達であったとしても、弥生時代に正月の行事が存在しなかったことにはならない。むしろ播種と収穫という農耕の重要期間を、一年の区切りとしていたもので、播種の時期が正月的なものとして意識されていたはずである。

それゆえ予祝にあたる播種の時期には、弥生の銅鐸に象徴されるような狩猟儀礼が行われていたと考えてよいだろう。おそらく大陸・半島からの暦法の移入によって、一年のサイクルを詳細に認識しえた段階で、年の始まりにあたる正月の行事として、的射を固定させたと理解すべきであろう。すなわち弥生の農耕の開始とほぼ時期を同じくするくらいに、的射は古い儀礼であったとみなすことができる。

いずれにしても柳田は、的射が極めて古く、神秘性をもった日本的なものと考えていた。これはオビシャを意識したもので、全国各地の豊富な事例を踏まえて、いち早く正月の射礼を年占の行事と見なした［柳田：一九一六］。そして最終的には、オビシャを村落における頭屋行事の一種として捉え、農耕に先立って年初に豊作を祈り、その年の吉凶を占うもので、ビシャは歩射つまり弓の義だと規定している。つまり柳田は、餅の的の話をオビシャとの関連で理解し、すでに『豊後国風土記』『山城国風土記』の成立段階では、その意義が忘れられていると指摘したのである［柳田：一九二五］。

たしかにオビシャは正月の神事で、歩射・武射・奉射などと呼ばれて、関東地方などの村々に広く残るほか、関西でも的射・弓祈祷などと称される弓神事が、今日でも各地で行われている。先に見た餅の的の伝承をもつ京都の稲荷大社でも、毎年正月一二日には稲荷大社奉射祭が催されている。こうしたオビシャについては、これまで柳田の説が強く支持されてきたが、とくに年占のための射礼とする点に対し、萩原法子は鋭い批判を展開した［萩原：一九九二］。

萩原は、オビシャの的にしばしば三本足のカラスと、これと対になるウサギが描かれることから、それぞれを太陽と月の表象と見なし、中国および日本に伝わる射日神話との関係で、オビシャを理解しようとした。日本各地に残るオビシャ神事を丹念に調査し、新年に太陽と月つまり宇宙の運行を、射儀によっていったん截ち切り、新たに太陽を新生させることで、天候の順行を願い旱害や水害に備える正月行事だとした。その背景には、太陽の死と再生を願うドラマがあり、その日本における源流は熊野の太陽信仰にあるとした［萩原：一九九九］。

さらに萩原は、その祖型を『山海経』『淮南子』などに見える太陽説話に求め、昔、太陽が一〇個あって、大地の草木が焼け尽くされるために、弓で余分な太陽を射落としたという伝承に由来すると指摘した。しかも中国湖南省長沙市の馬王堆漢墓から出土した前漢初頭の帛画に、太陽のなかのカラス・月のなかのカエルが描かれることや、湖北省随州市の戦国初期の曽侯乙墓から発掘された衣装箱に、英雄が太陽のなかのカラスを射落とす射日神話をモチーフとした絵画が施されているところなどから、オビシャの原型は、長江文明の稲作文化のなかで生まれたとしている［萩原：二〇〇六］。

なお射日神話の広がりについては、すでに岡正雄の古典的な研究があり、インドネシア族、タイ・支那族、トルコ・モンゴル族、日本、北アメリカ西部インディアン族の間に分布し、日本へは何度かに渡って伝播してきたと考えられている［岡：一九九四］。もちろん日本へは中国からの影響が強かったとすべきだろう。またネリー＝ナウマンも、日本でも太陽の象徴であるカラスを射る伝承が多いことを指摘し、さらに十二山の神との関係などから、「中国のやや南部からの発想との結びつきを推定したい気になる」という微妙な発言を行っている［ナウマン：一九九四］。

たしかにオビシャは、もともとは中国の日射神話であった可能性は高いが、柳田のいうように、農耕儀礼としての年占あるいは予祝的要素が強い点も見逃してはならないだろう。そしてナウマンの仮説や、萩原の長江文明ルーツ説という推測が正しければ、日本のオビシャは、先に見たような中国古典における射礼とは、かなり性格を異にするもので、北方黄河漢字文明ではなく、南方長江稲作文明の流れを汲むことになり、おそらくは稲作文化とともに、すでに弥生時代にオビシャの原型が伝播していたと考えねばならない。

また餅の的に関する伝承についても、斧原孝守は、これを穀霊の逃亡観念を示すものとして、西南中国および東南アジアに分布する「自動米」の神話と結びつけて理解している。しかも、この米がある時に人々のところにやって来て、ある時にまた人々から遠ざかるという類話は、雲南省・貴州省を中心として各地の苗族などに、広く伝承されているという[斧原：一九九九]。こうして見ると、オビシャの長江文明起源説は、かなりの説得性を有することになる。

ただオビシャには、萩原が指摘するように、初源には射日儀礼という側面があったにせよ、あくまでも日本では農耕儀礼と密接に結びついて、豊作を願う予祝儀礼として展開を遂げたという点は大いに重視されねばなるまい。そして、その起源については、柳田が想定したように極めて古く、おそらく弥生まで遡ると考えてよいだろう。

そこで日本における動物信仰について見れば、縄文にはイノシシ、弥生にはシカという時代的な特徴が想起される。なお先にも述べたように、考古学的にはブタの下顎骨を用いた儀礼も行われていたが、これは大陸から稲作とともに伝わった家畜の供犠と考えられる。これに対して狩猟を前提とした野獣の供犠は、これまた大陸・半島の影響を受けたものであろうが、日本では農耕儀礼の一部として弥生時代に定着していたものと思われる。

もちろん弥生において当初から、射儀が一種の儀礼として成立していたのかどうかは、現在の考古学では証明が難しいが、先に見た銅鐸絵画に、その片鱗を窺うことができるかもしれない。こうしてみると、おそらくオビシャは、もともとは射日儀礼として伝わったものであるが、とくに日本では天候の順調を祈願する農耕儀礼としての性格が重要視されて、それまで行われていた縄文以来の狩猟儀礼が、やがて日本では農耕儀礼へと変化していったという想定は許されてよいだろう。

第四節　日本における卜骨の系譜

次に日本における動物供犠の問題を、中国大陸および朝鮮半島との関連で探るために、供犠そのものではないが、卜骨《ぼっこつ》を例にとって考えてみたい。先に『播磨国風土記』讃容郡条のシカの血に関わる町田の記述で、その形が占いの線に似るとした卜骨の問題を見ておきたい。これも起源は古く、『魏志』倭人伝には「その俗、挙事行来に、云為《うんい》する所あれば、輒《すなわ》ち骨を灼きて卜し、以て吉凶を占い、先ず卜する所を告ぐ。その辞は令亀の法の如く、火坼《かたく》を視て兆を占う」とあり、すでに弥生時代に卜骨が行われていたことは疑いない。

こうした卜骨や刻骨については、考古学の立場からも、農耕が本格化する弥生時代から始まり、古墳時代へと連続して確認されている。しかも、同様の骨角器は朝鮮半島からも出土するほか、古墳時代以降にウシの肋骨が加わることが指摘されている［松井：二〇〇三a］。

ただ日本での材料は、ウミガメの甲も使われたが、最も多いのはシカの肩胛骨で、イノシシ（ブタ）

も数例確認されている。ただ縄文時代については卜骨が確認されておらず、弥生時代以降の風習で、古墳・奈良時代のものも出土している［神澤：一九七六・八三］。なお中国の卜骨では、当初はシカやイノシシであったが、やがてウシやヒツジが加わり、すでに殷代にはカメと水牛が主体となっているという［神澤：一九七六］。

写真２：東京都青梅市御嶽神社の太占

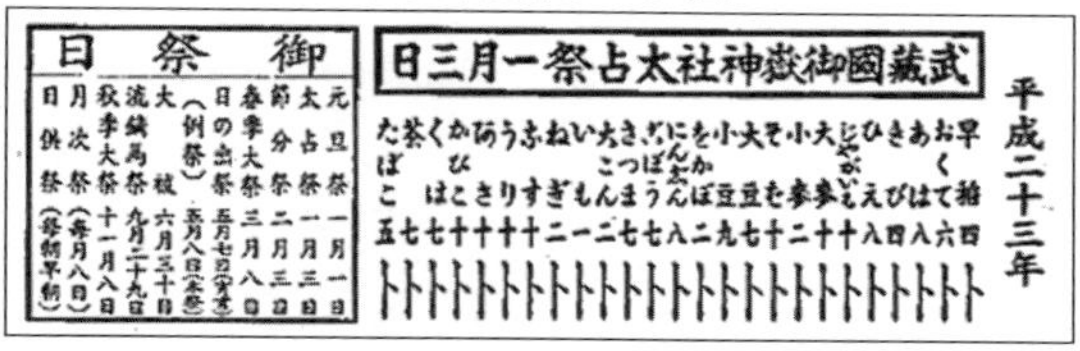

（著者撮影）

基本的に中国では亀卜《きぼく》が中心で、殷代には王朝の公私の生活全般が占われていたが［白川：一九七二］、日本へは弥生時代以降に、農耕文化とともに伝えられ、独自な展開を遂げたと考えられる。これは日本では太占と呼ばれるが、鹿占とも称されてシカなどの獣骨が用いられていた。こうした鹿卜による占いは、近世にも下野二荒山神社・上野貫前神社・武蔵御嶽神社・同阿伎留《あきる》神社などに伝えられている。

卜骨の目的については、さまざまな吉凶の占いに用いられたと考えられるが、このうち東京都青梅市の御嶽神社の鹿卜《ろくぼく》について、『稿本 三田村史』は古記録から五穀豊穣を占うものとしており［清水：一九四四］、動物を用いた作物の豊凶儀礼となっている点が注目される。同社では現在も毎年正月三日に太占祭が行われているが、その次第は秘儀とされている。ただし太占の結果は公表され、いくつかの作物の豊凶を卜定した印刷物が配布されている（写真2）。

また東京都あきるの市の阿伎留神社では、近世までは鹿卜が行われており、

写真3：東京都あきる野市
阿伎留神社の卜骨

（著者撮影）

今日では途絶えているが、同社には元禄一〇（一六九七）年の年紀を有する「神伝鹿卜秘事記」なる記録が伝わるほか、ニホンジカの肩胛骨製の卜骨が現存する（写真3）。前者には甲卜を用いる対馬卜部から伝えられた旨が記されているが、農耕との関連を窺わせる記述は見あたらない。

なお御嶽神社には、阿伎留神社のものが伝わったとされるが、そうであれば、御嶽に移って農耕の占いが加わったとすべきで、必ずしも骨卜は農耕儀礼に関わるわけではない。また貫前神社のケースでも、これを農耕に限定することはできず、さらに後に引く『万葉集』巻一四の和歌からも、農耕以外の目的にも用いられたことが知られる。

ちなみに古代律令国家では、神祇官のうちに卜部《うらべ》が設けられ、太占《ふとまに》を職務としていた。朝廷では亀卜が行われ、天変地異や戦乱および年中行事などの際に卜定されたが、同様の職務である陰陽寮の卜筮と結果が矛盾する場合には、卜部に従う慣例があったことが指摘されている［青木：一九七六］。いずれにしても、こうした卜定は国家レベルにおいても、政策の決定や時期の吉凶を占う重要な手段で、必ずしも農耕と関わるものではなかった。

こうした卜骨については、近世の実証主義的国学者・伴信友が、『正卜考』で興味深い議論を展開している。信友は、もともと日本では鹿骨で吉凶を占っていたが、やがては中国を真似て、これを亀甲に代えるようになったことを、いくつかの事例を挙げて証明している。さらに多くの由緒ある神社などで亀甲に代えられたが、対馬下県郡《しもあがた》の豆酘《つつ》雷命神社の亀卜は、神功皇后の朝鮮出兵の際に伝えられたもので、非常に古いことを多くの史料を挙げながら例証している。

たしかに卜部の規定を記した『延喜式』臨時祭には、「卜部、三国の卜術に優れ長じた者を取る〈伊豆五人、壱岐五人、対馬十人〉」とあり、なかでも対馬の亀卜が重視されていたことが窺われる。壱岐も朝鮮半島との関連が予想されるが、伊豆が加えられているのは、島という立地から海亀捕獲の問題と関係するだろう。

このように亀卜が、朝鮮半島に近い対馬や壱岐で盛んで、これが古代律令国家の職制に採用されている点が重要である。これは明らかに、殷代以来の卜辞の伝統を継ぐもので、古代律令国家が中国に範を採ったところから、黄河漢字文明の系譜を引くと考えて間違いない。しかし律令国家成立以前の卜骨については、異なる見方が必要と思われる。先の『魏志』倭人伝に見える卜骨が、海亀であったか獣骨であったか、「令亀の法の如く」という記述からは前者であった可能性もある。

しかし同書の性格には伝聞という要素もあり、弥生時代にはシカの骨などが用いられたことから、基本的に日本では獣骨が一般的であったと考えられる。また『万葉集』巻一四所載「武蔵野に占へかたやきさまでにも告らぬ君が名卜に出にけり」の「かたやき」は肩焼と読めることからも、信友の結論のように、もともとの民間レベルにおける古代の骨卜は、野獣の肩胛骨で、おそらく鹿卜と考えてよいだろう。

このことは先にも述べたように、考古学の発掘事例で確認されるが、むしろ弥生におけるブタの下顎骨祭祀などとの関連を考えれば、日本の祭祀における獣骨利用の特性としては、北方の黄河畑作文明よりは、南方の長江稲作文明との関連性が高かったと思われる。すなわちウシやヒツジを主な供犠動物とする中原の黄河漢字文明に、日本的動物祭祀の起源を求めるのではなく、ブタを伴った長江稲作文明の流れを汲むと理解すべきで、これも弥生文化とともに朝鮮半島経由で、中国南方の文化が流入した結果といえよう。

ただ、こうした想定の場合には、朝鮮半島における動物供犠の問題が解決されねばならず、即断は避けるべきだろう。しかし、古代律令国家成立以前においては、中国北方ルートよりも中国南方ルートの方が重要な意味を持つように思われる。

以上、骨卜の問題に関しては、農耕との関連は認められるものの、それは日本における農業展開の過程で付随した可能性が高い。従って鹿卜自体は、そのまま動物供犠の儀礼とは一線を画すべきであろうが、日本では猪鹿という野生動物が卜骨にしばしば利用されていたことは注目に値する。そうした状況を想定すれば、殺生禁断を推奨した古代律令国家成立以前においては、猪鹿を用いた動物供犠が、想像以上に行われていたという傍証にはなるだろう。

第四章　生贄・胙・祝——動物供犠の用語的検討

第一節　生贄の実態

これまで見てきたような縄文・弥生における動物祭祀と供犠の存在を踏まえて、ここでは少し角度を変えて、生贄・胙・祝という言葉の問題から、それらの実態を検討してみよう。なお生贄については、いわゆる人身御供譚と混同される傾向があるが、ここで考察の対象とするのは、いうまでもなく動物供犠そのものである。

しかし生贄の議論は、興味的にも注目を集めやすい人身御供へと傾斜することが多い。たしかに人身御供は、まさしく捧げられる生命の問題として、動物供犠の延長線上に浮上することになるが、あくまでも本節では動物供犠に限定して見ていきたい。そこで、まず動物供犠に限った生贄の研究史と、胙《ひもろぎ》・祝《はふり》などの関連語とともに古辞書類に見える定義について押さえておこう。

柳田国男は、すでに明治末年に鳥獣の供犠を問題とし、「掛神の信仰に就いて」を発表した［柳田：一九一一］。これは加藤玄智の人身供犠実在説への反論で、この問題について詳しくは、終章第三節で再論するが、柳田の意図は、あくまでも人身供犠は動物供犠とは基本的に異なる、というものであった。しかし執筆意図とは別に、この論文は日本における動物供犠の問題について、実に興味深い論点を提起した。ちなみに加藤の論考は、日本にも人身供犠の〝野蛮な〟風習はあったが、それが仏教の教化によって消滅したという点を強調するものであった［加藤：一九一一］。

これに対して柳田は、鳥獣殺戮の神事自体は、人身供犠や食人の痕跡とは別に、仏教の戒律による感化や、神道の血穢の忌みからも独立した形で、古くから連綿と続いたものであることを立証している。その後、柳田は「鹿の耳」でも、生贄の問題について触れ、生贄の風習が廃されて後、かつての印象深い部分が記憶されて伝えられたとしている。その上で、魚鳥の生贄は数え切れぬほど多いが、獣を主とした例も少なくはなかったとして、「イケニエとは活かせておく牲である」ことを強調している［柳田：一九二七ａ］。

こうした生贄の問題について、柳田は調査・研究の要ありとしながらも、ついに本格的に論ずることはなかった。むしろ、これを正面から取り上げたのは中山太郎で、彼もまた人身御供の問題に力点をおいたが、駒込林二のペンネームで動物供犠の問題に限定した論考があり、そこには豊富な事例が紹介されている［駒込：一九二五］。なお動物供犠の内実については、柳田や中山の指摘に新たな知見を加えた形で、次章で具体例を見ていくこととして、ここでは、古辞書類に登場する生贄の語を通して、日本における動物供犠の性格について考えてみたい。

先の柳田の活かせておく贄という理解に対して、別の角度から解釈を下したのが折口信夫で、「贄」は神および神に近い人が口にする調理した食べ物で、「生」は活け飼いする意で、「何時でも、神の贄に供へる事の出来る様に飼うて居る動物」とし「植物性の贄と、区別する語」と規定した［折口：

一九二四]。おそらくは柳田の牲の規定も、折口の文章を参考としていたものと思われるが、これは折口の卓見である。

これに対して西郷信綱は、折口が「犠牲をいけにへと訓むのは、一部分当たつて、大体に於て外れてゐる」とした部分に問題はあるとしながらも、「活かしておいたニヘを殺して神に捧げるのがイケニエの本義」と記している[西郷：一九七三]。ところが吉田比呂子は、まず漢語の「犠牲」があり、その訓読として和語である「イケニエ」が成立し、これに「生贄」の語を充てたとしている[吉田：二〇〇〇]。

つまり吉田の論法では、日本古代には生贄は存在せず、中国漢字文化の本格的な受容後に、犠牲の訳語として、中古に成立したものであろうとする。しかし日本の古辞書類は、基本的に漢語・漢字の受容を目的として成立をみたもので、先に漢語ありきという吉田の論理は、どう考えても本末転倒といわざるを得ない。たしかに吉田が指摘するように、上代にはイケニエの語がみえず、「生贄」の初見は、延暦二三（八〇四）年成立の『皇太神宮儀式帳』となる。

そこで『皇太神宮儀式帳』の該当部分を引用しておこう。

一、年中行事并びに月記事……六月の例……また禰宜・内人など祭の月十五日を以て、志摩国の神堺に海に退入して、雑《くさぐさ》の貝物、満生の雑の御贄を漁《すなど》る、并びに志摩国の神戸百姓より進上の生贄、及び度会郡進上の贄、此の御笥作内人作、進上の御贄机に置く、忌鍛冶内人作の奉りし御贄小刀を持ち切りて備え奉るこれは伊勢皇大神宮の六月例祭に、志摩国の神戸百姓が生贄を捧げたとするもので、その生贄を供えるための御贄机と御贄小刀が準備されている点が注目される。本史料において生贄の語が登場するのは、この部分だけで、これに続く「一、供奉朝大饌夕大饌行事用物事」には、御贄としか記載がない。しかし「御笥作内人の造り奉る御贄机に、忌鍛冶内人の造り奉る御贄の小刀を立て」という記述があることから、御贄も生贄と同じで神前で調理される動物と見て良いだろう。

ただ、この御贄・生贄は、大饌の記事に「志摩国の神部佰姓、供進するところの鮮《あざやか》なる蚫螺等の御贄を御机上に備え置きて」とあるところから、志摩の神部百姓が捧げるのは新鮮な貝類であったことが窺われる。本稿の意図は、日本における動物供犠の源流を探ることにあり、供物が獣肉か魚介かは大きな問題となる。そこで、まず伊勢の生贄が魚介であったことの意味を確定しなければならない。

僧・経尊が、文永六（一二六九）年に初めて北条実時に献上した辞書『名語記』では、巻三で「ニエ」を諸国の貢納物とみなし、「ニエは贄也……但しつねには魚類たる歟《か》」とするほか、「ニヘ」では「帝王の供膳」として「但し贄は魚類によせていへる歟、然れとも贄殿といへるは惣名ときこえたる歟」という注記を施している。この段階では神への供物というよりも、天皇・国家に捧げられる貢納物で、それは基本的に魚類であるが、「贄殿」という存在から、もともとはより広い供物を想定しているような記述となっている。

これに関しては、かつて九世紀頃から穢れの観念が発達し、一一世紀頃には大きな影響力をもつようになることと指摘したが［原田：一九九三］、穢れは四足よりは二足、さらには無足の方が少なく、魚類は比較的軽微なものと見なされていたためである。

それゆえ、かつては神前に野獣や魚介、さらにはさまざまな食料が供されていたが、しだいに野獣類が欠落していくという社会的な傾向があった。例えば、後にも触れるところとなる奈良県生駒郡三郷町の龍田大社では、一〇世紀初頭の『延喜式』段階で、次のような祝詞が捧げられていた。


　和稲・荒稲に、山に住む物は、毛の和物・毛の荒物、大野の原に生ふる物は、甘菜・辛菜、青海の原に住む物は、鰭《はた》の広物・鰭の狭物、奥つ藻菜・辺つ藻菜に至るまでに、横山の如くうち積み置きて、奉るうづの幣帛を

米を中心として、山の大小の動物や植物、そして同じく大小の魚類や海藻、まさにあらゆる山海の食料が、古くから神々の前にうず高く積まれ捧げられたのである。ところが、その後、こうした祝詞から、「山に住む物は、毛の和物・毛の荒物」の部分だけを欠落させたものが、次第に増えていった［林屋：一九六〇］。やがて鎌倉期には『名語記』のような理解が一般的となり、いつの間にか獣類が消えて、魚介類が贄の主流に据わるようになる。

こうした傾向は、とくに稲作農耕に特化した神社に著しく、その理由は獣類の強い穢れが、稲作の障害になると考えられたことにある［原田：一九九三］。まさに伊勢神宮は、聖なる米の象徴ともいうべき天皇家の祖神を祀る神社であったため、早くから獣類を落とし、九世紀初頭には魚介のみを生贄としたとみてよいだろう。それゆえ『皇太神宮儀式帳』に初めて登場する生贄は、それ以前のはる

か昔からあったと考えねばなるまい。

そもそも日本では、数多くの書物が成立をみるのは八世紀のことで、しかも公的記録が主であり、それ以前の文字史料が極めて少ない点を考慮する必要がある。従って文献的に生贄の語が見あたらなくても、イケニエの実態が、それ以前の日本に存在しなかったことにはならない。むしろ先にみたように、考古学資料などからすれば、シカなどの動物供犠はおそらく弥生にも遡るもので、漢語の訳語として九世紀頃に生贄という表記が生じた、ということなど断じてあり得ない。

そこで古辞書類の用語と解説を見ていこう。残存する辞書としては成立がもっとも早く、昌泰（八九八～九〇一）年間頃の成立とされる『新撰字鏡』の天治本牛部第四七に「牲　所□反、平、犠牲」とある。さらに平安中期の承平（九三一～三八）年間に編纂された辞書『倭名類聚抄』一〇巻本巻五には、「祭祀具七十」のうちに「犠牲　礼記に云く、祭礼に犠牲を供す〈二音は義生、論語の注に、牲は生にして餼を曰ふ、餼音は気、伊介邇倍と訓ず〉」とあり、これを「伊介邇倍《いけにへ》」と訓じている。

なお同書の二〇巻本の「祭祀具第百七十二」には、犠牲が欠落しているほか、近世の考証学者・狩谷棭斎は『箋注倭名類聚抄』で、犠牲の語は『礼記』には見あたらず、『周礼』地官牧人の項に「凡そ祭祀には、其の犠牲を共にし」とある部分の誤りだと指摘している。すでに本論冒頭で述べたように、かつて中国では犠牲を供えた祭礼が行われており、同じく棭斎が「伊介邇倍、生贄の義」と注したように、犠牲に相当するものとして、日本でも生贄が行われていたと理解してよいだろう。

さらに興味深い記述が、平安末期頃に成立をみた『類聚名義抄』に見え、観智院本仏下本・仏下末には「贄　卜至　タカラ　ニヘ　ツト」「牲　卜生　イケニヘ　アサ《鮮》ヤカナリ」とある。まず贄については、先に『名語記』で見たように、鎌倉期には魚類を意味したが、基本的には貴重な貢納物を指し、それを包む「ツト」の意とも解されていた。

しかも『倭名類聚抄』二〇巻本厨膳具第一八二に「苞苴　唐韻に苞苴と云ふ〈包書は二音〉裹魚の肉なり。日本記私記に云ふ〈於保邇倍《おほにえ》〉俗に云ふ〈阿良萬岐《あらまき》〉」とあるように、これに包むのは魚肉であったことが分かる。しかも、これを荒巻とも称しており、その場で殺したものではなく、すでに保存されていた魚肉を供していたことになる。

これに対して、生贄は漢語の牲にあたるもので、「アサヤカナリ」つまり新鮮であることが重要だった。まさに柳田が指摘したように「イケニエとは活かせておく牲」で、祭祀の際に殺してすぐに捧げられる新鮮な供物でなければならなかった。これに関しては、室町期の注釈書である『詩学大成抄』（米沢本影印版）の郊園門 陽七に次のようにある。

牲は、イケニエ《生贄》とよむぞ。神を祭にそなゆる《供》物をニエ《贄》と云ぞ。いきた《生》牛や羊をに《ひヵ》いて廟《べう》にまいりて後に、それをころして《殺》肉をまいらするぞ。いきた《生》を廟に立にみせて《見》、此をころして《殺》まらすと云心か。ただ肉をそなえ《供》はふる《祝》、いな《否》にたる《似》きれはし《切端》で、かあるらうと云心か

本書のような注釈書は、抄物と呼ばれて独特の文体を持つが、「牛や羊」「廟」などとあるところから、漢詩理解のために中国知識を解説するという性格が窺われる。ここでは牲という漢語に対して、和語の贄に相当し神のために供えるという説明を行っており、先の『類聚名義抄』の内容をかなり詳細に

述べた形となっている。しかも殺して供えることに重点が置かれており、生贄の語義を適切に物語ったものといえよう。

次に四足獣の生贄について記した史料としては、今治市の大山祇神社の『伊予三島縁起』に永観二（九八四）年甲申三月二一日のこととして「聖《(性)》空上人、湛然大徳相共に書写し、毎日の生贄の鹿一頭を申し止められ、同じく和尚四巻を講じ経を請ひ給ふ尅に、天より稲種雨に下る、其の種子を取り耕作せしめ、当代に至て断絶なし」とあり、それまで毎日捧げられていたシカの生贄を止めた旨が記されている。

この記述は同時代のものではなく、永和四（一三七八）年頃の成立とされるが、他の伊予の大山祇神社の縁起と共通する点が多く、内容自体は鎌倉期には成立していたものと思われ、『三島宮御鎮座本縁』にも、同様の次のような内容の記載がある。

この書に生贄の語そのものは登場しないが、書写山の性空聖人が社参して不殺生を唱えたため、それまで毎日男鹿を一頭ずつ神前に捧げていたことを止めて、掛鯛だけとしたという話になっている。さらに『一遍聖絵』は正安元（一二九九）年の成立とされるが、これにも性空聖人の話が留められており、永観以後「恒例の贄をとゞめ給」とある。これらの所伝によれば、それまで伊予の三島神社では、毎日シカを殺して捧げていたわけで、まさに生贄が供されていたと判断することができる。

しかも先の『伊予三島縁起』で、もっとも注目すべきは、生贄を止めて読経したところ、天から稲種が降り、これを用いた耕作が今日まで続いているという部分である。ここではシカの生贄よりも、経典の方が効力が高いとされているが、その前提には、かつてはシカの生贄が農耕の成就を約束したという伝承の存在がなければなるまい。まさに、このシカの生贄の話は、これまで見てきたような弥生以来の農耕を目的とした動物供犠が、古代日本においても、連綿と続けられていたことを垣間見せるものといえよう。

ただ、この『伊予三島縁起』もそうであるように、そして『皇太神宮儀式帳』がもっとも典型的であったように、動物供犠のうちでも獣類の贄は、天武天皇四（六七五）年の殺生禁断令（いわゆる〝肉食禁止令〟）以降、敬遠される傾向にあった。『日本三代実録』巻三五の元慶三（八七九）年正月三日条には、「奏請す、山野の禁を停《とど》め、遊猟の好みを断ち、また摂津国蟹胥、陸奥鹿尾（印本作腊）を、以て贄と為し御膳に充て奉ること莫《な》かれ」とあるように、基本的には王侯貴族の象徴であった狩猟さえもが、日本では独自に禁止の方向へと転じ［原田：一九九三・付編補論二］、その獲物が贄として捧げられることが次第に少なくなっていった。

しかし贄や生贄を神へ捧げるという行為は、古代まではかなり広汎に行われており、その後、中世・近世にまでも引き継がれた習俗であった。そうした動物供犠の在り方については、次章で詳しく扱うこととするが、ここでは生贄の内実を物語る事例を挙げておきたい。次は幕末の文献となるが、『薩隅日地理纂考』大隅国贈於《その》郡襲山《そのやま》郷重久村にある止上《とがみ》神社には次のような伝承がある。

贄祭と云ふあり、其は当社の酉の方数百歩に真魚板といふ地あり。其所の田間に叢林ありて隼人塚と云ふ。毎年正月十四日、里民初猟の獲物の肉を三十三本の串に貫き、地に挿立て牲とし、隼人が霊を祭る。又一説に隼人を誅せし時の故事を伝習すといふ近世末期の段階では、贄祭の事由が分からず、古代律令国家に最後の段階で帰順した隼人を持ち出して、この狩猟民的な動物供犠を説明しようとしている点が興味深い。真名板（真魚板）という地名は、紛れもなく生きた贄を解体したところで、その肉を三三本の串刺しにする贄殿的な場所と解釈することができる。いずれにしても生きた贄を殺して神に供すという動物供犠が、かなり古い時代から日本に存在していたという事実を疑うことはできない。

第二節　神籬と胙

この問題を、次に捧げられる肉そのものの存在から検証していきたいと思う。その存在を物語る和語は「ひもろぎ」で、これに漢字をあてる場合には神籬と胙（あるいは膰・脤）の双方がある。字義通り神籬は、神を祀るための垣根で、神が降臨するための場所を指し、『万葉集』巻一一の二六五七番には「神名火に神籬立てて齋《いは》へども人の心は守り敢へずも」の歌がある。これに関して、北村季吟は貞享四（一六八七）年刊の『萬葉拾穂抄』で、次のような解釈を行っている。

かみなひにひもろき立て　見安云ひもろきは玉かき也、愚案ひもろき神秘とそ、仙曰ひもろき胙《ヒモロキ》此字を書たり、神籬と書たる事も有、先祖の廟をまつるを云也、愚案此哥は神南山に神籬《ヒモロキ》立て物いみしまつるといへと、人の心は神もまもりあへずと也、我心からの恋なれはせんかたなき心なるへしここでは、神籬は神を祭る場所であるとしながらも、胙という字を書き、先祖の廟を祭るという意味もあるとしている。そこで、こうした見解を提示した鎌倉時代の僧・仙覚の記述を見ておこう。一三世紀半ば頃に書かれた『万葉集仙覚抄』巻一一には、

ひもろきの事、史記・晋世家にみえたり。むかし晋の献公といふみかどありき……そのひもろぎをば、われがもとへもてきて、くはせよと云ければ……ほかよりきたるひもろぎをば、はつほをは（ば）、まづものにまつりてぞ、くふといひければ……ひもろぎといふ事、それにはじめてみえたり。文字に胙《ヒモロキ》この字をかきたり。そののち神籬とかきたる事もあり。先祖の廟をまつるをいふなり

とあり、『史記』世家の記事を引いて、これを胙の初見とし、これに神籬の字を充てたとしている。ちなみに同書晋世家第九には「其の薦胙《せんそ》を献公に上《たてま》つる。献公、時に出でて猟す。胙を宮中に置く。……献公、猟より来り還る。宰人、胙を献公に上つる。献公、之を饗《う》けんと欲す。……胙、従りて来る所遠し。宜しく之を試みるべし、と。地を祭る」と見え、晋の献公の寵妾・驪姫が自らの子を太子に立てようとして、他の公子たちを讒言によって退けていった際に、毒をぬった胙を、その策略に用いたという話が紹介されている。ここでは中国の先祖崇拝における廟への捧げ物を胙と称し、これを祭った後に食していたことが知られ、それに相当するものが神籬であるとしている。

ちなみに胙の初見については、同じく『史記』周本紀第四に「文武の胙を秦の孝公に致す」と見える

のみならず、『周礼』天官膳夫に「凡そ王の祭祀賓客の食には、則ち王の胙俎《そそ》を徹す」などとあり、古代中国では、国家形成の初期段階から、祭祀の際に捧げられる肉を意味していたことが窺われる。

そこで日本では、これがどのように理解されていたかを、古辞書類を通じて検討してみよう。まず『新撰字鏡』天治本の肉部第四には「胙　在故反、神祭の余肉なり」とあり、胙は神の祭りに用いられる肉である旨が記されている。

さらに『倭名類聚抄』一〇巻本の祭祀具第七〇には「神籬　日本紀私記に云ふ、神籬〈俗に比保路岐《ひほろき》と云〉」と見え、二〇巻本も同文で、胙に関する記述は見あたらない。しかし天文一五（一五四六）年の書写とされる下総本にのみは、「神籬」の末尾に「また胙と同じ」とある。これに関して、狩谷棭斎は『箋注倭名類聚抄』で「按ずるに、延喜式は胙を訓じて比毛呂幾《ひもろき》、其の訓同じと雖も、胙は是れ祭肉に然る、其義同じからず」とした上で、下総本の記述に触れ「是の四字、蓋し妄人の増す所なり、源君の旧文に非ず」と記し、元本にはなく後に書き込んだものとしている。

つまり神籬と訓は同じであるが、あくまでも胙は祭肉を指すもので、両者の意味は異なると棭斎は強調している。たしかに胙は、『倭名類聚抄』には見えないが、より古い『新撰字鏡』に登場することは、先に指摘した通りである。このほか一一世紀末期頃に原撰本が成立し、これを鎌倉期に増補改変したとされる『類聚名義抄』の観智院本の仏中には「胙　在故反　ヒホロキ」と見える。

また一二世紀中期に原撰本が成立し、おそらく鎌倉初期頃までに大幅な増補が行われた一〇巻本『伊呂波字類抄』にも「神籬　俗に用ふ　胙　已上同じ、―肉　大学式に云ふヒホロキ」とあり、神籬と胙とは同じとしており、『倭名類聚抄』下総本の書き込み内容を、必ずしも新しい時代のものとすることはできない。むしろ胙については、棭斎が指摘し、『伊呂波字類抄』にもあるように、延長五（九二七）年にいちおうの完成をみた『延喜式』の巻第二〇大学寮釈奠の項に詳細な記述がある。

三牲〈大鹿、小鹿、豕《いのこ》、各五臓を加ふ〉菟〈醢《かい》料〉……右、六衛府別に大鹿、小鹿、豕各一頭。祭に先じて一日にこれを進す、以て牲を充つ。……三牲及び菟を用るを停め、これの代りに魚を以てす。……大祝二人〈幣を授け祭文を読み福胙を賜ふ事を掌る〉……大祝斎郎を帥《ひき》ひ俎を進む、跪《ひざまづい》て減二先聖及び先師首坐の前に三牲の胙肉を減《ひ》きて〈皆前脚の第二骨を取る〉、俎に加ふ。また籩《へん》を以て黍稷飯を取り、興じて胙肉を以て、各共に一俎の上に置き、また飯を以て共に一籩を置く

先にも述べたように、釈奠は古代中国における儒教の重要な儀式であった。日本への儒教伝来は、ほぼ五世紀頃とされており、聖徳太子の改革によって仏教とともに、儒教が奨励された。これによって、以後は日本の国家の中枢でも釈奠が催され、中国に倣って胙を供すようになった。

中国の釈奠では、供物として最も格の高い大牢、つまりウシ・ヒツジ・ブタの三牲が用いられたが、ここでは大シカ・小シカ・イノシシへと変化しており、それらの「胙肉」が捧げていることが重要だろう。古代律令国家形成の段階で、とくに天武期以降に中国的な儀式を積極的に移入し、官僚機構制度の充実が図られたが、おそらく釈奠もその一環を担うものであったと思われる。ただ記録としては、『続日本紀』大宝元（七〇一）年二月一四日条に、釈奠が行われたとあるのが初見とされている。

この段階における犠牲が何であったかは不明であるが、地方で行われた例としては、天平八（七三六）

年の薩摩国正税帳（正倉院文書『寧楽遺文 上』政治編）に釈奠料として米のほかに「脯・鰒・雑腊」が見え、これらが献撰されたものと考えられる。

なお近年では考古発掘により、周防国府推定地附近の天田遺跡から「釈奠」の文字のある墨書土器が存在するほか［佐々木：二〇〇五］、出雲国府跡の土坑から祭祀具とともに出土した大シカの頭骨を、釈奠の牲と推定する見解もあり［松井：二〇〇三b］、律令国家体制下においては、中央のみならず地方でも釈奠が実施され、動物の供犠が行われていたことが知られる。

さらに『日本三代実録』仁和元（八八五）年一一月一〇日条に、「釈奠祭牲」に関して三点にわたる興味深い記述がなされている。このうち第一点は、延暦一二（七九三）年五月一一日の格を引いたもので、釈奠の犠牲が問題となっている。

> 祭礼の事、潔浄を本と為す。また牲体を割くに、明かな礼法在り。然て、頃年は諸国の牲を進《まいら》せるに、既に以て割く穢供の礼にて、釈奠の礼制に乖《そむ》くこと多し。須《すべから》く全体を並用し、祭庭に進せしむべし。一《いっ》に礼法に依て、割きて鮮升を供し……而して今諸牲を衛り、腐臭尤も甚しきを弃《すて》て用ひず。常祀に忍びてこれを供すべからず、礼制に乖く恐る。祭祀の正道は、鮮潔を先と為し。宜しく新制を厳下し、礼法に合せしむ

釈奠の犠牲は新鮮で、解体したばかりのものでなければならないが、最近諸国から貢進されるものは腐臭が酷く穢れている。これは釈奠本来の意義にふさわしくないので、今後は新鮮な肉を用いて、

礼法に合わせるよう命じている。

先に第三点について見れば、大シカ・小シカ・イノシシの三牲のほかにウサギの醢を供えるべきなのに、先聖・先師つまり孔子と顔回以外には供えられておらず、兎の乾肉から造るべきだとする製法を記して、その準備を怠らないよう指示している。そして第二点は第一点とともに重要な論点で、三牲の代替えに関する次のような規定である。

まさに定牲に代りて魚色を応ずべき事。式に云く。享日諸祭の前に在り、与祭に相当るに及び、三牲及び兎を用いるを停め、代りに魚を以てす。而して今、諸衛所へ牲の代物を進し、或いは乾魚或いは果子なり。一にあらず送る所、猥りに人意に任せ。宜しく六府へ、送鮒鯉の鮮潔なる者を送らしむ也

これは『延喜式』で見れば、「凡そ享日は、園、韓神并びに春日、大原野等の祭の前に、在り、与祭日に相当るに及び、三牲及び菟を用いるを停め、この代りに魚以てす。其の魚、毎府へ五寸以上の鯉鮒の類、五十隻の鮮潔なる者を進せしむ」とある部分に相当するもので、園祭や春日・大原野などの祭りの前に行う釈奠に限っては、通常の三牲やウサギの代わりに魚、ただし大きく新鮮なコイ・フナを五〇以上納めよ、としている。これは神祭への穢れを恐れたもので、日本ではウシ・ヒツジ・ブタの代わりにシカとイノシシで良しとしたどころか、魚でも釈奠の供物として認められていたのである。

たしかに日本では、牧畜の欠如から家畜ではなく野獣が用いられたのは仕方なかったとしても、そ

れを魚に代えてもよいとしているのは、極めて大きな特色である。しかも第一点では、その野獣さえも思うように貢進されず、腐りかけて穢れたシカやイノシシが釈奠用の供物として納入されている。第三点のウサギの醢の不足も、日本における肉食の脆弱性を示すものといえよう。そして第二点の魚でもよいとするのは、こうした傾向を雄弁に物語るものと考えられる。

さらに釈奠をさまざまな角度から考察した弥永貞三は、日中の釈奠に関して二つの大きな相違点を挙げている［弥永：一九七二］。日本では、「風俗楽」が添えられる程度で楽舞が簡略化されたことと、犠牲における「毛血豆《もうけつとう》」の欠落である。豆は中国の釁器《きんき》つまり犠牲の血を塗った器のことで、牲の毛と血を器に盛って捧げる儀礼が省かれている点が注目される。

弥永は、こうした「毛血豆」の儀式の欠如と先の『日本三代実録』の第一・二点の記述から、祭祀に犠牲を用いる習慣がなかった日本では、釈奠の移入に際し、はじめは三牲の代わりに魚貝類を用いていたが、それでは釈奠の趣旨に沿うことができないため、その整備に伴って天平以降、延喜以前の段階で、「大鹿・小鹿・豕」といった野生獣が使用されるようになったと記している。

しかし弥永の議論の前提である「祭祀に哺乳動物の犠牲を用いる習慣のなかったわが国」という認識には、重大な誤認がある。厳密には古くは「哺乳動物の犠牲」がないという記述は正しいにもかかわらず、いつのまにか、この「哺乳動物」に野生動物が含まれてしまい、結果的に動物の犠牲がないので、魚貝を用いたという論理にすり替わっている点に留意しなければならない。

本章で何度も強調しているように、日本では哺乳動物つまり牧畜的伝統は弱かったが、狩猟による野獣の供犠はしばしば行われており、弥永がいうような魚貝から野獣へという変化を想定すること自体がおかしい。導入期の釈奠における犠牲に関する史料は存在せず、弥永の議論はあくまでも推論に過ぎないが、その根拠がきわめて不充分であることは指摘しておきたい。

そして日本の釈奠における「毛血豆」の欠落も、牧畜文化と狩猟文化の相違から説明されるべきだろう。牧畜文化において最も重要なことは、動物解体の技術と内臓・血および乳の利用である。それゆえ、これらは家庭レベルでの行為となるが、狩猟文化においては基本的に狩猟者に委ねられる。

従って牧畜文化の下では、内臓や血の利用はいわば日常的な問題であるが、狩猟文化において、それはかなり限定された行為となる。それが日本で「毛血豆」が省略された理由で、野生獣自体の供犠は行われていたものの、家畜の供犠は一般的ではなかったとしてよい。

いずれにしても釈奠の正式な供物であるウシ・ヒツジ・ブタは、牧畜という技術を欠落させていたことから、家畜の調達が難しかったという事情があったが、基本的に日本社会では、シカやイノシシといった野獣が供犠に用いられてきたという伝統が強かった。しかし古代律令国家が、水田稲作の安定を目的として、天武天皇四（六七五）年に、いわゆる殺生禁断令が発布されると、以後次第に肉食への禁忌が高まるところとなったのである［原田：一九九三］。

このため釈奠の供犠においても、先に『日本三代実録』で見たように、延暦一二（七九三）年段階で供物の送進に支障をきたし、さらに仁和元（八八五）年段階においては、特定の祭りの際に、魚貝で代替されるようになったものと思われる。

そして九世紀以降とくに肉食の穢れ意識が強くなると、しだいに天皇や貴族の狩猟が否定され、国家の正式な祭祀に動物の肉を用いることを止め、やがては『百錬抄』大治二（一一二七）年八月一〇日条に見るように、釈奠においても殺生禁断を理由として、シカやイノシシという日本的な三牲さえもが供物から、除外されていったのである[付編補論二]。

しかし先の史料でも見たように、明らかに『延喜式』段階の一〇世紀初頭には、シカやイノシシさらにはウサギなどが供犠の対象となっており、内臓と塩を用いて干肉を発酵させた醢までが添えられていたことが分かる。そして、それらの肉を胙と呼んでいたことは、胙肉の献撰に際して、それらの前足の第二骨を取るとあるところからも、それは如実に窺われる。

もちろん、この『延喜式』の記事が釈奠のものであるところから、胙を中国からの移入とする見方もあり得よう。しかし、その場合には、胙が神籬と同じ訓をもつことの意義を説明することは難しいだろう。すなわち古代日本において、動物の肉を「ヒモロギ」と称して、神祭りの場に供えられていたという事実を疑うことはできない。そして当初、それは穢れとしては意識されていなかった。

しかも弥永によれば、日本の釈奠は、祭祀そのものには関心が薄く、講論や内論義が中心とされたが、やがては宴座すなわち宴会に重心が置かれるようになり、そこでは漢詩の作詠が行われるとともに、賜胙・献胙が繰り返されたという[弥永：一九七二]。

まさに貴族たちの釈奠の席においては、特定の神社祭祀と重ならない限り、堂々と獣肉が胙として食されていたのである。このことは釈奠以外の祭祀においても、獣肉の供犠が行われ、直会では胙が食されていたことになる。

ただ先にも述べたように、古代国家が肉の禁忌を強めたことから、獣肉は穢れとして、次第に祭祀から遠ざけられ、胙そのものの意味も変化していった。例えば鎌倉期の辞書『名語記』の巻第九には、

「ヒホロケ如何、これは二季の神祭の膳をいへる歟　ヒキヒロ、ケをヒホロケといへるにや、かの供祭はかしはの葉につゝめるをひろぐれば也」とあり、胙の内容自体が判然としなくなるが、おそらく樫の葉に包んだのは、古くは獣肉であったとみなすべきだろう。

そして中世を通じて、肉食禁忌が社会的に浸透していった結果、神への供物のうちから獣肉は欠落し、胙は単なる供え物の食物の意となった。一七世紀初頭に出版された『日葡辞書』には「Fimorogui ヒモロギ（胙）神（Cami）に供えた後で、神が食べ終わったものと見なし、その残り物として取り下げる食べ物」という解説が加えられている。

先に生贄の語の検討を行ったが、胙についても同様な結論が得られたわけで、生贄からも胙からも、殺した野生獣の肉を神に捧げるというのが、日本における祭祀の本義であったことが窺われる。

第三節　屠と祝

一般に屠は「ほふり」と読み、動物を殺すことを意味し、祝は「はふり」と読んで、賀に通じて寿ぎの意となり、祝子・祝部は神に仕える人を指す。まず祝については、史料的にも役務として見えるところで、『日本書紀』神代のスサノオ八岐大蛇退治の部分に、「是を草薙剣と号く。此は今、尾張国の吾湯市村の在す。即ち熱田の祝部の掌りまつる神是なり」とあるが、単なる祝ではなく祝部としているのは、部民制を意識した用語法だろう。ちなみに熱田神宮では、もともと尾張国造の尾張氏が、神主・祝を務めている。

さらに『日本書紀』仲哀天皇八年正月条には、筑紫出御《しゅつぎょ》で船が進まなかった時に、舵取りの伊賀彦なる人物を「以て祝として祭らしめた」としている。また『常陸国風土記』行方郡条では、夜刀《やと》の神を退治した箭括《やはず》の麻多智が、神と人の領域を分け「此より下は人の田と作すべし。今より後、吾、神の祝と為りて、永代に敬ひ祭らむ」と告げており、祭りを行う者を祝と称していたことが分かる。

ちなみに『養老律令』職員令第二神祇官の項には、「伯一人。掌らむこと、神祇の祭祀、祝部・神戸の名籍、大嘗、鎮魂、卜に兆みむこと、官の事を惣べ判らむこと」とあり、祝部は神祇伯の管轄下に置かれていた。しかも、その解説書である『令義解』には、「其れ祝は、国司神戸の中において簡定し、即ち太政官に申す、若し戸人なくば、通《ひい》て庶人を取るなり」という注釈がなされているところから、国司が神戸のうちから定めるが、居なければ庶人でもよいとしており、中・下級の役人であったことが窺われる。

ただ後に検討するような諏訪・日光・阿蘇など、狩猟に深く関わる神社では、かなり重要な位置を占めていた。とくに諏訪大社では、中世後期のものと思われる「両社御造営領并御神領等帳」から、上社・下社とも大祝が最高の神職で、これに神長官、禰宜大夫、権祝、擬祝・副祝が重要な祀官とされていたことが分かる。

なお日光でも重要な社家として、近世には社家上席として祝部家・禰宜大夫家のほか計六家が知られ[日光市史：一九七九]、明治期に成ったとされる「二荒山神社旧記」には「祝部は祭主を兼ぬるなり」などと見えるが、中世以前の史料には祝部を名乗るものが見あたらない。ただ日光山の場合は、事情がかなり複雑で、近世以降には東照宮・二荒山神社・輪王寺という二社一寺で構成されるほか、中世以前においても二荒山神社と日光権現の関係も微妙で、その内実については不明とするほかはない。

また阿蘇神社では、近世後期の「蘇渓温故」には、社家として神官一二人の構成が「一大夫、二大夫、三大夫、四大夫、七祝リ、八祝リ、九祝リ、十祝、十一祝、十二祝」となっており、祝は大夫の下に位置づけられている。後に風祭のところで見るように、平安期以来の風祝の伝統の強い諏訪大社では、大祝が最高の統率者とされたが、基本的には多くの神社において、禰宜・祝は神主に次ぐ神官職位であったものと思われる。

こうした祝の性格に、本質的な問題提起を行ったのは喜田貞吉であるが、この議論を本格的に展開したわけではなく、さりげなく記しているにすぎない。喜田は古代の祭祀と政治について触れた文章で、「祝即ち「ハフリ」は「ホフリ」の義で、犠牲たる動物を屠つて神に供するから起つた名であろう」と述べているが［喜田：一九二二］、これは古代日本における動物供犠の存在を、実に鋭く突いた卓見としなければならない。

ちなみに柳田国男は、「ホウリが上代にあったという祝のハフリと、同じ言葉の保存であることはほぼ確か」としながらも、屠りとの関係には全く言及していない［柳田：一九四二］。そこで、本格的な議論に入る前に、このことを古辞書類で確認しておこう。まず祝《はふ》るという動詞に、殺すの義があることは、『古事記』中巻の崇神天皇条に、「また其の軍士を斬り波布理《はふり》き。故、其の地（注：京都府相楽郡祝園）を号《なづ》けて波布理曽能《はふりその》と謂ふ」とあることからも明らかだろう。

ただ『倭名類聚抄』一〇巻本の巻一人倫「男女類第七」には、「屠児　楊氏漢語抄に云く、屠児〈屠音は徒、訓は保布流《ほふる》、屠児の和名は恵止利《えとり》〉殺生及び牛馬を屠し肉を販売する者なり」とあるが、狩谷棭斎の『箋注倭名類聚抄』では、「訓保布流屠児」の六字は他本になく、二〇巻本系の版本にのみに見えると考証している。

また『倭名類聚抄』より早い『新撰字鏡』の天治本には、尸部第三一に「屠　侍奴反、平、刳也、壊也、割也、猟師也、屠児也」とあり、「ホフル」の訓は見えないが、代わりに同じく刂部第一三八には、「剔　吐歴反、鮮骨なり、また天帝反、去りて猶鮮なり、剪髪なり、保夫留《ほふる》」とある。この解説からも明らかなように、「剔」は解体を意味する語で、先の『類聚名義抄』が牲を「イケニヘ　アサヤカナリ」と規定していたことを彷彿とさせる。これを「保夫留」と読んでいることは、『古事記』の語義よりも進んで、より犠牲のための行為というニュアンスを強く感じさせる。

さらに平安末期の『色葉字類抄』三巻本の巻上「保」人事付には「屠　ト　ホフル、肉鳥を切るなり」と見え、やや時代は下がるが室町期の成立と見られる『節用集』（慶長九年本）にも、「屠ホフル　切さく事なり　肉鳥を切るなり」とある。このほか「ハフル」と訓む語に、「葬」と「殯」がある。それぞれ『日本書紀』雄略天皇九年五月条に「哀衿を致して、視葬者《はぶりのつかさ》を充てむ」、『類従名義抄』観智院本法下に「殯」として「谷今正　必尹反　ハフル」と見え、死者の埋葬の意にも用いられたことが窺われる。

これらの古辞書類の検討から、祝るは「ハフル」「ホフル」と訓んで、屠るに通じ、古くは殺すの義に始まり、中世には動物を解体する行為を意味したことが知られる。そして『字鏡集』狩谷棭斎自筆校正本（国会本）には、巻五八示部には、「祝　宥文爰反、シウ、シク之六切　シルシ、クハフ、イノル、シク、マサル、ハフリ、ハフル、ヲクル、イハフ、イタル」とあり、これに「断也、予也、寿也、織也」という注記が加えられている。

こうして「祝」＝「イハフ」は、祈《いの》るのほか、断＝屠《はふる》の意のみならず、葬送《おくる》という意味を含むなど、さまざまな祭儀に深く関係する語として用いられていたことが分かる。

こうした問題に関して西郷信綱は、生贄との関連で考察を加え、祝つまりハフリは屠りで、葬り・放りなども同じ語としている。その最も有力な根拠としたのが、後に詳しく検討することになる『日本書紀』皇極天皇元（六四二）年条で、「村村の祝部の所教の随に、或いは牛馬を殺して、諸の社の神を祭る」とある。この史料については、次章で改めて詳しく検討するが、ここでは疑いなく祝が動物を殺して供えるのにもっとも重要な役割を果たしている。

さらに西郷は、祝が土蜘蛛と呼ばれていたことにも注目している。すなわち同書神武即位前紀巳未年二月の「層富縣《そほのあがた》の波哆丘岬《はたのをかさき》に新城戸畔《にいきとべ》……和珥《わに》の坂下に居勢祝《こせのはふり》……臍見《ほそみ》の長柄丘岬に猪祝《ゐのはふり》……此の三處の土蜘蛛」とあり、これら大和各地の祝を称する有力者たちが、ともに土蜘蛛と呼ばれている点が重要である。

そして、村々に勢力を有して居付いていた祝たちが、供犠に用いる牛馬の屠殺に関わっていたことを指摘しているが［西郷：一九七三］、後に述べるように、牛馬の供犠は比較的新しいとしなければならない。ただ祝が土蜘蛛と見なされたのは、彼らがヤマト政権とは異なる系譜の集団であったことを意味するもので、古代国家形成以前に、祝と称する人々が猪鹿の供犠に関係していたと考えてよいだろう。

ちなみに西郷は、「大胆な思いつき」と断った上で、夙《しゅく》は宿とも書き、中世から近世にかけて下位の賤民と位置づけられてきたが、この「シュク」は祝の音読みだとする説を提起している。極めて魅力的な仮説ではあるが、論証は難しいだろう。ただ、いずれにしても、祝りは屠りの意で、彼らが古くから動物供犠に深く関与していたものと思われる。

このことを如実に示すのは、先に胙《ひもろぎ》のところで引いた『延喜式』大学寮の釈奠の史料で、「大祝斎郎を帥《ひき》ひ俎を進む、跪《ひざまづい》て先聖及び先師首坐の前に三牲の胙肉を減《ひ》きて〈皆前脚の第二骨を取る〉」と記された部分である。大祝が斎郎を率いてまな板まで進み、孔子・顔回の座の前で跪いて三牲を殺し、すべて前足の第二骨を取って、胙肉として捧げるといった次第が詳細に記されている。ここでは明らかに祝自身が、犠牲の解体に関与している。まさに祝が犠牲を屠り、先師たちの霊を祝ったのである。

そして先の胙と同じように、これが釈奠の席でのことであり、中国の模倣に過ぎないという見解も成り立つかもしれない。たしかに中国にも大祝などの祝が存在し、経書などからは、同様な任務を担っており、論理的な想定としては検討に値する。しかし『延喜式』よりはるかに古い『日本書紀』皇極紀の段階で、村々の祝が動物供犠を指導している点に留意する必要があろう。

しかも、こうした祝が贄の解体に関与していたことの形跡は、近世の伝承にも留められている。上総国夷隅郡長者町の儒者・中村国香が、宝暦一一（一七六一）年の房総遊歴の後に著した『房総志料』巻一には、坂戸明神の人身御供に関する話がある。

坂戸市場の人語りしは、坂戸明神、古は祭に人御贄を供す。一村相会し、鬮《くじ》を取り、贄の鬮《くじ》を得たる人を、巫祝俎上に就て、屠刀を揮て截割するまねして神前に供すと。其人三年を待たずして必ず死すと。此俗いつとなく廃すここでは人身御供の模擬が演じられるにすぎないが、まさに生贄を屠り捌くのは巫祝の役割であったという点が重要である。これは古くから祝が動物供犠に深く関わってきたことの証左といえよう。すでに古辞書の検討を通して見てきたように、祝と屠の訓が同じことや、これに伴う贄や胙などの和語の存在から、祝とは犠牲を捧げる役割を負った人物で、その歴史は確実に古代律令国家以前の古儀を伝えるものとみて間違いない。さらに西郷が指摘したように、祝が土蜘蛛と見なされていたことは、極めて象徴的な意味をもつ。

『日向国風土記』逸文の知鋪郷の項には、ニニギノミコトが高千穂に降臨した時のこととして、次のような話が載っている。ニニギが天から降り立ってみると、その地は暗く昼も夜も物の色さえも識別できないほどであった。そこには大鉏《おおくわ》・小鉏《こくわ》という二人の土蜘蛛がいて、ニニギに稲千穂を抜いて籾として四方に投げ散らせば、必ず明るくなると言った。その通りにすると、日月が照り輝いて世界が明るくなったとしている。

もちろん土蜘蛛は、稲作以外のさまざまな生業に携わっていたが、大鉏・小鉏という名称からすれば、彼らがすでに畑作を主要な生業としていたことが想像される。おそらくは狩猟や小規模な農耕を行い、それに動物供犠が伴っていたものと思われる。風土記編纂者は、少なくとも古代律令国家の側に立つ人々で、彼らからすれば、水田稲作こそが明るい文明をもたらすものであり、先にも見たように、祝すなわち動物供犠を行うような人間は、土蜘蛛と見なすべき存在であった。

ただし単純に、ニニギたちの稲作文化が弥生的で、土蜘蛛が縄文的だということにはなるまい。むしろ、こうした土蜘蛛の話は、ヤマト政権による全国統一の過程で生まれたものと考えるべきだろう。水田稲作の優位性は、ヤマト政権を受け継ぐ古代律令国家の段階で本格化し、これに呼応する形で肉食の忌避が社会的に展開するが、弥生時代に見られたブタの飼育は、その骨の出土数の相対的減少から[西本：一九九一a]、古墳時代に入ると徐々に衰退していったものと思われる。

もちろん大化前代のヤマト政権においては、猪飼部が置かれており、ブタの飼育は公認されていたが、水田稲作を前面に掲げた古代律令国家の下では廃止され、動物との距離感は次第に遠ざけられていく。そうした政権への従属を余儀なくされる過程で、動物供犠を伴う農耕や狩猟を行い土蜘蛛と呼ばれていた地方の有力者たちの間に、ヤマト政権的あるいは古代律令国家的な価値観が浸透していったと考えるべきだろう。おそらくヤマト政権が成立するはるか以前から、日本では動物供犠が行われており、それはまさしく弥生時代にまで遡るものと判断される。

第五章　狩猟・農耕と供犠――縄文的祭祀から弥生的供犠へ

日本における動物供犠では、基本的にシカ・イノシシという狩猟獣が供されてきたという特徴がある。もちろん先述したように、日本でも弥生時代には、イノシシではなく明らかにブタを飼育していた。その下顎骨を祭祀に用いていたが、猪飼部の衰退や骨の時代的な出土状況などから、それはせいぜい古墳時代頃までのことで、基本的に前近代の日本では、食用動物の飼育は根付かなかったとすべきだろう。

従って日本では、基本的にはシカとイノシシが、狩猟獣による野獣が、最も身近な動物であった。ちなみに肉すなわち宍の訓読みはシシで、イノシシ（猪）・カノシシ（鹿）・カモシシ（羚羊）が食用とされてきたが、なかでもシカとイノシシが祭祀に用いられてきた。卜骨・刻骨にシカやイノシシが用いられたのも、これを如実に物語るもので、古墳時代に牛馬が移入されてからは、牛馬も対象となるが、伝統的にはシカとイノシシの供犠が中心であった。

ただ猪鹿の供犠については、段階的な区分が必要と考える。それは日本的伝統である野獣の供犠において、二つの系譜の存在が認められるからである。いわば縄文的な系譜を引く狩猟的性格の強い動物祭祀と、弥生的な農耕的世界における動物供犠の二つを区別して考えるべきだろう。後者については、すでに第三章で見たように、弥生のブタの下顎骨祭祀や、『播磨国風土記』におけるシカの血の供犠や、予祝的模擬狩猟としてのオビシャを伴う一連のもので、これらの場合には農耕との関連が重視される。

しかし弥生のブタは、古墳時代頃から減少し、大化前代までは国家レベルでも飼育されていたが、その後は出土数も減少する。ただ文献的には、やがて供物としてのイノシシが確認されるようになり、ともに狩猟獣である猪鹿が、日本では供犠として捧げられるようになった、という見通しが得られる。そこで本章では、そうした猪鹿の供犠に二つの類型を想定し、それぞれ狩猟儀礼と農耕儀礼という観点から、その実態について検討していくこととしたい。

第一節　狩猟と縄文的祭祀——日光山・諏訪・阿蘇に見る動物祭祀

日本古代における猪鹿の供犠の内実を、文献史料から明らかにすることは難しいが、先に弥生時代における獣骨祭祀や、とくにシカとオビシャなどとの関連、さらには贄・胙・祝などといった語の検討から、古代以前においても動物供犠が行われていた可能性が極めて高いことを指摘した。それらの痕跡は、時代とともに見えにくくなるが、狩猟神として崇敬を集めていた神社の文献史料や民俗行事には、その一部がかろうじて留められている。

また日本における動物供犠がどこまで遡るか、という議論については、そこに残された供犠そのものの記述から判断していく必要があろう。すでに第三章において、シカの供犠が農耕と密接な関係にあることを指摘したが、ここで改めて動物供犠の系譜について、文献史料を中心に具体的な考察を加えておきたい。もちろん縄文の動物祭祀や弥生の動物供犠そのものを扱えるわけではないが、その内実を整理・検討していくと、いくつかの系譜が浮かび上がってくる。

繰り返すまでもなく、日本の動物祭祀には野獣が用いられたが、それは狩猟活動の産物であった。初源的な段階にある場合はともかく、成熟した文化を持つ狩猟民は、アイヌのイヨマンテに見られるように、動物に対する豊かな生命観を有している。すなわち人々が食肉などに利用する狩猟獣を、祭礼時には極めて鄭重に扱った上で、その魂を死後の世界に送るという儀式を執り行うことが多い。

こうしたことを踏まえた上で、動物祭祀の初源的な形態を想定すれば、まず単に獲物を得たことに対する感謝の意は、その一部を神に提供することで示される。動物たちが豊富に棲息する森や山の領域を守護する山の神に、畏敬と今後の期待を籠めて、獲物の一部を捧げるのは、極めて自然な成り行きである。ただ本書では先にも述べたように、これを供犠の概念には含めない。

もちろん現在でも狩猟者たちは、獲物が獲れるとその場で山の神に、その一部の心臓や肺臓さらには毛あるいは肉などを捧げて、感謝の意を表しており、そうした伝統は全国的に広く見られる民俗である［堀田：一九六六］。

従って狩猟活動においては、獲物の骨や内臓あるいは肉の一部を捧げるのは一般的なことで、そうした習俗は、かなり古い時代にまで遡ることができる。すでに第三章第一節で見たような縄文時代におけるイルカなどの獣骨の整然たる埋葬は、やはり狩猟儀礼の一つと考えるべきだろう。こうしたいわば縄文的系譜を引く動物の祭祀は、深い山間部で農耕に適せず、狩猟・採集活動を基本としてきた人々の間では、弥生以降においても長く行われ続けられてきたのである。

そうした人々が信奉した狩猟神の世界には、初源的な動物祭祀の伝統が色濃く認められる。すなわち日光二荒山神社や阿蘇神社および諏訪大社などの狩猟神の信仰が基本となった神社においては、長いこと狩猟のための動物祭祀が重要な意義を有してきた。

ところが先に第三章で見たような、おそらく弥生時代以降に成立・展開したと思われる農耕を目的とした動物供犠との混同という問題がおきてくる。なかでも肉への禁忌が急激に進行する中世を通じて、とくに諏訪大社で顕著に認められるようになり、やがて阿蘇神社でも同様の歩みをたどるところとなる。

そうした点に留意しながら、もっとも著名な狩猟神として知られた日光二荒山と諏訪大社の事例から見ていこう。なお日光二荒山に関しては、宇都宮二荒山との間に複雑・微妙な関係があり、史料的な混同も認められるところから、両社の関連については明確にすることはできない。しかし日光という山岳地形と、日光派マタギの間で伝承されてきている万次万三郎（磐次磐三郎）伝説との関連から、ここでは狩猟神としての日光二荒山を主に扱い、史料的にやや明らかな宇都宮二荒山についても、古くは同一の信仰であったという立場から、以下の議論を進めていきたい。

すでに殺生罪悪観と穢れの関連については、付編補論二でも論ずるが、狩猟そのものに否定的な価値観が与えられつつあった一三世紀後半に成立した仏教説話集『沙石集』巻一―八「生類を神明に供ずる不審の事」に、日本中世における狩猟獣の供犠を示す次のような話がある。

或る上人の（厳島神社に）参詣して社頭の様なんど見ければ、海中の鱗《うろくづ》幾らといふ事もなく祭供《まつりくう》じけり。……是は因果の理をしらず、徒《いたづら》に物の命を殺して、浮がたき者、我に供ぜんと思ふ心にて、咎を我に譲てあれば罪軽く、殺るゝ生類は、報命尽て何となく徒に捨べき命を、我に供ずる因縁によりて、仏道に入る方便となす。仍《よりて》我力にて、報命尽たる鱗を駈寄《かりよせ》てとらするなりと、示給ければ、不審忽に晴にけり。信州の諏方、下州の宇津宮、狩を宗として、鹿鳥を手向《たむくる》も此由にや

すなわち信濃の諏訪大社と宇都宮の二荒山神社（あるいは日光二荒山神社）の両社が、ともに狩猟民の崇敬を集めた神として知られるが、この段階でもすでに、魚類を厳島神社に捧げることが、殺生を犯す大きな罪だと認識されている。それゆえ方便として、殺した動物を神社に奉納することで、代わりに神仏が罪を引き受けてくれることになり、動物も仏道に入ることができるという論理が用いられている。

さらに同書巻二―六「地蔵菩薩種々利益事」には、地獄で苦しめられている農民の説明に「あれは耕作して、多くの虫を殺す者を敵として誡むべきもの也」とあり、ここでは農耕という行為自体さえもが、虫を殺すという作業を伴うもので罪深いことだとする認識が示されている。ほとんど原理主義的な殺生罪業観と評すほかないが、現実には広く行われていた動物供犠が非難の対象となっており、その罪を神仏が肩代わりしてくれるという論理が編み出されたのである。

やや時代は下がるが、室町後期頃の成立とされる『日光山縁起』には、狩猟・採集を基本とし、日光山を崇拝の対象とした人々の生活が描かれている。

中将〔注―狩り好きの架空の主人公・有宇中将〕は先生〔注―前生〕に二荒山の猟士なり。かれが母、子をやしなはんために山に入、爪木をとり菓を拾けり。猟士は鹿をからんために山に入ぬ。母は寒さふせがむために、鹿の皮をきたりけるが、木の下草のふかき所にて菓をひろひけるを、猟士、鹿と思て射てんげり。立よりて見れば鹿にはあらず、我母なり、れうし、「かなしきかなや、母子しもに貧苦なかりせば、鹿をかり、たき木をとるわざなからまし。しからば目の前に母をゐころさんや」……「猟士は死苦をばうくるとも貧苦をばうくべからといへるもことはりなり。我ねがはくは、この山の山神となつて、生々世々に貧窮のものをたすけんという願あり」

として、殺生罪業観の立場を受容しつつも、猟師という生業を認め、日光山が狩猟神として多くの人々を支えていたことを強調している。また末尾近くには「飛流伏走のたぐゐをして、長劫の生死をつゞめて菩提の覚岸にいたらしめん。値遇結縁のためには、あるひは是を贄にかけ、あるひはこれを胙《ひもろぎ》にそなふ」とあり、日光山では、おそらくシカの頭部や毛皮などの贄や、その肉を胙として供えていたことが窺われる。

さらに遡って、鎌倉期の一四世紀初頭に選集された『拾菓集』に収められた早歌「宇都宮叢祠霊瑞」には、「猟夫が忠節の恩を憐て……鈴倉に其しるしをなす野の男鹿の贄も、故有なる物をな」とあり、男鹿の贄は猟師の祭祀であったことが分かる。これに加えて文明一六(一四八四)年の成立とされる『宇都宮大明神代々奇瑞之事』にも「生贄に掛けられ……生贄の狩料所に充て置かる」などと見える。

いずれにしても、こうした日光山における動物祭祀は、農耕とは無関係のもので、狩猟のためのものと理解することができる。しかも同社を信奉する猟師たちが今日でも狩猟を行っており、こうした伝統が長く受け継がれている。日光二荒山の例祭である四月の弥生祭では、近年まで慣例として、毎年男体山で新しく射止められた牡鹿の毛皮が納められ、その上に太刀を載せて神前に供したという[飯田：一九六〇]。

これらの二荒山関係の縁起においては、動物祭祀と農耕との関連を読みとることはできず、基本的に農耕儀礼的な要素を認めにくい。もともと日光山の位置する奥日光は、標高二〇〇〇メートルを優に超える山々が連なり、現在の中禅寺湖畔の中宮祠一帯でも一二〇〇メートル以上の地域となり、年平均気温は摂氏七度弱に過ぎず、農耕には不向きな地であった。また東照宮を抱える山下の日光町にしても、明治初年段階では田地は見あたらず、畑地と林野のみであったといい、地形的にも農耕儀礼とは結び付きようがなかった。

これに対して、諏訪大社のある諏訪盆地は、標高七五〇～九〇〇メートルに位置し日本ではもっとも海抜が高い。御神渡り《おみわたり》という諏訪湖の湖面凍結で知られるように寒冷ではあるが、夏場の日中にはは最高気温は摂氏三〇度前後にも達する。しかし周辺には弥生遺跡も点在するように、日光に較べればはるかに農耕が可能な地域であった。それゆえ諏訪大社の動物祭祀は、早くから農耕との関連を深めたと考えられる。諏訪大社は、狩猟神的な性格が強く御頭祭を行う前宮をもつ上社と、春宮・秋宮を有して農耕に深く関わる下社とに分れる。そして上社が古く下社が新しいという神社構成からも窺われるように、もともとは狩猟活動が中心であったが、後に農耕的要素が加わったとすべきだろう。

この諏訪大社は、最も古いとされる神社の一つで、その末社は全国で約二五〇〇〇社に上り、中世に北条氏の所領を中心として全国に勧請されたという特徴を持つ。蛙狩神事など奇祭が多いが、諏訪の発行する鹿食免・鹿食箸があれば肉食が許されるとするなど、狩猟神を祀る神社として広く崇敬を集めていた。むしろ山地が全体の七〇パーセントにもおよぶ日本列島においては、古くから狩猟活動が想像以上に盛んであったことから、諏訪の信仰は全国的な展開を見たのだと考えられる。

諏訪大社の祭祀は、後には農耕との関連を深めるが、もともとは狩猟神であったことから、その性格の強い動物祭祀が行われていた。室町初期と推定される同社の『年内神事次第旧記』のほぼ冒頭の部分に「鹿なくては御神事はすべからず候」とあり、シカの生贄が神事に必要不可欠で、狩猟獣の供犠がもっとも重要であった。これに関しては、近世のことではあるが、天明四（一七八四）年三月六日に菅江真澄は、諏訪大社に出向いて御頭祭を見学しており、その記録を『すわの海』に残している。

前宮といふ処に十間の直会殿ありて、鹿の頭七十五、真名板のうへにならぶ。……上下きたる男二人ものゝ肉をまな板にすへてもていづる。……南のすみなる処に、しら鷺、しろうさぎ、きゞす、山鳥、鯉、鯽(鮒)いろ〳〵のしゝむら、三杵入るはよね《ママ》三十の桝を入たり。それにはひしのもちゐ、ゑび、あらめなど串にさしたり。すべて、はたのひろもの、はたのさもの、毛のあらもの、毛のにこもの、そのくさ〴〵のものを悉備て、もゝとりの御具にあざへてみあへ奉る

現在の御頭祭では、シカ頭は剥製となり六〜七頭にしか過ぎないが、七五頭というのは壮観であろ

う。このほかさまざまな鳥獣魚類が献供されるが、これについて真澄は、『粉本稿』に忠実なスケッチ(図2)を描いており、尾から頭へと串刺しにされたウサギなどが生々しい。

　また延文元（一三五六）年の年紀を有する『諏訪大明神絵詞』の諏方社祭絵第二の三月酉日条に、「神殿神原廊にして神事饗膳あり。禽獣の高もり（盛）、魚類の調味美を尽す」と記されたのは、まさに真澄が見学した御頭祭の中世における描写であった。こうした種々の鳥獣魚類を神供した後の下し物から、諏訪の御頭祭における動物供犠の盛大さが窺われる。しかも真澄の記事に、鰭の広物・狭物、毛の荒物・柔物が登場するように、諏訪大社の御頭祭は、日本古代における祭儀の原型をかなり忠実に伝えるものであった。

図2：菅江真澄『粉本稿』
諏訪大社供物スケッチ

　さらに西南日本を代表する狩猟神であった阿蘇神社は、後には農耕との結びつきを強めるが、元来は狩猟を基本とする動物祭祀が行われていた。それは神社が位置する外輪山内部のカルデラは、平坦な地形で湧水にも恵まれることから農耕に適するが、いっぽうで一二〇〇～一五〇〇メートル級の阿蘇五山などの山間部では、亜寒帯湿潤気候のもとで降霜などの現象が見られ、

狩猟活動が重要な位置を占めていたことによる。

阿蘇神社は、神武天皇の皇子・神八井耳命《かむやいみみのみこと》の子である健磐龍命《たけいわたつのみこと》を祀るが、寛正三（一四六二）年の写本とされる『阿蘇大明神流記』には、神武天皇と神農舞官とは母が同じで、神農は阿蘇権現の叔父にあたるとしている。かなり強引な所説ではあるが、これに近世になって阿蘇惟馨が加えた割注には、「彼舞官の御宿□は鷹山也、猟計して百年御送候也」と見え、神社の創設期には、狩猟がもっとも重要な生産活動であったことが窺われる。

また中世の阿蘇神社では、二〇〇〇人以上にも及ぶ勢子を動員したという下野《しもの》狩りが行われていた。これに関しては、享保一三（一七二八）年に成瀬久敬が著した『新編肥後国志草稿』をもとに、近代になって後藤是山が編集した『肥後国誌 下巻』阿蘇郡狩尾村の下野狩場の項に、中世の様相として次のように記されている。


往生嶽の麓、当村の内にあり……毎年二月卯の日、大宮司及神官権大宮司等の宮人、各風折烏帽子狩衣に夏毛の行縢《かうとう》を佩《は》き、腰に幣帛を指し、白木の弓白羽の箭を以て、猪鹿を射取り、神前に供へ、魚鳥は同社神領の地所々より供之、此狩の事、品々の儀式あり

阿蘇山麓の下野の狩り場で、大宮司以下神官たちが正装して猪鹿を狩り、それを神前に供したという。しかし、その詳細については不明で、中世の史料としては、わずかに一五世紀末の「延徳三年之記」という内題をもつ『下野狩集説秘録』が伝わる。ここでは神武天皇二一年正月二〇日に狩りが行われ、

二月に初贄が捧げられたとする記事から始まり、「狩祭之次第」として「猟神達たかまか《高天》原より天下給」と見え、農耕神として高天原から稲種を伝えたアマテラスの系譜を引く神武天皇さえもが、狩猟と密接な関係にあったとしている点が興味深い。

同書には、他の阿蘇神社関係文書に見られるような農耕に関する記事は見あたらず、ほかにも狩猟についての詳細な記述が目立つ。

　直口と申所はしゝをおろす所なり、すくの口と書候事、たとへは、しゝおろし候へは、おろしかひらうち候とて、其日狩神まつり、又、やかて明神そなへ上と申上候間、すくに御くけ取候哉、仍直口云なり

すなわち猪鹿を直口で解体して肉を取り、それを狩神に祀った後に、改めて大明神に供えるために、直ちに絎縫いして獣皮の形を整えたとしており、これには「解肉」という頭注が付されている。まさに狩りの贄を解体して狩猟の神に捧げるという動物祭祀が、下野狩りの基本であったことが窺われる。さらに「御狩はて候へハ直口へ各参られ候、こゝにて三こんにて候、猪鹿内物にて候」とある点に注目すべきで、用例は少ないが「内物」とは猪鹿の内臓を指すと判断される。内臓類は、腐敗が早いところから、真っ先に食用とされるもので、狩りの醍醐味であったものと思われる。

このほかにも祭りの供物としても「御酒竹用五、削物、猪鹿之間、イテ《(井手)》獅子、別て猪本なり」とあり、とくに井手山のイノシシが珍重されていたことが知られる。また御贄をかける役は北宮の祝の役目で

あるから、そこはシカを届けるという旨が記されるほか、正月二二日には阿蘇十二宮の御宮蔵へ獅子贄を納めたり、翌二一日には北宮へ皮贄を参らせたりしていることが分かる。

ちなみに近世の『太宰管内志』肥後之三「健磐龍命神社」の項には、「野に火をかけ焼狩をなす、大宮司射とゝむる所の猪鹿を、北ノ宮の鳥居の側の木にかけて供す。贄かけの木といひて今にあり」と見える。

こうして日光山あるいは宇都宮、そして諏訪や阿蘇といった神社では、その初源において狩猟がもっとも重要な生産活動と見なされ、そこでは狩猟儀礼を基礎とした動物祭祀が行われてきたことが明らかとなった。しかも、これらの神社はいずれも一宮社で、阿蘇では国造を務めた阿蘇氏が祭祀権を握っていたほか、諏訪でも諏訪氏や金刺氏など国造クラスと思われる一族が最高位たる大祝を務めた。

またすでに見たように、祝の名称が残る熱田神宮も、国造であった尾張氏がその任にあり、後に触れる三河一宮社であった菟足《うたり》神社も、東三河の国造に任ぜられたと伝える菟上足尼命《うなかみのすくねのみこと》を祭神としている。こうした事実は、日光二荒山神社や諏訪大社・阿蘇神社における狩猟の比重の高さを、例外的なものと考えるよりも、時代を遡れば遡るほど、農耕に不向きな地域では、一般的な傾向であったことを示している。それが時代とともに、これら三社を除いては、史料的に現れにくくなったと考えるべきだろう。

しかし中世以降に一段と厳しくなる殺生忌避という社会的雰囲気のなかで、狩猟を旨とする日光山や諏訪・阿蘇は、次第に厳しい状況に置かれていった。これらの神社では、そうしたなかで農耕の比重が高まり、むしろ農耕儀礼のなかに狩猟儀礼が取り込まれていくところとなるが、これについては改めて次章で、その過程を検証することとしたい。とくに肉食の穢れが問題とされ、それぞれ対応を迫られるようになる。

例えば日光山では、室町期に至ると狩猟神であるにもかかわらず、物忌令が設けられて鹿食が二一日の穢れとされるようになった。これは他の神社では鹿食の穢れが一〇〇日にも及んでいることに較べれば、はるかにゆるいものではあるが、自らの存在を揺るがす規定であったことに疑いはない［原田：一九九三］。これに対して諏訪では鹿食免という形で、神の許しがあれば鹿肉を食べてもよいとする方便を考えたことが注目される。

また阿蘇でも、独自の論理を産み出された。先に見た中世後期の『下野狩集説秘録』には、馬場での精進に際しても「魚鳥猪鹿ハくるしからす候」とあり、下野狩りの精進に関しても、「肉食は御酒御手向候て後は苦からず候、御祭礼之為に依り、贄狩精進、件の如し」と記すほどで、狩猟を背景としているだけに、肉食の穢れについては寛容な措置が採られていた。

そうしたなかで近世に至ると、林羅山は正保二（一六四五）年刊の『本朝神社考』中巻「諏方」で、日光山（宇都宮二荒山）と諏訪の二社について、次のように記している。

信州の諏訪、下野宇都宮、専ら狩猟して鳥獣を供す。諏訪の託宣に曰く、業の尽きたる有情は放つと雖も生きず、故に人中に宿して同じく仏果を証せよ〈俗に伝ふ、山法師江州の湖を過ぐ、鮒魚舟に入る。僧説法して曰く、汝放すとも生くべからず、縦へ生くとも久しかるべからず。生者必ず死す、汝が身我が腹に入る。我が心汝が身に入る。入我我入す。故に我が行業は汝が行業たり。必ず

出離すべしと、遂に殺して之を食うと〉

ここでとくに注目すべきは「諏訪の託宣」の部分で、狩猟民が殺生を行う際に唱える「業尽有情《ごうじんうじょう》、雖放不生《すいほうふしょう》、故宿人天《こしゅくじんてん》、則証仏果《どうしょうぶっか》」の解説がなされている。つまり鳥獣魚類は、人の食料となることで仏教の道に適うとするもので、いわゆる「山川草木悉皆成仏」という天台本覚思想に裏付けられている。この著名な「諏訪の託宣」は、すでに南北朝期の成立と思われる『神道集』巻五の「酒肉等を神前に備ふる事」に見えるほか、しばしば狩猟関係の文書などに登場する。

こうした論理の背景をなす天台本覚思想の成立契機について、古代史家の上田正昭は、最澄の一切の衆生は皆ことごとく成仏しうるという教理や、空海の世の中のあらゆる現象に実在を認めて生きながらに成仏しうるとした密教の教義は、それ以前の神道の内部にもあったとする興味深い議論を展開している。上田によれば、「一切衆生悉皆成有仏性」という教理が、容易に民衆に受けいれられたのは、その前提に生きとし生けるものの全てに命が宿るという信仰の伝統があったからで、山川草木に神を感じとっていた神道的土壌が先行していたためだという［上田：一九六七］。

もともと天台教学は、中国で成立したものであるが、いうまでもなく中国で学んだ学僧たちが日本に伝えて発達をみた。その際に、日本密教を体系化していった最澄や空海が、独自の生命観を有する伝統的な神観念を、自らの論理のうちに組み込んでいった点が注目される。すなわち中国での偽経ともされる『大般涅槃経《だいはつねはんきょう》』の一切の衆生には悉く仏性があるという論理を基に、日本天台では「山川草木」にまで拡大させた点に大きな特徴がある。こうして先にも述べたように、狩猟動物の生命を尊重し、それを供犠の対象として祀るという成熟した狩猟文化が、日本密教の成立期に広く社会に根付いており、そのことを彼らが重視していたことを物語っている。

その根源には、おそらく縄文時代に遡る動物祭祀の伝統があり、そうした狩猟活動の中世における広汎な存在が、「諏訪の託宣」のような論法を出現させた大きな要因と考えることができよう。すなわち古代律令国家による米社会への志向を背景として、仏教的装いをもつ殺生罪業観が展開するなかで、それを換骨奪胎するような強靱な論理が編み出されたのである。

まさに古代律令国家による水田稲作推進のための新たな社会規範の創出と［原田：一九九三］、これと相対立する旧来の狩猟活動の容認という思想課題を、一部の仏教者たちが引き受け苦闘した成果が、先に見たような『沙石集』巻一—八「生類を神明に供ずる不審の事」や「諏訪の託宣」におけるような論理として結実したのだといえよう。

東アジア・東南アジア的に見ても特異な米社会を選択した古代律令国家の政策によって、殺生罪業観が広く浸透し、中世を通じて狩猟活動は衰退していった。その過程については付編補論二で詳述するが、皆無となったわけではなく、農耕の推進に不向きな地域では依然重要な生業として継承され、そこでは縄文的系譜を引く狩猟のための動物祭祀が、広く行われていたのである。

第二節　農耕と弥生的供犠——風祭の系譜

古代日本においては、前節で検討したような狩猟活動のための動物祭祀のほかに、まさに農耕の成就を願う動物供犠も存在していた。これについては、すでに第三章第一節「縄文・弥生の動物供犠」で論じたように、イノシシの下顎骨懸架のほか、『播磨国風土記』で見たシカの血を田に播く行事や、オビシャによる予祝的な模擬狩猟などは、明らかな農耕儀礼で、その背景には動物供犠の存在が想定される。すなわち農耕のために動物を捧げることが、弥生時代から行われていたと考えることができる。

そこで古代・中世を中心に、いわば弥生的な農耕のための動物供犠の系譜を引くと考えられる事例を、文献史料から見ていくこととしたい。次の『今昔物語集』巻一九―二に収められた「参河守大江定基出家語」は、しばしば生贄の議論に登場するので、引用してみよう。

> 其国にして、国の者共風祭と云事をして、猪を捕、生け乍を下してけるを見て、弥《いよい》よ道心を発して、「速に此の国を去なむ」と思ふ心付て、亦、雉を生け乍ら捕て人の持来れるを、……揃り畢《は》てつれば下せけるに、刀に随て血つら〱と出来けるを、刀を打巾《うちのご》ひ打巾ひ下しければ、奇異く難堪気なる音《こえ》を出して死に畢《はて》にければ……守、其の日の内に国府を出て京に上りにけり。道心堅く発《おこり》にければ、髻《もとどり》を切て法師と成にけり。……此《かか》る希有の事共をして見ける也けり

この話は、歌人として知られた大江定基が、任地・三河の国で、愛する女性を亡くして出家を考えていたが、風祭という儀式で、生きたイノシシを殺し生贄とするのを見て、いよいよ道心を固め、京に戻って僧になったという筋書きになっている。定基は、出家して寂照と名乗り、最後には中国に渡って客死したが、その仏心の大きな契機となったのがイノシシの供犠であった。しかも、その解体のさ

ままでリアルに描かれ、いかにも地方の蛮風であることが強調されている。

この話は、『宇治拾遺物語』巻四―七にも、五九話「三川入道遁世の事」として収められており、ほぼ同文に近いが、料理法をやや詳述している点などが異なる。いずれにしても仏教説話としては、動物供犠の残酷さを物語るもので、少なくとも『今昔物語集』が成立したとされる一二世紀前半には、風祭にイノシシの供犠が行われていたことを物語っている。しかし、この話は同時に、そうした動物供犠が、平安後期には、きわめて好ましからざるものと見なされていたことを意味しよう。

この風祭について戸田芳美は、諏訪大社の大祝が「風祝」となって、風神・山神を祀る農耕神事と同じものとみなし、また国司が列席していることから、一宮社クラスで行われる大祭だろうとしている。さらに風祭を主宰している「国ノ者共」は、地域の有力な在地領主層であったと推定している［戸田：一九九一］。これに関して、天保一〇（一八三九）年に書かれた『参河国官社考集説』では、これを小坂井村（愛知県豊川市）の菟足《うたり》神社のこととしており、次のような記述がある。

菟足ノ神社　吉田宗録云、祭礼毎年四月十一日也、風祭と号す。雀十二羽を射取て贄となす。往古は小田が橋にて旅人の児女を待うけて、人身御供となせしと云ふ。中比は猪鹿を献りしとも云り

同書は、菟足神社の項で『今昔物語集』『宇治拾遺物語』を引き、定基が見た風祭は、当社のものだとしている。すでにイノシシの供犠は止み、代わりにスズメが生贄とされているほか、人身御供の伝承も語られている。

ここに「中比は猪鹿を献り」とあるのは、定基の話を意識したものであろうが、同社では現在でも四月初旬に風祭を行い、贄としてスズメを捧げている。菟足神社は、祭神・菟上足尼命が東三河の国造に任ぜられたと伝えるところから、国司である定基が、その風祭に出席したとしても不思議ではない。

ちなみに風祭は、現在では毎年二百十日前後に行われることが多く、収穫前の台風による農作物被害を避けるための農耕儀礼で、この種の祭りは全国各地に存在するが、東三河の国造という関係からすれば、この風祭は菟足神社のものと考えてよいだろう。しかも同社は、狩猟に適した山間部に位置するのではなく、現在では水田の広がる豊橋平野中央部の低地部に立地する。地形的に見ても、この祭祀が狩猟のためではなく、農耕を目的としたものと考える方が合理的であろう。

先に見たように戸田の論考でも、この豊穣祈願の風祭を諏訪大社と結びつけているが、諏訪の風祭は古くから有名であった。当時の都の歌人たちにも広く知られ、当時の歌壇の中心人物であった源俊頼と、鎌倉前期の新三十六歌仙の一人・源家長には、『夫木和歌集』巻第四「春部」四に収められた次のような歌がある。

今朝みれば木曽路の桜咲きにけりかぜのはふりにすき間あらすな　源俊頼

しなのぢや風のはふりこころせよしらゆふ花のにほふ神がき　源家長

このうち前者については、保元(一一五六～五九)年間の成立とされる『袋草紙』上巻には、「風のはふり」という話が見え、初句のみが異なるが、興味深い注記がある。

俊頼歌云

信濃なる木曽路の桜咲きにけり風のはふりに透間あらすな

是はしなのゝ国は極て風早所也。仍諏訪明神社風祝と云者を置て、是を春始に深く物に籠居祝、百日之間尊重する也。然者其年凡風静にして農業の為に吉也

これと同様の話は、建長四（一二五二）年成立の『十訓抄』中七―一六、永正五（一五二一）年成立の『体源抄』一二―下、さらには貞享二（一六八五）年刊の『清輔雑談集』上巻一六にも見え、歌人たちの間では信濃諏訪大社の「風祝」は著名な存在であった。ここでは『今昔物語集』に見られたような供犠の有無は定かではないが、「祝」の語を伴っているところから、その背景には農耕のために猪鹿などを捧げることが、風祭の原型であったと想像される。

また古くから風の神を祀る奈良の龍田大社も、水田稲作を社会的生産の基本に据えた古代律令国家の下で、特別な祈願の対象とされてきた。天武天皇四（六七五）年に、稲作の推進を目的として発布された殺生禁断令とともに、古代律令国家は、水神・風神として広瀬・龍田の両社に祈願することを定めている。なお、この問題に関しては、付編の補論一・二を参照されたい。

この龍田大社の祭神は、天御柱命と国御柱命であるが、それぞれ級長津彦命《しながつひこのみこと》と級長戸辺命《しながとべのみこと》のこととされ、ともに風の神として知られている。ちなみに風の祝で知られた信濃の国は、かつて科野とも書いたが、科は級に通じることから、級長津彦命と級長戸辺命に関わり、風神との関係を重視する説も

ある［塚田：一九七四］。

さらに九州の阿蘇神社でも、風祭が行われていた。室町期の成立と考えられる『阿蘇社年中神事次第写』には、四月四日の神事として「風逐之御祭　法燈風之祝」とあり、饗膳の内容などが記されているが、中世後期の段階で動物供犠が行われていたかどうかは分からない。ここに獣肉類の献供を窺わせる記述は見あたらないが、饗膳の座には「泉八ヶ村之狩人八人」が着座しており、「風祝」が主宰していることなどから、これまで見てきたような風祭の系統を引くもので、かつては動物供犠が伴っていたことが想像される。

また伊勢神宮にも風神社があり、同じく級長津彦命と級長戸辺命という風神を祀り、風日祈祭が行われていた［阪本：一九六五］。『伊勢二所太神宮神名秘書』には、同神宮の風神社の項に「之れ広瀬龍田神同神と謂ふなり」とあるほか、「件の神は、内宮風神と同体なり……旧記に云く、山谷の水変じて甘水と成る、苗稼に浸潤し、其の全き稔《にぎわひ》を得む。故に風神祭有り」と見える。まさに農耕とりわけ水田稲作の重要な神として、四月と七月に祀られていたことが分かる。

こうして天皇家の祖神つまり天界から稲種を伝えたアマテラスを祀る神社でも、風祭が重要な位置を占めていた。しかも鎌倉期の成立と思われる『古老口実伝』では、伊勢神宮における穢れが重大問題とされており、「神宮の輩、穢悪事を怖れず、六畜皮を剥く事、之を禁ず」として、畜類の皮を剥ぐことを禁じている。

このほか同書には、「神官、不浄物に名を付け、魚鳥を用い食ふ事。思慮すべきなり〈寿永一禰宜彦章、堅魚の魚膾を以て、鹿と称し食用の間、即ち霊の夢告有り、而して同五月廿四日卒去すと云々〉」と見え、寿永（一一八二〜八三）年間に、一禰宜が、不浄であるシカだと称してカツオの膾を食べたところ、すぐに死んでしまったので、魚鳥を食べることにも注意するよう記されている。たしかに伊勢神宮では、穢れを極力避けるよう注意を喚起しているが、この記事は平安末期から鎌倉期の伊勢神宮においても、畜類の皮を剥いだり、シカや魚鳥を食べたりしていたことを示している。

さらに龍田大社から天御柱命と国御柱命を勧請した生駒郡斑鳩町龍田の龍田神社に関しては、近世中期の史料ではあるが、『大和国高取領風俗問状答』に、次のような興味深い記事が見える。

往昔牛鬼出たる時、龍田明神の退治されし遺風也とぞ、毎歳正月十五日の夜、同郡立野村属邑下ノ荘より、龍田社へ牛の皮を献ず……穢多牛の皮をかぶり、立田の町中を馳廻り候て、跡は旧家両人のものの塀の外より投入れ帰る。……翌十六日、両人とも的の稽古をいたす。十七日、両人とも烏帽子素袍を着し、三十間向ふに牛の皮をたてて、三本づつ射る。中・不中は構ひ申さず

まさに六畜の皮が龍田神社に献じられており、その皮を餅の的のように見立てて、小正月に射るというオビシャを彷彿とさせるような行事が行われている。これは猪鹿の供犠そのものではないが、こうした神事には、さまざまな儀式の要素が入り混じっているとせねばなるまい。おそらくかつては牛、それ以前には猪鹿の供犠が行われていたことの名残と思われる。

さらに風神を祀る龍田大社に関しても、先に見たように、『延喜式』段階で「毛の柔物・荒物」を祝詞に読み込むとともに、それらを用いた祭祀を「神主・祝部等」に命じていることからも、『今昔物語集』

の三河の場合のように、古くは風祭に動物を捧げていた可能性も充分に考えられる。ちなみに皮の供物については、先に阿蘇十二宮の御宮蔵への事例でみたように、皮贄を献ずる前に獅子贄を捧げていることからも、基本的には前段に動物そのものの供犠があったとみてよいだろう。

もちろん伊勢神宮における四足獣の供犠を、史料的に確定することは困難であるが、おそらくより古い時代には、龍田大社ともども、風祭に野獣の供犠が行われていたものと思われる。ところが聖なる米の祭祀を司る天皇の祖神を祀る伊勢神宮では、獣肉を穢れと認識した段階から、それを率先して遠ざける必要があった。

このため神饌の供物としては、もっとも早く猪鹿を消し去ったが、先に『皇太神宮儀式帳』に「御贄漁……進上生贄」とあったように、すでに九世紀初頭において、魚介のみが史料に留められるようになったものと思われる。そうした傾向は、その後、いっそうの拍車がかかった。その過程については、すでに論じたことがあるので［原田：一九九三］、ここではかつて触れ得なかった史料を用いて、簡単に概観しておこう。それは何よりも殺生禁断の徹底という方向で進行した。『百錬抄』第六の天治二（一一二五）年条には「此年以後、殺生禁制殊に甚し」とあり、平安末期に殺生禁断が徹底されていったことが窺われる。

さらに文治四（一一八八）年八月一七日の後鳥羽天皇宣旨には、「殺生の誡、重畳に厳制す、随てまた去年十二月、綵綸を下され畢ぬ、而て荒楽の輩、動《やや》もすれば法禁を犯すの由、其の聞え有り」とみえ（『吾妻鏡』同年八月三〇日条所収文書／『鎌倉遺文』一―三三九号）、前年末以来、殺生を禁じていたにもかかわらず、これを犯す輩がおり、殺生を誡めるべく重ねて禁令が出された旨が記されている。

これに関して『吾妻鏡』同年八月二〇日条の行文には、「宣旨状到着す、是れ二品申し請けせしめ給ふに依るなり」とあり、この殺生禁断の宣旨は、もともと二品すなわち源頼朝が申請したものだとする旨が記されている。これは頼朝の征夷大将軍任命直前のことで、後鳥羽院とも微妙な関係もあったであろうが、すでに守護・地頭の設置を終え、武士の頂点に君臨した頼朝が殺生禁断を奏請したことは興味深い。

しかし殺生すなわち狩猟は、簡単に禁止しうるものではなく、地域の生活にとっても欠くことの出来ないものであった。建久二（一一九一）年三月二八日の後鳥羽院宣旨は、諸社の祭祀などに関わるさまざまな方針を定めたもので、そのうちに殺生禁断も盛り込まれており、たびたびの禁令にかかわらず、それが守られないことが指摘されている。

ところが、この一条には「但し本社の供祭においては、例有るところの漁猟者には制限あらず」という一文があり、諸社の祭祀に関わるもので、前例があれば、この限りではないとしている（三代制符／『鎌倉遺文』五二六号）。このことは地方の神社などでは、魚類を含めた動物供犠が広く行われており、そのための殺生までも禁ずることが不可能であったことを意味している。ここには中世前期における狩猟と動物供犠の現実と、これを否定しようとする政治権力の理念とのギャップが如実に示されているといえよう。

すなわち鎌倉初期の徳大寺実基政道奏状は、その理念を述べたもので、「民漁猟を捨て、農桑に励むべき事」とする一条を含み、「縁海の土俗、釣漁を以て生計をなし、習来たりてすでに久し。偏へにこれを停止せられれば、還つて違氾の基たらんか……西都大井河（注—桂川）の宿の猟者等、屠殺を止められ、別の沙汰を以て恩憐あらば、莫大の仁慈といふべきか」と記している(『中世政治社会思想 下』)。この太政大臣までも務めた徳大寺実基は、いうまでもなく古代国家以来の水田稲作を中心とした農耕的価値観の持ち主で、狩猟・漁撈といった生業を農業へと転換させることが、最高の理想と考えており、武士の長となった源頼朝も、これに近い立場を採らざるを得なかったのである。

ちなみに応永二七(一四二〇)年までには成立していた『海人藻芥』には、

(内裏・仙洞の供御に)四足は惣て之を備えず。然るを吉野帝後村上院は、四足の物共をも憚らせ給はず、聞し召しけるとかや。されば御合体の後、男山まで御幸成らせ給ひけれども、また吉野の奥へ還幸成せ給ふて、都へは終に一日片時も入せ給はず。是は併せて天照大神の神慮に違はせ給ひける故なりとぞ、人皆申合ひける

とあり、殺生といっても、無足である魚類よりは、四足である獣類の方がはるかに穢れの度合いが高く、とくに南北朝合一後は、これを憚る傾向が顕著であったことが窺われる。もちろん、この話の背景には南朝・北朝の微妙な力関係が作用していると思われるが、魚鳥よりも四足獣の方に穢れが強く、これを排除すべき対象としている。

そして中世を過ぎて、米を経済の価値基準とした近世石高制社会の下で、古代律令国家の米志向の理念が実現すると、四足獣への禁忌は最高潮に達した。伊賀を支配した藤堂藩の記録である『公室年譜略』巻八の慶長一三(一六〇八)年一〇月二日条には、同日付けの同藩法令として、「一、鹿猪牛犬、

一切くい中間敷事《まじき》」という一条が見える。

もちろん魚肉も禁忌の対象とはなったが、精進の時を除けば、公認されたタンパク源で、獣肉を排除した代わりに、魚貝は日本型食生活の主役を占めるようになった。こうした獣肉を遠ざけ魚肉を認めるような価値観が、伊勢神宮をはじめとする神社での神饌の祝詞に、獣肉を落とす代わりに「鰭の狭物・鰭の広物」を残すところとなったのだといえよう。

このように異様に米に集中した日本の稲作文化は、四足獣を極力排除しようとしたが、このことが狩猟・農耕といった目的を問わず、動物の祭祀や供犠を希薄なものにしていったことに疑いはない。それゆえ風祭に代表されるような弥生的系譜を引き、農耕のために行われてきた動物供犠も、その多くが中世を経るなかで徐々に姿を消していったのである。

第三節　縄文的祭祀から弥生的供犠へ――諏訪と阿蘇

こうして農耕のための動物供犠が衰退していったことに呼応して、もともとは狩猟を目的としたはずの儀礼に、農耕の要素が強く加わってくるようになる。その背景には、いうまでもなく中世における耕地開発、つまり農耕の発展があった。これを主導したのは、初めは「屠膾《とかい》の輩」として狩猟に深く関わりつつも、次第に農業経営に力点を置いていった在地領主層であった［戸田：一九九一］。

すなわち中世の主役を担う武士たちは、水田稲作を中心とした農耕への傾斜を強め、古代律令国家の米志向に応えながら、新たな国家体制の中核を担うようになっていったのである。そして諏訪大社の頂点に立つ大祝をはじめとする神官たちも、あるいは阿蘇神社の神主や祝たちも、それぞれ諏訪氏・阿蘇氏などという武士団を結成し、在地では狩猟を行いつつも、農業経営を安定させることに努めた。

それゆえ諏訪大社や阿蘇神社でも、狩猟儀礼に農耕儀礼が組み合わされるようになり、やがては農耕儀礼に狩猟神事が組み込まれるという事態にまで至った。もちろん両社に限らず、各地の神事でも同様の傾向が見られたことはいうまでもない。

とくに諏訪大社では、そうした変化が著しかった。室町初期の『諏訪大明神絵詞』によれば、狩猟の祭りである御射山《みさやま》祭は、初秋の七月二六〜三〇日の五日間に、秋祭りとしての御射山御狩が盛大に催されている。このほか五月の押立御狩・六月の御作田御狩・九月の秋穂御狩などの狩猟神事がしばしば行われたが、これらは御狩といっても、模擬狩猟で象徴儀礼としての要素を有し、「御作田」「秋穂」の語に明らかなように、農耕儀礼的な側面が強く窺われる。

とくに『諏訪大明神絵詞』では、御作田御狩について「田植、藤嶋社の前にして此儀あり。……雅楽に農具を帯して田かへす。……巫女をさうとめ《早乙女》とす」と記されているように、明らかに水田農耕が意識されている。また御射山の八月一日には「本社の祭供を以て、御射山かえり申す。饗膳常のごとし。今日御作田の熟稲を奉献す。……又鋤鍬を作りて、彼童部にあたへ、東作の業を表す」と見え、農耕儀礼としての要素が前面に押し出されている。

なお同書では、狩猟に関して「狩る所の畜類全く自欲のためにあらず、仏道を成せしめんが為也」と弁明しているが、もともと先の「諏訪の託宣」自体も、南北朝期に成立をみた『神道集』に登場することに注目する必要がある。

中世を通じて全般的に殺生罪業観が浸透していくが、社会的には狩猟の比重を無視することができなかった。このため「諏訪の託宣」という形で、殺生罪業観を回避する論理が、すでに南北朝期には構築されていた点が重要だろう。なお、この問題に関して詳しくは付編補論二を参照されたい。

しかし、そうした肉食忌避の社会的動向が、狩猟と農耕の結びつきを、より緊密化したとも考えられる。それゆえ諏訪大社では、そうした展開に伴って、動物供犠が重要な位置を占める御頭祭も、御射山祭と同様に、五穀豊穣を祈るものへと変化していった。現在の御頭祭では、ミシャクジ神という地母神を耕作前に迎えて豊作祈願を行っているほか、御射山祭でも五穀豊穣を祈る祝詞が捧げられるなど、狩猟神が農耕神としての役割を兼ね備えるという傾向が著しくなる。

さらに九州の阿蘇神社でも、農耕に関わる神事が大きな比重を占めるようになる［杉本：一九五九］。先にも述べたように、阿蘇神社では〝下野の狩り〟と称する大規模な狩猟神事があり、中世までは大宮司が出仕して大規模に行われてきた。

ところが近世に入ると、先に見た『肥後国誌』狩尾村の項に、「天正九年迄は下野狩勤之、神領減じて以来退転す。魚鳥を供ることは古の如し」とあるように、大きく様相を異にするところとなる。宝永（一七〇四～一一）年間の成立で、阿蘇大宮司家の公式見解とも評される『阿蘇宮由来略』には、興味深い記述が見受けられる。

（祖神・健磐龍命《たけいわたつのみこと》が）阿蘇山下に到て贄狩し、獲る所の猪鹿諸鳥を神祇祖考に薦て祭祀し、乃後嗣に命じて此令を廃すること莫《なか》らしむ、是を下野狩と云ふ、又、此地寒霜蚤《（ママ）》く降て五穀登らず、故に霜神を鎮祭（める脱カ）あり、是に於いて五穀豊熟することを得たり〈今の霜宮是なり〉……下野狩今廃す、乃六月廿六日を以て最とす、御田植の祭礼と称し、稼穡の事を以て祭る

また『太宰管内志』肥後之三の阿蘇郡健磐龍命神社の項にも、

是に於いて健磐龍命、阿蘇の地を巡見して賜り、四面に連山有りて其の中則ち湖水なり。故に其の西南方の山を鑿《うがち》て水を通し賜ふ。忽ち水を除して皆平田と成る〈今の鹿疫《すがる》の瀑布、是れ其の処なり〉また民に於いて稼穡を教え、而して五穀を殖る。是に於いて土地辟《ひら》け人民育つ〈御田植の神事此の礼なり〉。また歳神を祭る〈歳神社是なり、此の例を守る為に、今に至り毎年田作の神事有るなり〉霜神を祭り〈霜宮是なり、今に至り遺制を奉る。祭事厳粛なり〉而して豊熟を祈り賜ひて、民今に至り萬を伝え其賜を受く……天正十年巳後其の式廃《すた》る。……没落巳後、此の狩廃すといへども、猶例年二月中に猪鹿を献じて祭をなす

とあるように、九州山地のなかでも阿蘇の地は、近世には農耕に重きが移っていった。それゆえ広大なカルデラにおいても水田化が進行し、御田植神事などが重要な役割を担うに至ったことが窺われる。こうして阿蘇神社でも、中世にはもっとも重要な神事であった下野の狩りが、次第に農耕のための御田植神事や降霜に対する霜宮の祭に取って代わられたのである。こうして近世には、水田稲作を目的とした御田植神事の方が卓越して、狩猟神事は予備的なものへ変わり、やがては絶えるところと

なったが、さすがに伝統を守り、かろうじて猪鹿の供犠だけは続けられたことが窺われる。

ただ近世に詠われて『阿蘇宮御田植歌』には、「天が下泰平に　国土も穏に　五穀成就して　民　益繁栄」という成就の二首が末尾に付くが、「此所の田主殿は徳人与命じた　田殖半に猟袴為裁《さい》た」という歌詞があるように、田植えと狩りとの色濃い関係が意識されている点に注目すべきだろう。

このことは中世の『阿蘇社神事注文写』に収められた「御田御祭具足注文」にも「ゆかけ二く」が見えるように、弓懸すなわち射礼が重視されていた。さらに五月五日と九月九日の二度の相撲節会で催される流鏑馬や、正月二〇日と二月卯日に行われる下野の狩りでも、射儀が祭礼に主要な役割を果たしていたことが窺われる。

もちろん先にも述べたように、阿蘇神社においても、古くから風逐祭つまり風祭が行われており、諏訪大社と同様に、農耕儀礼が重視されていたことはいうまでもない。さらに霜宮についても、この地特有の霜害に悩まされていたことから、近世の『蘇渓温故』にも「此神は上古、大神寒霜時ならず降て五穀熟せず、民人の苦む事を憂ひ玉ひ、天津神を祭り、寒霜の順降を祈り玉ひたる処の神」と見えるように、阿蘇山麓においては、狩猟のみならず農耕も主要な生業であった。

とくに水田稲作の重視は、中世後期には決定的なものとなるが、このことは『阿蘇大宮司惟忠御田出仕次第写』の存在からも窺うことができる。阿蘇大宮司家では、南北朝期以来、南朝・北朝の双方に分かれて内紛が続いていたが、北朝方に就いた惟村景の子孫・惟忠は、宝徳二（一四五〇）年に両勢力の合体を果たした。本文書は寛正五（一四六四）年の御田植祭に際して、阿蘇社の神官・権官たちに、惟忠が阿蘇社惣官としての地位にあることを再確認させたものである。これは御田植祭が、下野の狩りに代わって、この時期に阿蘇神社最大の神事となっていたことを意味しよう。

また南九州の宮崎県から鹿児島県にかけての山岳地帯には、広く山の神講の分布がみられ、これに講狩りという集団狩猟が行われ、イノシシが獲れるまで続けられるという。この講狩りについて小野重朗は、もともとは山の神は狩猟神であったが、農耕の展開によって、田の神と交代する農耕神となったとする。そして講狩り自体も農耕儀礼に転化したが、そこには古い狩猟儀礼的要素を残していることを指摘している［小野：一九七〇］。ただ南九州の山岳地帯では地形的にも、この場合の農耕とは、あくまでも焼畑耕作であった点に留意する必要がある。

いっぽんに阿蘇を含む南九州は、地形的には吉野などの紀伊山地、祖谷《いや》山などの四国山地と直線的に繋がる急峻な山脈の一部をなしている。こうした山間部には、水田可耕地が極めて少なく、代わりに非常に多くの猪鹿が棲息していた。例えば中世阿蘇社の『下野狩集説秘録』には、阿蘇近辺の記事として「別て鹿多く候」と見えるほか（同前）、明治初年に成立した『薩隅日地理纂考』一七巻大隅国贈於郡襲山郷の末尾にも、「物産」として「走獣　猪、鹿、猿」とある。これは同郷に限らず、ほとんどの郷の物産記述にも同様の記載がある。

さらに同じような山間地形をなす対馬では、島民の農作物防衛のために郡奉行・陶山鈍翁が、近世中期の元禄一三（一七〇〇）年からほぼ一〇年を費やし、延人員二二万九七七〇人を動員して、猪鹿八万頭余を殲滅したという経緯がある［原田：二〇一一］。いずれも近世以前の山間部の村々には、如何に猪鹿が多かったかを示すものといえよう。

鎌倉期の辞書『名語記』巻第六の「シ、」の項には、「問　山のかせぎをシシとなづく、如何　答シ、はしかをいへり、鹿なり。最上の美物にて、肉をむねと賞する故に、シ、ムラの義につきて、シ、といへるにや」とあるように、獣肉の穢れという建前とは別に、本書の著者である僧侶を含む人々の間では、獣肉がかなり食されており、狩猟活動によってもたらされる何よりも貴重な物産であった。

こうした猪鹿が中世の人々の生活に大きな役割を果たし、とくに九州山地では珍重されていたことに疑いはない。ただ、先にも述べたように、阿蘇神社の位置するカルデラ内部には、湧水が豊富で、比較的水田農耕に適した地が多かった。このため阿蘇神社周辺では、武士団による耕地開発が進むなかで、水田稲作を中心とする農耕的な価値観が、徐々に浸透していったものと思われる。

ところが諏訪や阿蘇の事例とは異なり、より標高の高い日光では、先にも述べたように農耕の展開が容易ではなかった。それゆえ中世はおろか近世に至っても、日光二荒山の神事には農耕との関わりが薄く、神仏分離令後の明治二九（一八九六）年に成った『二荒山旧記』に、「神国豊穣」「百国豊稔」などの語が散見するに過ぎず、ここでは狩猟と農耕との間には比較的距離が置かれていたとみてよいだろう。

こうした事情を示す中世の文献史料は皆無に近いが、現在に伝わる民俗学的事象から、狩猟儀礼が農耕神事へと逆転していく過程を推察することができる。それは山間部に残る民俗芸能で、まず椎葉神楽の場合で見てみよう。宮崎県東臼杵郡椎葉村を中心に広がる霜月神楽のうちには、イノシシの供犠を伴うものが多い。いうまでもなく椎葉は、つとに柳田国男が山の民をテーマとして取り組んだ地域で、『遠野物語』の前年に出版した『後狩詞記』には、狩猟にまつわる聞書とともに、同村の椎葉徳蔵家蔵で寛政五（一七九三）年の奥書をもつ伝書「狩之巻」が収められている［柳田：一九〇九］。

写真4：銀鏡神楽のイノシシ首供物

（著者撮影）

この椎葉村の南方、宮崎市西都市山間部の銀鏡《しろみ》神社にも、椎葉と同様な銀鏡神楽が伝わり、祭礼の当日には二〇数頭のイノシシの頭が、舞台の正面に供えられる。現在では一二月一二～一六日（旧一一月一二～一六日）に神事が催されるが、とくに一四～一五日の夜から朝にかけて銀鏡神楽式三十三番が演じられる。

神楽の舞台に供えられたイノシシの頭は（写真4）、三十三番の神楽が終了した一五日の昼に、一部が雑炊として参加者にも振る舞われるほか、一六日の朝には、ししば祭りという狩猟神事が行われ、現在はイノシシの耳であるが、かつては心臓が捧げられたという。獲物の一部を山の神に捧げるという点に注目すべきだろう。

また神楽三十二番の「シシトギリ」では、イノシシ狩りの様子を演じるとともに、猟場の権利を確認するような場面もあることから、これがもともと狩猟儀礼で、縄文的系譜を引くものであったと考えられる。

ところが最後の三十三番の「神送り」では、性交を想像させる仕草を伴っており、五穀豊穣を祈る農耕儀礼的要素が顕著となる。これは火の神を祀るところから、もう一つの重要な生業である焼畑との関連を思わせる。三十三番の神楽のうちには、狩猟や焼畑・稲作などを思わせるものも多く、さまざまな要素が混じり合っているが、もともとは狩猟儀礼であったものに農耕の要素が加わって、徐々に今日の形になったものと思われる。

さらに第三章第二節で見た奥三河の花祭は、すでに論じたように農耕との関連が高く、椎葉神楽の事例とは異なる。狩猟獣そのものではないが、模造シカが用いられ、そのハラワタが重要な役割を果たすところから、むしろ弥生的な系譜を引く動物供犠と見ることができる。しかし信濃下伊那郡天龍村の大河内で、毎年旧暦三月三日に行われる池大神社の鹿追い神事においても、最後のシカを射る前の部分で、椎葉の「シシトギリ」の場合と同じように、猟場の権利を確認するシーンがある。

また「諏訪の託宣」が、この花祭にも登場する。三河国北設楽郡豊根村に伝わる延宝九（一七五一）年正月吉日の花祭祭文「大秘法」（大入文書／『奥三河花祭り祭文集』）には、「業尽有情、雖放不生、故食人身、同証仏果、南無阿弥陀仏、方便の殺生、菩薩万経に勝るゝ。妙理の施権は、たつたが五逆に越へたり、桑の弓取るや蓬のやつた山、恐れをなさん悪魔消滅」とあり、この地域で殺生を行う猟師たちの救済論理として用いられている。

これらのことから、奥三河の花祭は、基本的には弥生的系譜を引くと考えられるが、ここで狩猟を行いつつ農耕を営む人々の間に伝承され、狩猟儀礼に農耕儀礼が組み合わされたものとみなすことができよう。

こうして日本では、縄文的な狩猟のための動物祭祀に農耕儀礼が、弥生的な農耕のための動物供犠に狩猟儀礼が、それぞれ歩み寄るという状況が、とくに中世という時代を通じて進行していった。そして、その展開に相応ずる形で、徐々に動物供犠そのものが衰退していったと考えることができる。

このことは民俗的事象においても、大きな信仰的変化をもたらすところとなった。民俗学において、しばしば問題とされてきた山の神の性格については、その内実がさまざまで規定が難しい上に、田の神との関連が複雑で、その正体は明らかではない。いっぽんに山の神は、春になると山から降りてきて田の神に変わり、秋になると再び山の神として山に帰るという。すなわち水田農耕の期間だけ、山の神が田の神へ変化するとされている。

すでに山の神に関しては、柳田国男が全国的な視点で検討し、山の神の去来交替の時期は、先祖祭をする御斎日つまりトキの日に当たることから、祖霊的な性格が強いとみなして［柳田：一九四六］、これがほぼ定説化している。さらに柳田を承けて、全国各地の事例を、さまざまな角度から調査した堀田吉雄は、山の神の去来交替という伝承が、戦後急速に失われていることを指摘している［堀田：一九六六］。

なお堀田は、山の神祭祀の体系や供物について丹念な報告を行っているが、そこからは狩猟の際の獲物の一部のほか、野菜や魚も供えられるが、やはり米や餅類がなど多いことが窺われる。いうまでもなく山の神の主要な供物は、さまざまな採集物もあったであろうが、あくまでもメインは狩りの獲物であった。これに野菜や米といった農耕の産物が加わっていること自体が重要で、そこには田の神との歴史的な混合を認めざるを得ない。

この問題に関しては、すでにネリー・ナウマンが、縄文的な狩猟民的な山の神信仰があり、これに焼畑さらには水田稲作を加えた弥生的な農耕文化の要素が加わって、きわめて複雑な山の神信仰が形成されたと指摘している［ナウマン：一九九四］。こうしてみると山の神に農耕的な要素が付加されるのは、やや新しい時代のことといえよう。

国土面積の七〇パーセントが山地である日本において、水田稲作が到来する以前の主な生活の舞台は、あくまでも台地を含む山地であったことを忘れてはなるまい。改めて論ずるまでもなく、田の神よりも山の神の方が初源的な存在で、田の神信仰が弥生時代以降に形成されたことに疑いはない。

このことは結語部分で再論するが、いわば縄文的な狩猟のための動物祭祀は、弥生時代に水田稲作が本格化すると、貴重な動物そのものが農耕のために捧げられるようになる。つまり田の神への依存が強くなるが、当初において農耕と狩猟は不可分ではなかった。このことは第三章第三節で見たオビシャという農耕儀礼から窺われるが、これによって山の神と決別したわけではなかろう。

歴史的な経緯を別とすれば、山の神も田の神も、彼らに招福を約束してくれる存在であった。本章では、縄文的な狩猟のための動物祭祀が、農耕神事へと従属して性格を変えたり、あるいは弥生的な農耕のための動物供犠さえも、神事の前面からの撤退を徐々に余儀なくされたりして、新たな農耕儀礼が整えられてくる過程について概観してきた。おそらく山の神と田の神の交替・融合という民俗的現象は、こうした狩猟から農耕へという生産的変容が見られた時期の産物であったものと考えられる。

第四節　野獣供犠の伝統——さまざまな猪鹿の供犠

こうして動物供犠自体は、中世以降に著しく減少していくが、日光山や諏訪あるいは阿蘇という元来が狩猟神であった神社では、これを簡単に払拭することは出来なかった。時代的な流れの上では、動物供犠という儀礼を、徐々に後退させつつも、その一部を神事のうちに留め、その結果、文字史料にも部分的には残されるところとなった。

基本的に多くの神社では、古代律令国家以来の米志向の原則を忠実に受け容れ、おそらく平安期までに、かなりの程度に動物供犠を廃止させてきたが、各地の小規模な神社のうちには、後世までも伝えてきたところが少なくない。前々章でみた三河国菟足神社の風祭におけるイノシシの供犠は、そうしたものとしては大規模な神社の例に属するが、同様に美作国一宮であった中山神社にも、動物供犠に関して、興味深い話が残されている。

『今昔物語集』巻第二六―第七話「美作国の神、猟師謀《はかりごと》によって生贄を止むる語《こと》」は、続く第八話「飛騨国の猿神、生贄を止むる語《こと》」とともに、広く人身御供の物語として知られている。ともに猿神が村の娘を生贄として要求するので、前者では猟師が、後者では僧侶が生贄に化けて猿神を退治し、やがて娘と一緒に暮らしたという筋書きになっている。人身御供と動物供犠の間には、きわめて微妙な関係があるが、これについては終章での課題としたい。

この『今昔物語集』では、後者の方が物語としては長いが、神社が特定されていないという欠点がある。これに対して前者は、『宇治拾遺物語』一一九話の「吾妻人生贄をとゞむる事」と同話で、分析が容易なことから、その舞台となった中山神社の事例から検討する。この話は人身御供譚として知られるが、ここではあくまでも動物供犠との関連で扱うこととしたい。中山神社は現在の岡山県津山市一宮にあり、山間部の津山盆地北部の宮川流域に位置し、盆地部の水田地帯を東に臨む山麓部に立地する。

中山神社は、延喜式内社で美作国の一宮であるが、主神の性格はかなり複雑で、いくつかの変遷があったとされている。中山神社は、吉備中山から吉備一宮を津山市上河原に勧請したのち、さらに水害に遭ったため一宮に移ったといい、岡山県を中心に各地に分社されている。先の『今昔物語集』には、「美作国に中参(中山)・高野と申す神在《ま》ます。其神の体は、中参は猿、高野は蛇にてぞ在ましける」とあり、『宇治拾遺物語』にも同様に見える。

この高野とは、同市二宮の高野原に鎮座する県社・高野神社で、延喜式内社の一つで美作国の二宮社のことである。両社が神体とする猿も蛇も、ともに山の神信仰に深く関わるもので、この地域一帯が山村的要素を色濃く有していることが窺われる。

この両書に登場する話は、あくまでも人身御供がテーマとなっているが、祭の際に供される生贄については、『今昔物語集』では「前に俎に大なる刀置たり。酢塩・酒塩など皆居へたり、人の、鹿などを下して食んずる様也」と描写されており、三河風祭におけるイノシシの供犠を彷彿とさせる。

すなわち中山神社の人身御供譚の前提には、猪鹿の供犠があったと判断すべきで、これを裏付けるように、『宇治拾遺物語』は「其後は、その国に、猪、鹿をなん生贄にし侍けるとぞ」と末尾を結んでいる。いわゆる人身御供譚には、動物供犠に変化する前の話とするものが少なくない。これに関しては、近世中期の書写とされる『中山神社縁由』附録に、次のような所伝が載せられている。

もともと中山神社には、贄賂猖狼《にえまかないごろう》神が祀られており、その神体は猿田彦で、眷属は全てサルかキツネの神とされていた。昔、この里に伽多野部《かたのべ》長者乙丸という者がおり、大穴持《おおなむち》を信仰していたが、中山神が遷座してきたため大穴持の神威が衰えてしまった。

それを乙丸が妬んだところ、中山神の従神である贄賂猖狼神が怒って、乙丸一族に難を授けた。このため乙丸は驚き、その地を去ったという。そして「人贄にかへて鹿二頭つゝ年ことにそなへ祭るへし」と堅く誓約した。

このため乙丸に、牛馬の市を起こせとの神勅があり、これに従ったところ大いに繁盛し、やがて弓削荘に移り住んだが、贄賂猖狼神は「もとよりうしむまをめてさせ給ふ事のなへてならぬ御神」であったという。その後、乙丸の家の跡で、正月八日毎に鹿二頭を贄賂猖狼神に供え、そこを贄殿と称した。ところが、ある年だけ贄を怠ることがあって、再び怒りをうけたことから、今度は贄賂猖狼神を弓削荘に遷座させ、志呂大明神として崇め奉り、庖谷という所で贄祭を行ったという。

これと同様な記述が、安永三（一七七四）年の『一宮社伝書上』にも見えるが、中山神社の先神にあたる贄賂猖狼神とは、いかにも動物供犠を直截に物語る神名といえよう。とくに家畜である牛馬を嫌って、その売り買いを喜んだとする点が興味深く、同社が諏訪や阿蘇などと同様に、狩猟ともっとも深く関わる存在であったことが窺われる。

これに関しては、すでに元禄四（一七六一）年に完成された、津山藩の家老・長尾隼人勝明編纂の地誌『作陽誌』苫南郡神社部田辺郷中山神社の項にも興味深い記事がある。

祭祀（正月）十六日古《いにしえ》鹿を以て牲と為す、其儀正月十五日久米郡弓削郷の人、下二箇村の頼信名に会し一、射礼を行い、詰朝に至り大菅山に猟して、鹿二頭を狩す、即ち之を当社に献ず、名づけて神鹿祭と曰く、此の祭今に絶ゆると雖も、而して正月八日より四月四日に至り、九十日の頃、鹿を啖ふ合火を忌まざる遺風存せば、また良夫蓋し上古の神祇の祀り、多く熊皮・鹿皮を用ふ、桓武天皇の朝に始めて之を禁ず、後世には諸社最も鹿を忌み是また故有り、然るに古式に非ず、同廿一日神主牛王を印せし牘を都鄙に頒つ〈牛王の字は従生土、其意は生を以て土の神符を厭勝《えんしょう》するかは詳しからざるなり〉……牲殿谷　本社の西南三町余に在り、古の庖厨なり、昔歳時の祀りに牲を用ふる故に牲殿と名づく、此地に猿祠有り

先に見たように中山神社では、正月一六日に射礼を行った上で狩りに出て、獲ったシカ二頭を牲として献じて御鹿祭を催してきた。ここでは最後の猿祠に近い牲殿の「古之庖厨」という記事にも留意すべきで、先の『今昔物語集』にある供物解体の情景を連想せしめる。

なお射礼とあるのは、第三章第三節でみたオビシャの実態を示す史料としても注目に値するほか、すでに触れたことではあるが、古代日本の動物供犠においては、「熊皮・鹿皮」など動物の皮も、重要な供物とされていたことが分かる。そして御鹿祭は絶えたものの、鹿食の合火は、正月八日から四月四日までは忌みの対象とならない、としている点が重要だろう。

これは中世に展開をみたいわゆる穢れ三転の思想、つまり食肉を含むさまざまな穢れが、合火・又合火などによって三回伝染するというもので、いっぽんに鹿食の合火であれば二一～三〇日程度の穢れを被るとされていた[原田：一九九三]。

もともと正月から四月は冬の狩猟期にあたり、この期間にシカの合火を忌まないとしているのは、その背後に狩猟の広汎な存在を意識してのことだろう。中国山地一帯もまた猪鹿の多いところであったが、小盆地など農耕に適した地もあったため、中世を通じて御鹿祭が衰退していったものと思われ

る。

さらに大正九（一九二〇）年発行『美作国神社資料』にも中山神社に関する記述があるが、これは『作陽誌』をほぼそのまま踏襲したものにすぎない。例えば「謝《ママ》礼をなし、而大菅山に猟し鹿二頭を獲て、之れを本社に齋し献ず。十六日之を牲となし祭事を行ふ。故に御鹿祭と称し来りしに、桓武帝の御宇猪鹿の献饌を禁ぜらる」としている。

しかし『作陽誌』は、桓武朝におけるシカの献饌禁止という一般的事実を記しただけで、それを中山神社でも廃止したとしているわけではない。そもそも桓武は八世紀後半の天皇で、『今昔物語集』は一二世紀初頭、『宇治拾遺物語』も一三世紀初頭の成立であるから、桓武期に御鹿祭が廃されたとするなら、つじつまが合わない。御鹿祭の衰退は、諏訪や阿蘇の事例と考え合わせても、やはり中世を通じての出来事といえよう。

それ以上に『美作国神社資料』が問題なのは、この後に続くべきもっとも重要な『作陽誌』の記事を無視し、その記述から落とした点である。すなわち桓武天皇が、諸社の例にならってシカの供犠を禁じたにもかかわらず、これについて中山神社では、古式に非ずと注した上で、正月二一日には、神主が牛王の印を押した牘《とく》すなわち札を、都鄙の人々に頒布しているという部分に注目すべきだろう。

これは、まさに諏訪の鹿食免と同じ性格のもので、これによって鹿食の穢れが逃れられるとしている。文脈からは、鹿食の合火のみに限られた可能性も考えられるが、まさに諏訪と同様の論理が編み出されていたことは、極めて興味深い事実としなければならない。

こうして美作国一宮であった中山神社も、狩猟活動と深い関わりをもち、動物供犠を重要な祭儀としてきた神社であることが分かるが、現在では御田植え祭が主要な神事となっている。ここでも狩猟から農耕へという生産活動の変化に応じて、おそらく中世に猪鹿の供犠が衰退していったと考えてよいだろう。

さらに、こうした事情を暗示するものとして、西行の作と仮託される一三世紀中期の説話集『撰集抄』宮内庁書陵部本巻七に、伯耆国大山の「大智明神」の話がある。ここでは俊方という弓の名手がおり、「例よりもしゝおほく、みなおもひのごとくいとゞめけり」というほどで、「此鹿どもをとらんとすれば、我持仏堂に千体地蔵をすゑたてまつりける」としたが、シカと思って射た矢が地蔵に当たってしまったので、大いに後悔し「我家を堂に造て、永く所の殺生をとゞめ」たとしている。

そして託宣を聞いて、堂を社として祀ったのが大智明神であったという。これは智明権現とも称し、地蔵を本地仏とする伯耆国二宮の大神山神社のことで、ここにはシカの供犠に関する記述は登場しない。しかしシカを獲るために持仏堂を建て地蔵を置いたというのも不思議な話で、それが殺生を改めさせる契機となったことを強調するための伏線であろうが、かなり苦しい筋書きとなっている。

おそらくは大神山神社が、シカの穢れを遠ざけるために、本地仏である地蔵を前面に出したストーリーとしたのであろうが、その背景には、同社におけるシカの供犠が想定されてよいだろう。この話に関しては、やや強引な解釈を下した感もあるが、いずれにしても狩猟活動という殺生行為が、中世という時代に禁止の対象となり、徐々に神社における動物供犠が減少していったことに疑いはない。

先に第四章第一節の生贄のところで問題にした伊予の大山祇神社の場合も、一四世紀に成立した『伊予三島縁起』に、農耕のために永観二（九八四）年からシカの生贄を止めたとある話を紹介したが、動物供犠を物語る中世史料は決して多くない。とくに『今昔物語集』や『宇治拾遺物語』は、いわゆる仏教説話の一部であるため、否定の対象としての狩猟や動物供犠が描かれるところとなった。

ところが近世になって、文書による間接支配システムが採用されると、これに応じてリテラシー能力が社会的に高まったことにより、在地でも夥しい記録が作成されるようになった。このため近世にまで残存していた動物供犠の一端は、いくつかの文献に留められるところとなる。これらに関しては、すでにいくつかの論考があるが［柳田：一九一一・二七a、駒込：一九二五］、さらに管見に入ったものを加えて、地方に残った猪鹿の供犠に関する史料を列挙しつつ紹介しておきたい。

(A)『住吉松葉大記』巻第一一神事部正月一〇日条：正月十日当社にて広田の御狩神事を行ふ、巫女男形を為して弓箭を持ち出し、狩場の体なり……西宮に於いては、諏訪明神と称し浜南宮と号して、諏訪大明神伝画詞に云ふ神功皇后御帰朝後に、広田社を建立せらる、天照太《（ママ）》神、諏訪・住吉なり……毎年正月九日信濃の諏訪村民、門戸を閉じ出入を止めて、諏訪社の御狩と号し、山林を望み狩猟を致し、猪鹿一を獲れば、則ち殺生を止め、西宮南宮に手向け奉り、礼奠今に断絶せず、一箇請員《（負カ）》ひ外宮の生贄本誓に違はず

同書は、元禄（一六八八〜一七〇四）年間頃に、大坂の住吉大社の社家であった梅園惟朝がまとめた社史で、同じく創建由来を神功皇后とする広田神社や、その末社・南宮を境内に有する西宮神社（西宮夷）とも密接な関係を有するため、両社にも記述が及んでいる。さらに諏訪信仰とも関わりが深く、

かつては狩猟活動が盛んで、広田御狩なる神事が行われていたことが窺われる。そして近世前期においても、信濃諏訪の村民たちは、山間部で獲れた猪鹿を西宮神社にある南宮に捧げており、その生贄が続けられた旨が記されている。

(B)『摂陽群談』巻二摂津国武庫郡:鹿塩村　所伝云、毎歳正月鹿の贄を、西宮夷神に献ず。是所に於て、塩に浸す。因て鹿塩の号あり。社記其部にあり

なお『武庫川六甲山附近口碑伝説集』には、昭和一〇年度の採集として「藁鹿　武庫郡良元村塩鹿の氏神（熊野神社）で、正月に藁鹿を矢で射る神事が行はれてゐた」とある［辰井：一九四一］。（ちなみに西宮夷では正月二日に奉射祭が行われている）。

地誌学に通じた岡田徯志が元禄一四（一七〇一）年に刊行した『摂陽群談』は、前記(A)に関わる興味深い事例も伝えている。兵庫県宝塚市の鹿塩《かじお》では、毎年正月に西宮夷つまり西宮神社へシカの贄を捧げており、かつてはシカを塩漬けにしたのが、鹿塩という地名の由来だとしている。つまり諏訪のみならず周辺の地域からも、西宮神社への贄が献じられており、同社で動物供犠が行われていたことが窺われる。

また口碑では、鹿塩村の熊野神社の秋の例祭に大和の春日大社から、雌雄の鹿が使いとなって供物を送るならわしがあったとする。同村で動物供犠が行われたとする記述はないが、ここでは奉射が現在でも行われており、模造シカが用いられていることからも、かつては同社でもシカの供犠が行われ

ていたと考えてよいだろう。

(C)『丹波志』氷上郡巻之一下沼貫庄（本郷村）：阿知観大明神　十一月は鹿かけ祭りと云。謂は新郷古城主赤井先祖信州より来る。信州諏訪の社を移せり。其比は新郷村奥に野有。此所にて山を狩鹿を捕て社に懸たり。贄と云。後に鹿取狩ざる時、三年の牛を射て供す。夫より此村に牛を飼ふに三歳なれば死す。これにより中古馬を持と云へり。此謂にて鹿喰箸を免ず事あり。信州上下の社例の如し

兵庫県氷上町の本郷は、加古川上流の自然堤防上に位置し、条里水田が広がる。寛政六（一七九四）年の序を有する『丹波志』の氷上郡は、福知山藩士・古川茂正の執筆にかかるが、ここでも諏訪神社を勧請している点が興味深く、周辺の山々にはシカなどが多かったことが窺われる。

ここでもっとも注目すべきは、シカが獲れなかったのでウシを贄に用いたところ、この村のウシは三歳で死んでしまうので、ウマを飼うようになったとしている点である。あくまでも伝統的な動物供犠においては、家畜では駄目で、シカでなければならなかったのである。なお、この地でも鹿食箸が用いられていることが興味深い。

(D)『石見外記』上巻二那賀郡三宮の贄狩：黒川村に三宮《さんぐう》といへる神社あり。社領三十六石〈祠官岡本氏〉、是は信濃諏訪の鎮座す建御名方命を斎《いつ》き祀ると。然るに毎年十二月廿六日祭礼あり。其祭

祀の以前に邑里の農民多く出て、山野を猟りし。鳥獣を取り、さて祭りの日に及べば、神前に棹うち渡して、掛け並べて、供物とするよし。其狩を名づけて贄狩といふ、いと上古の風なりといへり

文政三（一八二〇）年に浜田藩の儒者・中川顕允が著した『石見外記』は、村々の来歴や伝承などが記されているが、島根県浜田市の旧黒川村の三宮神社にも、諏訪神社が勧請されていた。黒川は浜田川下流部の東岸に位置するが、リアス式地形の一部をなし背後に山地を控えて、かつては農耕とともに狩猟にも適した地であった。年末の祭礼に、贄狩りを催して動物供犠を行っていた。これを「上古ノ風」としている点が興味深い。

(E)『国訳 全讃史』巻七 讃岐国多度郡：九頭神　吉田村にあり　九頭龍大権現なり。此の神信州戸隠大明神の境内に在り。土人云ふ、此の神は則ち九頭蟒蛇《をろち》なり。全鹿を以て之に薦れば則ち之を食ひて片骨を遺さず。其の噛む聲外に聞ゆ。是を以て牙歯疼痛する者之に祈れば、則ち其の歯定固すと

同書は、高松藩に招かれていた儒者・中山城山が、文政一一（一八二八）年に著した『全讃史』を読み下したもので、ここでは戸隠の九頭龍神信仰が注目される。香川県善通寺市下吉田には字・九頭神が残り、九頭神祠が現存する。ここは讃岐平野金倉川中流域の平坦部に位置し、その名の通り古くからの良田地帯である。

しかし、その西南部には象頭山《ぞうずさん》に続く山々が控え、水田農耕とともに狩猟活動も営まれたであろう

ことが窺われる。この叙述には、農耕との関わりが薄く祭祀的な要素は見あたらないが、かつてはシカの供犠が行われていたことが想像されよう。

(F)『御子神記事』川上神社(土佐国香美郡韮生野村《にろうの》):川上大明神の祭り、往古は猪肉を奉る。是をかけじゝと云よし。取れざれば神祭延べたるよし。いつの頃かしゝ取れず、五百蔵《いおろい》村にて牛の子を殺し猪鹿の代に用たりしに、神慮に叶わざるか祟り有り。其時より猪鹿を奉る事止たりと、世々村老言伝ふ

『御子神記事』は、長宗我部氏に従った在地領主の系譜を引き、韮生野の郷士で一八世紀後半に活躍した柳瀬五郎兵衛貞重の著作であるが、成立年次は未詳。さらに国学者で商人の武藤到和・平道父子が中心となって、文化一二(一八一五)年に編纂された『南路志』にも、ほぼ同様の記述があるが、これは『御子神記事』からの引用にすぎない。

韮生野郷五〇ヵ村の総鎮守でもある川上神社は、大川上美良布《びらふ》神社とも称し、高知県香美市韮生野にある式内社で、物部川中流の山々に囲まれた谷状の小盆地部に位置する。周囲は四〜五〇〇メートル級の山々に囲まれ、沖積地には良田も多いが、これらは近世初頭の用水工事によるもので、中世には山村的要素が強かったものと思われる。寛保三(一七四三)年の御国七郡郷村帳によれば、韮生野村では作間猟師筒九・平筒一四、同じく五百蔵村猟銃一五、柳瀬猟銃九となっており[下中:一九八三]、かつては近辺の山地部での狩猟が盛んであったことが窺われる。

ここでも『丹波志』でみた氷上郡本郷村の阿知観大明神の場合と同様、川上神社に捧げるカケジシが獲れずに、対岸の五百蔵村で猪鹿の代わりにウシを殺して供えたところ、神慮に叶わず祟りを被ったとしている。このために猪鹿の供犠を止めたという話になっており、その論理には不整合性が認められるが、これも近世における農耕の進展と穢れ観の浸透によるものと見なすべきだろう。いずれにしても家畜である牛馬は、狩猟の対象である猪鹿の代わりにはならない、という点が重要である。

(G)『神祇志料』第二〇巻神社一五筑前国宗像郡：宗像神社　醍醐天皇延喜の制、三座並に名神大社に列らしめ、宗像郡を神郡と定めて仕奉らしむる……朱雀天皇天慶中に至て正一位勳一等を授く。是よりさき此神を祭るに、必獣を猟り魚を漁りて奉る例也しが、此に至て大神に菩薩号を授けて、漁猟の祭を停め給ひき

栗田寛が明治六（一八七三）年に著した『神祇志料』は、全国の主要神社を網羅したもので、福岡県の宗像大社は古くから海上交通の守護神として知られている。宗像郡が神領となったのは大化の改新時とされるが、筑紫の豪族の系譜を引く宗像氏は、大領として神郡を支配するとともに同社の神官を務め、やがては鎌倉御家人となり在地領主としての展開を遂げた。

宗像大社は、海上の沖の島沖津宮・大島中津宮と陸上の田島辺津宮の三社からなるが、このうち辺津宮は、釣川中流域の谷状の肥沃な氾濫源を臨む場所に位置し、一〇〇メートルクラスの山地に囲まれている。それゆえ地形的にみても、同社の周辺では、古くから農耕が盛んであったと同時に、狩猟

活動も充分に可能であり、かつては動物供犠が行われていたことが推定される。

しかし桓武期の政教分離により、宗像氏のなかでも大領を継ぐ家と・神主を務める家とが分離した。こうして兼帯を解かれた後の天慶（九三八～四七）年間、同社が正一位となったことを契機に、供犠を廃止したとする伝承が興味深い。

(H)『三国名勝図会』巻六〇日向国諸縣郡志布志（田之浦村）：笠祇大明神社　御在所嶽……往古絶頂に山宮大明神とて、天智天皇を祭れる社ありしが、獄下に移す……祭祀二月卯日・九月卯日、祭祀の時、牲猟と号し、古より今に至て、申日はいつも猟をなし〈正月は宮谷鹿倉、九月は御在所鹿倉にて、猟所の定めあり〉其獲たる鹿と野猪は、携へて社殿を三度廻るを故事とす。是を社の左なる川〈安楽川〉の流れに浸し置き、祭日神前に供ふ。鹿角は都て社内に納む

『三国名勝図会』は、薩摩藩主・島津斉興が藩士・五代秀尭らに命じて編纂し、天保一四（一八四三）年に刊行された地誌で、笠祇神社は鹿児島県志布志市田之浦にある。御在所岳山麓の山間地帯で、安楽川が上流部で形成した峡谷に位置し、同社は天智天皇を祀り山頂にあって山宮大明神と称したが、その後、現在地に移ったとする。

ここでは二月と九月の卯の日に贄狩りを行い、猪鹿を捕らえて社殿で神に披露し、安楽川で清めて祭日に神前に供えるいう。この記述からは幕末にも動物供犠が行われていたことが窺われる。

(1)『三国神社伝記』中巻 止上六社権現（薩摩国曽於郡重久村）：正月十四日夜入贄祭り……真那板田の宍切薮と申所におひて、正月初狩の猪宍を切て、三十三串に貫き、往古隼人退治の祭事……上古より今に社例にて、其執行仕来の由候

この止上神社は、鹿児島県国分平野北部の霧島市重久にあり、天降川支流手籠川上流の山間部に位置する。同社の供犠に関しては、すでに贄を論じた際に、『薩隅日地理纂考』を引いて、犠牲の事例として紹介した。この『三国神社伝記』は、文化五（一八〇八）年の序を有し、本居宣長に私淑した薩摩の国学者・大河平隆棟の手になるもので、神社の由来に詳しい。

改めて止上神社の贄祭では、初猟における獲物の肉を三三本の串に刺して、地に挿立てて牲としていたことに注目すべきであろう。また、これを隼人退治の祭としているが、肉の供え方などから、明らかに狩猟のための縄文的な供犠と判断される。祭儀に関わる場所として、俎田《まないただ》あるいは宍切薮《ししきりやぶ》などといった地名が残るところから、この贄祭が長い伝統を有するものであることが理解されよう。

ちなみに、こうした南九州に見られる贄祭のために集団で行う牲猟については、すでに川野和昭が頭骨祭祀という観点から論じており、豊猟を祈願するものとしている［川野：二〇〇〇］。しかし川野は、いっぽうで、これが農作業前の二月と収穫後の一一月に行われていることや、山の神と田の神とが入れ替わるという点にも留意するとともに、狩猟儀礼と密接な関係を持つ諏訪神社との関わりがなく、むしろ領主の島津氏が守護するものである点に注目している。これは、すでに縄文的な供犠から脱して、弥生的な農耕のための供犠に転化したものと考えてよいだろう。

もちろん、これまで検討してきたものは、すべてが近世の伝承で、そのいくつかは過去の物語として描かれている。それゆえ、厳密にはテキストクリティックが必要となるが、ほとんどが孤立的な史料で、その確定は難しい。例えば中山神社などの人身御供伝説を、そのまま歴史的事実と見なすことはできないように、これらの史料は動物供犠の存在をそのまま示す一次史料ではあり得ない。しかし人身御供伝説には、中山神社の事例にも明らかなように、人間の代わりに動物を捧げるようになったとする理由付けがある。

これについては、すでに人身御供譚を事実とするよりも、むしろ由来を示す物語と考えるべきことが指摘されている［六車：二〇〇三］。人身御供譚については、終章で改めて論ずるが、動物供犠に関しては、その存在を改めて理由付けする必要はあるまい。むしろ動物供犠が廃止されずに続けられているという事実からすれば、人身御供譚とは異なり、伝承を捏造する必然性はあり得ないだろう。

そして何よりも、日本における動物の供犠の広汎な存在は、これまで見てきたような考古学的資料、および古辞書を含む古代・中世の史料に照らしても、これを否定することは逆に難しいとしなければなるまい。それゆえ、これらの近世の供犠に関する史料は、それが近世まで行われていたという事実、もしくは消滅したという伝承の正しさを証明するものと考えることができる。

以上、これまで検討してきた古代・中世における供犠の事例に加えて、改めて九つの近世史料の紹介を試みた。これらのうちには、供犠が途絶えたものや継続しているもの、あるいはその判断のつかないケースもあり、近世における供犠の実態はまちまちであるが、繰り返すまでもなく基本的には衰退の方向にあった。しかし、こうした史料群に猪鹿の供犠が留められたことの意義を過小評価してはなるまい。

ここに紹介した事例が全てではありえず、まだまだ丹念に地域の史料を丁寧に見ていけば、その例証を増やすことは可能と思われる。とくに全国で末社約二五〇〇〇を数える諏訪神社については、先の九例のうち三社が関連している点に留意する必要があろう。

基本的に諏訪神社は、狩猟を重要な生業とする地に勧請された可能性が高く、本社のシカの供犠が、それぞれの末社で、古くは行われていたと考えられる。このほかにも日光や阿蘇、あるいは菟足・三島・宗像・住吉・大山・中山等々、かつては多くの諸国一宮クラスの神社で、猪鹿による動物供犠が行われていたことから、それらの末社などでも同様に猪鹿が献じられたと考えねばなるまい。すなわち古代律令国家が宗教的政策として示した殺生禁断は表向きだけで、実際に地方の神社では、実にさまざまな動物供犠が長く行われ続けてきたのである。

これまで本稿では、何度も繰り返してきたように、古代・中世以降に動物供犠は急速に衰退していくが、それ以前においては、それぞれの神々に猪鹿を捧げるという伝統が根強くあった。基本的に弥生的動物供犠は、今日想像する以上に、少なくとも近世までは各地に存在していたとしなければなるまい。そして最後に、(C)の『丹波志』阿知観大明神や、(F)の『御子神記事』川上神社の例で、捧げられる供物は、家畜たる牛馬では不適当で、あくまでも狩猟による猪鹿でなければならなかったことを、改めて強調しておきたい。

第六章　農耕と家畜の供犠――大陸・半島的供犠の移入

第一節　牛馬の移入と供犠――考古学の成果

弥生時代に本格化した水田稲作は、次の古墳時代に飛躍的な展開を遂げた。しかも朝鮮半島との交流が活発化したことから、渡来人も続々と日本列島に訪れ、前代にも増してさまざまな技術を伝えた。とくに巨大な古墳を築造しうるような土木技術は、水田の造成にも大きな貢献を果した。これに加えて、大陸・半島から牛馬が移入されたことで、畜力による労働生産性の著しい向上が見られるところとなった。それゆえ小国家の群立と、その統一とが一気に進んだと考えてよいだろう。

古墳時代における牛馬の移入については、動物考古学の発展が明らかにした部分が大きく、最新の研究成果による必要がある。これまでウマについては、縄文時代から日本にいたと考えられてきたが、これは発掘調査上の誤認であることが松井章によって明らかにされている［松井：二〇一〇］。

また九州の壱岐原の辻遺跡や五島大浜遺跡などで、弥生時代のウシの骨や歯が出土したともされるが、科学的な年代の測定が行われたわけではなく、信頼に値するケースとは見なしがたい。いずれにせよ動物供犠を考える上で、古代日本における牛馬の存在については、正確に認識しておく必要があろう。

これを文献でみれば、すでに『魏志』倭人伝に「その地には牛・馬・虎・豹・羊・鵲なし」とあり、もともと邪馬台国の時代には、日本には牛馬がいなかったことが窺われる。同書の記述内容に関しては、近年では弥生時代の末期と考えるよりは、古墳時代初期とみなすべきだとされている。

例えば奈良県桜井市の箸墓古墳は、三世紀前半の大型前方後円墳で、卑弥呼のものとされるところから、同古墳が位置する纒向遺跡を邪馬台国とする説が有力視されているが、いずれにしても弥生末期から古墳時代初期にかけては、日本には牛馬は存在しなかったと考えてよいだろう。

しかし古墳時代の特色である埴輪については、基本的に、近畿では五世紀後半から六世紀前半、関東では六世紀にかけて、おびただしい形象埴輪が作成されるようになり、なかでも動物埴輪が多いことが注目されている。そして、そのうちにウマとウシが登場することは広く知られている。ただウマについては、馬具で飾り立てたものも含めて、多くの事例が知られるが、ウシのそれは比較的少ないという特色がある。

これはウマが便利な交通手段であったことから、権力者にとっては威信財として誇示すべきものであったとともに、何よりも軍事的に極めて重要な役割を果たしたためと思われる。これに対して、ウシは運搬や土木工事などに強力な動力源として貴重ではあったが、やはり政治的には、ウマが優先されたところから、ウシの移入と普及にはやや時間を要したものと思われる。

それでも牛形埴輪は、近年では最も早い事例として、五世紀後半の兵庫県朝来町船宮古墳での出土が確認されている（「神戸新聞」二〇〇二年九月五日号）。さらに六世紀に入ると、大阪府守口市梶2号墳や奈良県田原本町の羽子田遺跡などからも、牛形埴輪が出土するなど［平賀：一九九四］、移入の年代も徐々に遡りつつある。

さらに大阪府高槻市の今城塚遺跡は、二重の周溝を有し総長三五〇メートルに及ぶ前方後円墳で、六世紀前半の継体天皇陵とも考えられている。ここには一三〇点を超える形象埴輪を並べた祭祀場があり、その一部にウマ八点・ウシ二点が二列縦隊となって並んでいる［宮崎：二〇〇八］。まさに牛馬が、巨大な権力者の重要な所有物として、珍重されていたことが窺われよう。

またウマについてみれば、もともとは北アメリカに生れたが、やがてユーラシア大陸へと移動し、新石器時代に家畜化が始まったと考えられている。日本では古墳時代に確認された獣類埴輪一七三点のうち、一一八点がウマで六八・二パーセントにも及ぶとされており、この時代には最も身近な動物となっていたことがわかる［森田：二〇〇八］。古くは鹿児島県大隅町の鳴神遺跡で、五世紀中期の円墳の周溝にウマの頭が置かれていた例があるほか、古墳時代中期になると天理市の布留遺跡では、大量のウマの骨が出土している［松井：一九九一］。おそらくヤマト政権が、百済・新羅と深い関係を持つようになった五世紀頃に、朝鮮半島から牛馬がもたらされたと考えてよいだろう。

さらに牛馬骨そのものの出土傾向についてみれば、和歌山市の田屋遺跡の五世紀後半から六世紀にかけての溝では、動物依存体の破片一五〇例のうち、ウマ三点・ウシ二点を数えるに過ぎない。しかし同市の秋月遺跡では、七世紀から八世紀の溝から出土した牛馬骨は、動物依存体のうち半分以上を占めるようになる［松井：一九九二］。

基本的に、考古学的知見からすれば、まずウマが四世紀末頃に日本に入って、政治的・軍事的にも権力者の重用するところとなり、やや遅れてウシが五世紀後半頃から飼われ始めるようになって、七～八世紀には一般の集落でもありふれた存在になったとされている［松井：一九九一・二〇一〇］。

あくまでも本格的な家畜である牛馬については、古墳時代すなわちヤマト政権の成立・発展期に、中国大陸から朝鮮半島経由で日本に入り、古代国家の展開に伴って、地方の有力者の間にも広まり、村落レベルにおいても急速な普及をみたという事実を重視すべきであろう。

そもそもウシについては、八〇〇〇～一万年近く前に、トルコのアナトリア地方付近で家畜化が始まり、ウマもウクライナ辺りで六三〇〇年ほど前に、人々に広く飼育されるようになったとされている。それらは古代中国へは比較的早く入り、やがては朝鮮半島にも伝わったが、海を隔てた日本列島に本格的に移入されるようになったのは、だいたい五～六世紀のことであった。

そしてウシもウマも、石田英一郎が、その著『河童駒引考』で明らかにしたように、世界史的に見ても、各地でこれを犠牲とする習俗が発達をみたことが指摘されている［石田：一九四八］。しかし日本においては、地域的国家が徐々に統一に向かい始めた古墳時代以降に、牛馬の供犠が行われるようになったに過ぎず、それまでは野獣の供犠が主流だったことに注目しておかねばならない。

すなわち古墳時代に牛馬が移入されると、牛馬はいちやく交通運搬手段・家畜労働力あるいは食料として、人々の生活に大きな役割を果たす貴重な家畜となった。それゆえ逆に、供犠動物としても重要な位置を占めるようになる。まさに捧げられる動物は、貴重であればあるほど、犠牲としての効力は高いと信じられていたものと思われる。もちろん、すでに経由地である朝鮮半島でも、ウシをはじめとする動物供犠が行われていたところからも、移入後急速に牛馬は、さまざまな祭祀に用いられるようになった。

そこで次に、考古学が示す牛馬の供犠の様相について見ておこう。まず考古学においては、出土した骨などの遺存体の状態から、祭祀に伴って動物を屠殺する場合と、斃牛馬の頭骨や下顎骨を保存し白骨化したものを用いる場合、という二通りのケースがあるとされている。すなわち日本の動物祭祀においては、動物供犠が必ずしも犠牲を伴わない事例も多く、動物犠牲と広義の動物祭祀は区別して考えるべきだ、とする注目すべき指摘がある［松井：一九九五ａ］。

このことは、日本では歴史的には、公権力によって表向きには動物供犠が禁止されてきたことから、その形骸化が進んだが、そうした状況下においても、現実には動物の供犠を行うべきだという観念が、社会的には長く継承されてきたことを窺わせる。とくに獲れるかどうかも分からない狩猟獣の猪鹿とは異なり、大切に育ててきた家畜である牛馬を祭祀に供すための合理的解決法であったものとも思われる。いずれにしても牛馬を用いた祭祀は、古墳時代以降、考古学的にはかなりの事例が確認されている。

なかでも古墳時代の出土遺体については、ウマを用いた事例がもっとも多く、ウシが少ないという特徴がある。とくにウマについては、さまざまな埋葬儀礼があったとされており、考古学者のうちには、①殉死、②犠牲生贄、③食肉献供、④呪術という区分があったとする研究者もいる［桃崎：一九九三］。しかし②の内容が不明確でその目的が示されておらず、また③が単独で行われたとは考えにくく、単に遺存体の出土状況の類型的分析に止まるもので、相互の関連性やバリエーションが考慮されていないことから、動物供犠をトータルに考える上では有効な分類とは評し難い。

ただ、このうちで注目すべきは、ウマの殉死というよりは殉殺・殉葬で、その所有者が亡くなった場合に、一緒に葬られるという事例は決して少なくなかった。これはウマが政治的・軍事的に重要な意味を持ち、威信財としても大きな意義を有していたためで、おそらく権力者の武力や財力の象徴とされたことから、宝物と同様に遺骸に添えられたものであろう。古墳という墳墓に象徴されるように、地域における権力者の葬儀は、かなり大規模に行われていたからである。

もともと『魏志』倭人伝は、卑弥呼の古墳に「奴婢百余人」を殉葬したとするほか、『日本書紀』垂仁天皇二八年条一一月二日条にも、倭彦命の葬儀の際に「近習者を集へて、悉に生けながらにして陵の域に埋みて」とあり、大量の殉死者が存在した。やがてウマの普及によりウマも殉葬の対象とされたが、『日本書紀』大化二(六四六)年三月二二日条に見られるように、いわゆる大化薄葬令を出して、権力者の葬儀の簡略化を命じており、ウマについても「強に亡人の馬を殉はしめ」ることを止めている。

こうしたウマ殉葬の考古学的事例としては、千葉県佐倉市の大作遺跡第三一号墳から、馬具を装着したまま首を切り落とされ、胴体は逆さまながらも、首のみが上向きに置かれた状態のウマが出土している。この古墳は、六世紀前後に築造された直径一五メートルほどの円墳で周濠を伴うが、その外縁に接する二つの土坑のうちの一つから発見されたもので、明確なウマの殉殺例と見なすことができる。しかも、こうした類例は朝鮮半島にも認められ、慶州の皇南洞古墳群などでは、古墳主体部の傍らに馬墳とよばれる土坑があり、同様なウマの随葬が行われていたことが指摘されている［松井：二〇〇三a］。

このほか大阪市平野区の長原遺跡でも、六世紀中葉の前方後円墳である南口古墳で、ウマを用いた葬送儀礼が行われたことが判明している。この場合には、おそらく墳丘に向かい、周濠中でウマを殺し、これを解体して切断された頭部を前方部正面の墳丘に置き、同じく切断された四肢を周濠底に残して、胴部や上肢部の肉を献供あるいは共食したと考えられている。そして古墳の被葬者については、ウマの生産や管理に深く関与した在地集団の首長クラスの人物と推定されている［久保：一九九九］。

その後、古墳時代を過ぎると、徐々にウシを用いた動物祭祀を確認しうる事例が次第に増加するが、これにはさまざまな祭祀目的があったことが明らかにされている。山口県の周防国府跡では、一〇世紀後半の井戸の埋め土のなかから、下顎骨を外したウシの頭蓋骨が出土するほか、岡山県岡山市鹿田遺跡でも、一三世紀初頭に埋め戻された井戸内の土から、ウシの頭蓋骨が発掘されている。ただ、これは死後に角を切り取られ、首を落とされて下顎骨が外されたもので、白骨化した後に祭祀に用いられたことが窺われる［松井：一九九五ａ］。これらは、いずれも井戸の廃絶儀礼に伴うものと思われる。

また先に触れた長原遺跡では、古墳時代中期から平安時代中期と推定される柱穴から、ウシの四肢骨がまとまって出土している。これは発掘状況と骨の分析から動物供犠の結果とされ、まず建物を取り壊して柱を抜き、ウシの肉付き骨を神に捧げた後で、肉を切り離して共食を行い、先の柱穴に骨を埋めたという。そして、こうした供犠は、建物群の取り壊しや立て替えに際して行われたものと考えられている［久保：一九九九］。ウマが殉死などの際に捧げられたのに対し、ウシが井戸の廃絶や建物の建て替えに供されている点が興味深い。

しかし牛馬の供犠は、やはり農耕儀礼と密接な関係にあった。山口県下関市の延行条里遺跡では、平安時代の水田畦の畔の交差点に土坑を掘り、そこに下顎骨を外したウマの頭蓋骨を仰向けの形で埋めたことが判明している。周囲には集落址はなく、低湿地の水田地帯と考えられるところから、何らかの祭祀が行われたものと考えられている。この頭蓋骨も、白骨化したものが用いられている［松井：一九九五ａ］。おそらく村落レベルでの水田祭祀と考えてよいだろう。

とくに大阪府八尾市の池島・福万寺遺跡では、平安時代末期の条里水田跡の水路の交差点付近の土坑からはウシの下顎骨を出土するほか、そこから七〜八メートルほど離れた基幹水路の溝底にも土坑があり、そこにはウシの頭蓋骨が裏返しで置かれていたという。

さらに付近の水路底部の堆積土中には、ウシやイヌ・シカなどの骨が集中しており、頭蓋骨などを埋納した土坑との関連も想定されることから、水田祭祀としてウシの供犠が行われ共食が催された可能性が高いとされている［松井：一九九五ｂ］。

さらに池島・福万寺遺跡におけるウシの埋納土坑は、延行条里遺跡のウマの事例との類似点が多いことも指摘されている。両遺跡ではウマとウシという差はあるが、基本的に牛馬を用いた動物供犠が、村落レベルにおいても広く行われており、とくに平安時代以降には水田稲作を目的としていたことが窺われる。

そして、こうした牛馬供犠については、日本列島および朝鮮半島・中国東北部でも数多く事例が報告されており［桃崎：一九九三］、古代中国のうちでも黄河文明系の儀礼が、朝鮮半島を経て日本にも伝わり、古墳時代から平安時代には、村落レベルにまで及んでいたという事実が興味深い。

第二節　供犠における野獣と家畜――『古語拾遺』の新解釈

ところで日本古代における動物供犠の特色を考えるにあたって、もっとも重要なことは野獣と家畜の問題であろう。すでに述べてきたように、狩猟による猪鹿の祭祀や供犠が、日本では縄文・弥生以来、連綿として行われており、とくに水田農耕が本格化した弥生以降においては、農耕を目的とした動物供犠が始まり、それは狩猟のための場合よりも複雑で大がかりなものとなった。

これまで猪鹿の供犠についてはほとんど中世や近世の史料に頼らざるをえず、それらに考古学や民俗学の成果を繋ぎ合わせて、苦しい論述を進めてきた。後に詳しく検討するように、猪鹿の供犠についての評価は分かれるが、あくまでも牛馬の供犠は特殊なものとする見解が提示されている［栗原：一九六九・井上光：一九八四・桜井：一九九六］。本章では、これらを弥生的供犠と大陸・半島的供犠という観点から検討していくが、これらについては、わずかながらも古代の史料にも登場する。

とはいえ動物供犠に関する史料は、圧倒的に少なく、古代史研究においても積極的に取り上げられてはこなかった。その理由は、史料の残存性の低さに加えて、基本的に日本では肉食が忌避され、内臓や血を嫌って、それを供犠の対象とすることなどない、と漠然と考えられていたからである。

とくに一時代前まではこの傾向が著しく、例えば大家と呼ばれるような研究者の間にも、そうした認識が無意識のうちにあり、それが判断を狂わせたと思われるケースが少なからず見受けられる。例えば薗田香融は、宍人部の存在から古代における獣肉食を認めつつも、最終的には朝鮮半島から影響を重視し、「宍人部は、外国風の食饌を調する人」という判断を下している［薗田：一九六二］。また近年でも、贄の研究は著しく蓄積されたにもかかわらず、肉食や動物供犠という観点は、ほとんど放棄されたままに近い。

すでに日本古代史の泰斗・井上光貞は、古代王権の性格を論及するにあたって、犠牲の問題を重視し、「殺牛儀礼は日本のふつうの習俗とは違う、という意識があり、それ故に、例外的だと私は考えるのである（傍点井上）」と記した［井上光：一九八四］。井上は、牛馬の供犠を特殊だと見なしたが、猪鹿の供犠を認めた桜井と異なり［桜井：一九九六］、日本における動物供犠の存在自体には否定的だった。

もちろん井上の議論は少し複雑で、古代日本に犠牲の行事がなかったとは言えないが、それが一般的であったと考えることは正しくないとする。その理由については、「令・式の定める公的祭式には犠牲的性質がほとんどみられない（傍点井上）」からだという。

たしかに文献史学の立場からすれば、これは極めて重要な問題で、井上の提言は充分検討に値する。しかし公的記録に登場しないことが、とくに庶民レベルで歴史的に存在しなかったことにはなるまい。そこで、この問題を慎重に再検討してみたい。すでにウシの供犠に関しては、農耕儀礼との関連が指摘されているが［佐伯：一九六七］、まず神話という観点から、『古語拾遺』に見える御歳神とウシの関係について考えるために、やや長いが全文を引用しておく。

昔在《むかし》神代に、大地主神《おほなぬしのかみ》、田を営る日に、牛の宍を以て田人に食わしめき。時に、御歳神《みとしのかみ》の子、その田に至りて、饗に唾きて還り、状を以て父に告《まを》しき。御歳神怒を発して、蝗を以て其田に放ちき。

苗の葉忽《たちまち》に枯れ損はれて篠竹に似たり。是《ここ》に大地主神、片巫〈志止々鳥〉・肱巫〈今の俗の竈輪及米占なり〉をして其の由を占ひ求めしむるに、「御歳神祟《たたり》を為す。白猪・白馬・白鶏を献りて、その怒を解くべし」とまをしき。教に依りて謝み奉る。御歳神答へ曰ししく、「実に吾が意ぞ。麻柄を以て桛に作りて之に桛ひ、乃其の葉を以て之を掃ひ、天押草を以て之を押し、烏扇を以て之を扇ぐべし。若し此の如くして出で去らずは、牛の宍を以て溝の口に置きて、男茎形を作りて之に加へ〈是、其の心を厭ふ所以なり〉、薏子《つすだま》・蜀椒《なるはじかみ》・呉桃《くるみ》の葉及塩を以て、其の畔に班ち置くべし。〈古語に、薏玉は都須玉といふなり〉」とのりたまひき。仍りて、其の教に従ひしかば、苗の葉復茂りて、年穀豊稔なり。是、今の神祇官、白猪・白馬・白鶏を以て、御歳神を祭る縁《えにし》なり

ここには水田農耕における動物祭祀に関して、野獣と牛馬の供犠をめぐる問題が、かなり複雑な形で描かれていて興味深い。まず、この話が先の考古学の成果から見て、牛馬が村落レベルに普及した以後、すなわち七〜八世紀のものであることに留意しておく必要があろう。

これを踏まえた上で、物語を見ていけば、大地主神つまり地域神を信奉する人々は、稲作の開始にあたってウシの供犠を行っており、これを直会で食していたことが暗示的に語られている。それを子の告げ口によって知った御歳神は、怒ってイナゴを田に放して苗葉を枯らしてしまった。

そこで占いによって御歳神の祟りと知った大地主神は、白猪・白馬・白鶏を献じ、麻柄をもって呪術を行ったほか、ウシの肉と男茎形などを田の溝口と畔に供えるなどして、やっと怒りが解け、稲が豊かに稔ったといい、これが御歳神に白猪・白馬・白鶏を捧げる起源だという話になっている。

この神話に関しては、かつて不充分ながら論じたことがあるが［原田：一九九三］、これに対する批判としては、御歳神の話を殺牛祭祀とする平林章仁の論考がある［平林：二〇〇〇・〇七］。しかし、これには承服できない点が多く、また井上光貞の所論にも納得し得ない部分があるので、ここでは野獣と家畜という視点から、両者の問題点についての批判を行い、新たな見解を提示しておきたい。

ちなみに、この研究史については、それなりの蓄積があるが、ここでは再論する余裕はないので、これについて詳しくは平林の論考を参照されたい［平林：二〇〇〇］。なお、同書では、この御歳神の部分を後世の竄入説とする説も紹介されているが、竄入説の根拠は明らかではなく、単にこの話の内容が特異で、理解しにくいことが、その理由とされている。

こうした御歳神の神話については、さまざまな見解が提起されながらも、ほとんどがこれを殺牛儀礼と見なすもので、そのためいずれも全体を通して明快な説明がなされたとは言い難い状況にある。それは、この神話の内容だけから解釈を行おうとすること自体に無理があり、全体像を理解するためには、この時期における動物供犠の全体像と、その変容を想定する必要がある。

そこで殺牛儀礼説をもっとも強調している平林の説から見ていけば、御歳神に占有権があったはずの牛肉を、先に大地主神に捧げたために、怒って稲を枯らしたのだとする点に問題がある。そもそも御歳神への供物がウシで、これが殺牛祭祀だという論拠は、どこにも存在しないからである。

たしかに動物の供犠が、水田稲作のために有効なものであることは、大地主神も御歳神も認めるところであった。そして両神の力関係からすれば、農耕のサイクルを連想させる神格である御歳神の方が、当時の価値観としては、より上位で伝統的な立場にあったことは想像に難くない。それゆえ御歳神の性格が大きな問題となるが、あくまでも御歳神の祭儀には、白猪・白馬・白鶏が捧げられるべきだとする点がもっとも重要である。

これは後に述べるように、祈年祭の供物と一致するもので、それこそが御歳神への大切な供物であった。そして、それでも駄目な場合には、水田の溝口にウシの肉を置くが、これには男根形を添えよとしている。それは注記によれば、御歳神の心を慰めるためだとしているが、この話には、初めから御歳神が牛肉を要求したという記述はない。

先の史料を注意深く読み直せば、ウシの肉を水田の溝口に置くことには、あくまでも二次的な意義しか与えられていない。これに関しては、すでにイナゴ駆除のための呪術方法で、肉の臭気を利用したものとする見解もある［桜井：一九九二］。少なくともウシの肉が御歳神へ供物でないことは確かであるが、肉の臭気を利用するのであれば、ウシにこだわる必要はない。御歳神にとっては、ウシを捧げたこと自体が問題であるから、そうした行為を白紙に戻すことが重要であった。

全体の流れからすれば、付随的なウシの肉と男根形については、後注が示すように、あくまでも御歳神の神意に沿うためで、イナゴを追い払う呪術ではありえない。排除すべきウシの肉に男根形を添え、清めと思われる塩などを置いたのは、ウシという厄神を取り除くためであった。古代には、男根形に邪悪なものを追い払う力があったとする指摘に注目したい［義江：一九九六］。すでに第五章第四節でみたように、イノシシなど野獣の供犠においては、ウシでの代用を不可とした近世事例の存在が、この解釈にきわめて重要な意味をもつだろう。

ここでは御歳神がウシの供犠を認めなかったと解釈するのが、もっとも妥当で、薏子・蜀椒・呉桃の葉と塩を畔に分かち置いたのも、祭祀に不適切なウシを祓うための所作と考えれば、辻褄は合う。すなわち御歳神は、ウシの肉の占有権を主張したのではなかった。御歳神にとっては、何よりも白猪・白馬・白鶏を供えるが必要があったにもかかわらず、それを無視してウシの肉を用いたからこそ、大地主神に対して怒りを発したと理解すべきだろう。さもなければ、この話の末尾におかれた御歳神の起源神話の意図を読みとることができまい。

これに関しては、井上光貞が指摘したように、この神話の要点は、あくまでも御歳神に白猪などを祀るという由来の強調にあると考えねばならない［井上光：一九八四］。すなわち井上は、『延喜式』巻一神祇四時祭の祈年祭条に、ひとり御歳神についてのみ「御歳社は白馬・白猪・白鶏各一を加ふ」と記されている点に注目したのである。しかし井上が、それを極めて例外的だと断定したことは大いに問題で、しかも両書の記載から「白い猪や鶏を犠牲として供える儀礼が作られる以前には、少なくともこの社では殺牛儀礼が行われていた」という解釈を導き出した点には、まったく同意できない。

それは、井上が想定するように、イノシシなどの供犠以前にウシの供犠の存在があったとする解釈が成り立つはずはないからである。そもそも御歳神には、白猪・白馬・白鶏が捧げられるというのが本義で、あくまでも『古語拾遺』においては、ウシを捧げたために御歳神の怒りを招いたという確固たるストーリーが重要なのである。井上と平林さらには上田も［上田：一九九二］、白猪や白鶏よりも前にウシの供犠があったとしているが、これは、この神話の本質を見失った誤読とすべきだろう。

むしろ井上が指摘したように、『延喜式』祈年祭条において御歳神社のみが、「白馬・白猪・白鶏」を捧げていることの意味が問われねばならない。まず、ここでは『古語拾遺』の「白猪・白馬・白鶏」

と順番が異なる点に留意する必要がある。前者は一〇世紀初めの編纂にかかるのに対して、『古語拾遺』は九世紀初頭における伝承で、白猪が冒頭に来るのは自然だろう。またニワトリについては、すでに『古事記』に登場し、日本への伝来時期については不明であるが、朝鮮半島などでも広く供犠動物として用いられている。

むしろ問題は白馬であるが、ウマの移入が五世紀であることから、比較的新しい時代に加わったとしなければならない。この祈年祭について井上は、「祈年祭ではあまねく天神地祇を祭るとともに、古記・令釈によると白色の猪・鶏を以て、祝詞によると白馬を加えた三つを以て、御年神を祭る」とし、御歳神の祭祀は、「令の定める祈年祭に先行する可能性の強い予祝祭である」という見解を示している[井上：一九七六]。

さらに白馬については、すでに古くから正月七日の宮中行事として白馬節会《あおうまのせちえ》が行われていた。もともとは中国思想の影響で、春の陽を意味する青陽で青馬を見る儀礼があり、これが日本に伝わって、年中の邪気を祓う白馬が神聖視されていた。しかし実際には青馬が用いられたが、これを白馬と表現することは『延喜式』段階から行われていたという[山中：一九七二]。実際の色とは別に、日本では穢れを祓う神聖な色として白が重視されたことから、イノシシもウマもニワトリも白でなければならなかったものと思われる。

あるいは白馬節会のように、供えるといっても神前を回らせて、これを神と人々が見るだけで、すでに『延喜式』段階においては、白猪・白鶏についても、実際の供犠自体は行われなかった可能性も考えられる。それゆえ白猪ではなく白馬が、冒頭に置かれるようになったものと思われる。いずれにしても、御歳神の祭祀における供犠の原型は、イノシシもしくはニワトリにあったとすべきで、白馬については後に付加されたにすぎない。

これについては、先に見たように、弥生時代のシカ猟に代わって、古墳時代にイノシシ猟の重要性が強調されたという事実からも、古代統一国家成立の前段階で、その供犠に重要な意味があったことが窺われる。こう考えると、すでに第五章を通じて検討してきたような農耕と野獣供犠の伝統からすれば、基本的に御歳神社では、年穀の豊穣を期待する祈念祭に、野獣であるイノシシを捧げることが、そもそもの本義であったとすべきだろう。

ところで御歳神社については、背後の御年山を神体として田の神を祀り、葛城氏・鴨氏によって奉祭された奈良県御所市の葛木鴨神社のこととされ、平林章仁に詳しい論及がある［平林：二〇〇〇］。そのなかで平林は、『古事記』応神天皇記にみえる天之日矛《あめのひぼこ》伝説と、『日本書紀』垂仁天皇二年是歳条にみえる都怒我阿羅斯等《つぬがあらしと》説話を引き、新羅系を称する渡来系の在地集団によって、御歳神の信仰と祭祀がもたらされたとしている。

この二つの話は、朝鮮半島から渡来した女神が、難波の比売碁曾社の神となったとする類話で、ほぼ同様の内容を有している。平林は、朝鮮半島には耕作の初めに、儀礼食として牛肉を食する習慣があったとし、これを伝えたシタテルヒメ（タカテルヒメ）という女神が、御歳神信仰の起源だと推定している。これに対する反論は、かなり複雑なものとなるため、ここで詳細に記す余裕はないが、とりあえず要点のみを示せば次のようになる。

まず耕作初めの牛肉食が、朝鮮半島の習俗であることはいうまでもないが、そうした信仰を日本に伝えたのが、女神を追って日本へ渡来した主人公と、難波に止まった女神そのものだとする平林の論理は成り立たない。

それは天之日矛伝説と都怒我阿羅斯等説話の双方ともが、それぞれの主人公が、人々がウシを殺して食べたことを強く非難したり、ウシの代償を求めたりしているからである。すなわち両話からは、耕作時の牛肉食が朝鮮半島の風習であったことは認められるが、それを信仰として日本へ持ち込んだとする記述は、どこにも見あたらない。

このことは、もし御歳神の信仰が、もともと朝鮮半島に由来するものだとしても、それは農耕自体の伝来に関わる部分のみで、ウシの供犠や牛肉の共食とは無関係であったとしなければならない。御歳神が殺牛祭祀を基本としたとする史料は、『古語拾遺』の溝の口に牛肉を置いたとする記述以外にはなく、これをウシの供犠と解釈することには、二重三重に無理がある。あくまでも御歳神への供犠は、イノシシの供犠が本筋であると考えねばならず、まさに弥生的供犠の伝統を引くものであった点に留意すべきであろう。

そもそも忌部氏が著した『古語拾遺』は、藤原氏に対抗するための伝承で、記紀とは異なる特色を持つとはいえ、古代律令国家を理念的に支える側に立つものであった点に留意しなければならない。そうであれば、次節で見るように、家畜の供犠を拒否し続けた国家政策に相反するような神話を残すはずはなく、むしろ御歳神神話は、大地主神が行っていたような、ウシの供犠と牛肉の共食とを否定するためのものと読まねばならない。そうしたいわば大陸・半島的な家畜すなわち殺牛祭祀は、とりわけ国家的に排除されるべきものとみなされていたのである。

しかし、もともと古代律令国家は、牛馬など家畜の屠殺を禁じても、野獣である猪鹿の屠殺については容認していた。天武天皇四（六七五）年のいわゆる肉食禁止令は、基本的には殺生禁断令とすべきで、ウシ・ウマ・ニワトリ・イヌ・サルの五種に限っては、農耕期間における屠殺を禁じたが、シカやイノシシについては、禁令の対象としてはいなかった。詳しくは拙著を参照されたいが［原田：一九九三］、この法令は野獣である猪鹿の供犠を許容するものであったことを意味しよう。

すなわち水田農耕を基礎とする古代律令国家にとっては、それまで古い野獣供犠の系譜を引く御歳神の霊力を、全く無視し得なかったためである。それは諏訪や阿蘇あるいは菟足などの地方豪族が主宰する神社においても同様で、いわば弥生的供犠を簡単には払拭しえなかったものと思われる。ところが牛馬を移入した七〜八世紀以降においては、次節で見るように、新たな家畜を用いた大陸・半島的供犠が急速にその比重を高めていった。

そうした社会的傾向に対する一種の警告として成立したのが、弥生的供犠の伝統に裏付けられた『古語拾遺』における御歳神の神話で、いわば動物供犠における野獣から家畜への混乱期の動揺を示したものといえよう。しかも水田志向のために肉食を忌避しようとした古代律令国家としては、とくに天武天皇四（六七五）年の殺生禁断令以降、家畜のみならず野獣の供犠についても、これを穢れとして次第に遠ざけていくところとなった。

この問題に関しては、先に井上が注意を喚起したように、日本の令および式において公的祭祀に犠牲がほとんど登場しないことの重みを、われわれは正面から受け止めねばならない。これは古代律令国家が、水田稲作遂行のために、はじめは家畜、やがては野獣の供犠をも忌避していった結果としてよいだろう。

ただ第四章第二節で検討したような釈奠の事例を除けば、まさしく井上の指摘どおり消え失せていったが、釈奠の供物についても、日本では家畜であるウシ・ヒツジ・ブタから、大シカ・小シカ・イノシシという野獣に変わり、さらには魚貝へと変化していったことに留意すべきだろう。いずれにしても本稿で検証するように、猪鹿あるいは牛馬の供犠は、社会的には広くかつ長く残るところとなるが、国家的建前からは姿を隠さざるを得なかったのである。

第三節　大陸・半島的供犠の否定——漢神の祭とその禁令

こうしたウシの肉を否定する御歳神の神話は、現実の法令としては、牛馬屠殺の禁という形で発現される。五～六世紀頃に大陸から移入された牛馬は、すでに指摘したように七世紀に入ると、村落レベルへの著しい浸透をみせるようになる。

これに伴って従来の猪鹿という野獣ではなく、牛馬という家畜を用いた動物供犠が、民間で広く行われるようになっていった。そのことを如実に物語るのが、先にも触れた『日本書紀』巻二四皇極天皇元(六四二)年七月二五日条の次の記事であろう。

群臣《まへつきみたち》相語りて曰はく、「村村の祝部の所教《をしへ》の随《まま》に、或いは牛馬を殺して、諸の社の神を祭る。或いは頻《しきり》に市を移す。或いは河伯を禱《いの》る。既に所効《しるし》無し」といふ。蘇我大臣報へて曰はく、「寺寺にして大乗教典を転読みまつるべし、悔過《くゑくわ》すること、仏の説きたまふ所の如くして、敬びて雨を祈はむ。」……辛巳(二八日)に微雨ふる。壬午(二九日)に、雨を祈ふこと能はず。故、経を読むことを停む。八月の甲申の朔に、天皇、南淵の河上に幸《いでま》して、跪《ひざまづ》きて四方を拝む。天を仰ぎて祈《こ》ひたまふ。即ち雷なりて大雨ふる。遂に雨ふること五日。溥《あまね》く天下を潤す。……是に、天下の百姓、倶に稱萬歳《よろこ》びて曰《まう》さく、「至徳《いきほひ》まします天皇なり」とまうす

ここには日本古代における動物供犠に関わる興味深い問題が見え隠れするが、まず祝部が牛馬の屠殺を指導していることが重要だろう。もともと祝部は、第四章第三節で検討したように、猪鹿を屠って神々へ供えることを任務としていたが、古墳時代後期になると、牛馬の供犠にも関わるようになっていたことが窺われる。

しかし農耕のための降雨祈願においては、そうした民間的な牛馬の供犠では雨を降らせることができず、やがて暗殺されることになる蘇我入鹿が推奨するところの読経や悔過という仏教呪術の方が効力が高く、どうにか微雨を得るところとなる。しかし仏教でも不完全で、やっと天皇が南淵で行った四方拝によって、ようやく大雨が降り大地が潤って農民が喜んだことが強調されている。

この記事には、天皇の方が仏教よりも霊力が高いという意図が込められている。ちなみに古代日本における祈雨行事については、仏教よりは神祇が重視されたことが指摘されている［笠井：一九七九］。確かに平安期になれば、空海が密教の力で神泉苑の龍王に雨を降らせたという伝説が成立し、仏教による祈雨が修法として行われるようになるが［籔：二〇〇二］、古代の雨乞いには、神

祇信仰的な要素が強かったものと思われる。

それゆえ、あくまでも古代国家成立の契機となった大化の改新の直前の天皇に、最高の徳を認めるという『日本書紀』の記事は、まさに天皇を中心とした国家体制を構築するための序章であったが、同時に日本的な農耕儀礼の在り方を方向付けるものでもあった。

牛馬の供犠とともに、市を移し河伯を祀ることで雨乞いをするという行為は、明らかに黄河文明の系譜を引く中国的な信仰で、これが朝鮮半島経由で伝えられたことを示すが、それらは新たな国家体制のもとでは否定されるべき対象でしかなかった。

ここでは日本的な祭祀の一つのあり方として、天皇の四方拝が重視されているが、これはもともと外来の祭儀に範を求めたもので、半島的には水辺や山岳で、大陸的には天壇で王や皇帝が降雨を祈るという儀礼を、日本的に翻案して採り入れたものと考えるべきだろう。しかし、そうした新たな祭祀のスタイルが確立されると、同じく大陸・半島から移入されて民間に広まっていた牛馬の供犠による雨乞いは、国家レベルでは効力の低い俗習として排除されていくところとなる。

あくまでも古代国家は、天皇を中心とした日本的祭祀によって農耕儀礼を行うべきだ、とする方針を重視した。先の話で、仏教にも微雨を降らせる程度の効力は認めつつも、仏教よりも天皇の霊力の方が勝るという形で、天皇中心の祭祀体制を確立させていったのである。

それは第二節で検討した御歳神の神話が物語るように、日本では牛馬よりも猪鹿の供犠が重視されており、かろうじて祈年祭にその形跡を認めることができる。しかし、やがて古代国家は天皇の詔という形で、稲作の推進のために殺生禁断令を強化し、動物の供犠そのものを禁止していったという点が重要であろう。

なかでも農耕や土木あるいは運搬に重要な動力的役割を果たす牛馬については、これらを供犠の対象とすること自体が問題であるとともに、かつてからの猪鹿による伝統的な動物供犠とも様相を大きく異にするものであった。このため古代律令国家は、八世紀に入ると明確に牛馬の供犠の禁止を打ち出すところとなる。『続日本紀』巻一四の聖武天皇天平一三（七四一）年二月七日条には、次のような法令が発布されている。

詔して曰はく、馬・牛は人に代りて、勤しみ労めて人を養ふ。茲《ここ》に因りて、先に明き制有りて屠り殺すことを許さず。今聞かく、「国郡禁め止むること能はずして、百姓猶屠り殺すこと有り」ときく。其れ犯す者有らば、蔭贖《おむぞく》を問はず、先づ決杖一百、然して後に罪科すべし

ここでは牛馬が、如何に有用な動物であるかが強調されており、それを屠り殺すことが問題となっている。この条文からは、その目的が判然としないが、次の延暦一〇（七九一）年九月一六日の事例と合わせてみれば、それが単なる食用のための屠殺ではなく、漢神への捧げものであったことは明らかとなる。すなわち『類聚三代格』巻一九禁制事に収められた同日付の太政官符には、次のようにある。

応《まさ》に牛を殺し祭に用ひて漢神を祭る事を禁制すべし

右、右大臣宣ぜらると称し、勅を奉り、聞が如く、諸国の百姓牛を殺し祭に用いること、宜しく

厳しく禁制を加え、然りとなさしむこと莫《なか》るべし、若し違犯有れば、故《ことさら》に殺馬牛の罪の科《とが》とすべし

延暦十年九月十六日

まさにウシやウマを殺して漢神に捧げることを、諸国の百姓たちが行っているが、これを厳正に処罰せよというのが、この法令の趣旨であった。これに関して、『続日本紀』巻四〇の同年同日条には、「伊勢・尾張・近江・美濃・若狭・越前・紀伊等の国の百姓の、牛を殺して漢神に祭るに用ゐることを断つ」とあり、とくにそうした風習が盛んであった国々を具体的に列記している。

なかでも朝鮮半島に近い越前は、牛馬供犠の習俗が根強く、『類聚国史』巻一〇神祇雑祭条には、延暦二〇（八〇二）年四月八日に「越前国禁行□加□□□牛を屠りて神を祭る」とあり、同じく『日本紀略』の同年同日条に「越前国に牛を屠りて神を祭ることを禁断せしむ」とほぼ同文の記事が見える。

こうした牛馬の供犠については、先に考古学の発掘事例でも見たように、八～九世紀になると、かなり広汎に行われるようになっていたことが知られるが、それらはあくまでも禁止の対象とされていた点に留意しなければならない。

そして文献的には、先の天平一三年の詔と、この延暦一〇年の太政官符から、これらの牛馬は漢神に捧げられたが、これを国郡レベルで禁止しても効果がないので、改めて国家が強力な禁制を出したという事情が窺える。それまでの伝統的な猪鹿であれば、狩猟によって入手することになるが、牛馬ともなれば大切に育てた農民側にとっても、貴重な財の一部をなすものであった。そうした大切な牛馬を漢神に供えるというのは、かなり重要な目的があったためとしなければならない。

それはいうまでもなく順調な農耕活動のためであり、在地の有力な農民層が牛馬という貴重な財を犠牲として漢神に捧げていたのである。なお、ここでいう漢神とは中国の神というよりも、朝鮮半島経由で伝えられたものと考えるべきだろう。これに関しては、『日本紀略』延喜一〇（九一〇）年七月一〇日条に、「日来炎旱す、諸国の神社に詔し、山川に奉幣して牲を投じ、また骸を掩《おお》い胔《しし》を埋む、猟を禁じ漁《すなどり》を制す、また天下に赦す」とあることから、一〇世紀における大陸・半島的供犠の内容を窺うことができる。

ここでは、神社で奉幣するという祭祀形態が採られてはいるが、とくに山川に牲を投ずるという儀礼が行われている点が重要で、第二章で挙げた朝鮮半島の祭祀事例を彷彿とさせる。しかも『日本紀略』のケースは、長く炎天が続き旱害に至りかねない事態で、雨乞いのために動物を水中に投ずる祭祀を国家が命じている。しかも狩猟や漁撈は禁じられているが、牲の遺体の処置についても言及されており、これに恩赦が伴っている点も注目される。

ちなみに東京大学史料編纂所が大正年間に刊行した簡易年表『史料総覧巻一』は、同年同日条に「炎旱に依りて、山川に奉幣し、恩赦を行ふ」と記し、『日本紀略』などの史料を挙げているが、「牲を投じ」という部分は全く無視されている。これがその後の年表類にも踏襲されており、正史の立場からは、動物供犠の存在が無視されていたという学問的状況がある。

ところが、ここでは旱天に際して、明らかに古代国家が動物供犠を命じている。ここで単に牲とのみ記したのは、牛馬でも野獣でも良いという意味であろう。先に見たように諸国一宮レベルでも弥生的な猪鹿の供犠も広く行われており、牛馬を用いた大陸・半島的供犠も本章で検証するように盛んであった。もちろん牛馬であれば、それまでの法令と矛盾することになるが、国家としては炎旱という非常事態に、あたう限り降雨の可能性を探るほかなかった。

この法令自体が矛盾をはらんだもので、牛馬ではなく猪鹿であったとしても、これに続く狩猟禁止の規定と辻褄が合わなくなる。基本的に古代国家の政策としては、大陸・半島的な牛馬の供犠を禁じるとともに、弥生的供犠についても殺生が農耕の不順をもたらすとしてきた。しかし実際に厳しい旱天が続けば、そうした動物供犠を容認あるいは推奨しなければならなかったのである。その意味では、一〇世紀初頭には、古代国家自体も理想と現実との間で、動物供犠に対する態度が揺らいでいたのである。

しかし歴史的な方向性としては、あくまでも農耕のためには殺生禁断が大切で、狩猟や漁撈は悪であるという価値観が、古代末期から中世にかけて、社会的に浸透していった。これに大きな役割を果たしたのは、いうまでもなく仏教の殺生戒で、その様相については庶民への布教テキストとされた仏教説話から窺うことができる。しかも国家鎮護の柱となった仏教は、天皇を中心とした祭祀体制のなかでも、さまざまな役割を担って神祇と関係を深めた。そして、やがては神仏習合という形で、日本の宗教的基盤を整え、古代以降における社会的価値観の形成に大きな役割を果たすことになる。

それゆえ牛馬の供犠については、法令のみならず宗教的にも、これを禁ずるような倫理観が形成されるところとなる。弘仁一三（八二二）年の成立と考えられ、仏教説話の先駆けをなす『日本霊異記』の中巻第五には「漢神の祟に依り牛を殺して祭り、又放生の善を修して、現に善悪の報を得る縁」という話が収められている。

摂津の国の東生《ひがしなり》の郡撫凹《こおりなでくぼ》の村に、一の富める家長の公有り。姓名未だ詳ならず。聖武太上天皇のみ世に、彼の家長、漢神の祟に依りて祈し、祀るに七年を限りて、年毎に殺し祀るに一つの牛を以てし、合はせて七頭を殺しき。七年にして祭り畢はり、忽ちに重き病を得。又七年を逕る間に、醫薬方療して猶愈《やす》まず。卜者《かんなぎ》を喚び集へて、祓《はら》へ祈禱《いみいの》れども、また彌増《いやまし》に病む。茲《ここ》に思はく、我が重き病を得しは、殺生の業に由るが故に、病に臥せる年より已来月毎に闕かず、六節に斎戒を受け、放生の業を修し、他の含生の類を殺すを見れば、論ぜずして贖《あがな》ひ、又八方に遣し、生物を訪ひ買ひて放つ。

現在の大阪市東成区あたりに裕福な農民がおり、八世紀中期頃に、先に見たような聖武天皇の詔に反して、漢神の祟りをさけるために、七年間毎年一頭のウシを屠って供えていた。ところが、祭りを終えた段階で、彼は突然に重病に陥った。医者にみてもらったり祈祷師にお祓いをして貰ったりしたが、いっこうに効き目はなかった。そこで六斎日ごとに斎戒し、生き物を放すことを心掛け、殺されそうな動物がいると、それを買い求めて助けるなどした。

そして七年が経ち、いよいよ臨終という際に、閻魔大王の前で、捧げられたウシの化身である七人の牛頭の非人が彼を非難し、ウシが殺された時のように膾机と小刀を持ち出して、刻んで食うべきだと主張した。これに対して、突如現れた千万余人が彼の縄を解き、ウシを捧げたのは祟れる鬼神を祀るためで、彼の咎ではないと弁護した。両者は激しい議論を展開したが、結局、閻魔大王は多数決で千万余人に理があると認めた。

彼を弁護した千万余人とは、まさに放生によって助けられた動物たちで、その恩返しのために彼を救った旨を明らかにした。閻魔大王のところから蘇った彼は、以後、みだりに漢神を祀らず、仏法に帰依して寺を建て仏を安置し、仏法に励んで放生を繰り返した。このため病にかかることはなくなって、九〇歳まで生きて大往生したという仏教説話で、典型的な殺生禁断の教えとなっている。

この話では、ウシを犠牲として捧げ膾にして食べるという漢神の祭祀が、もっとも非難されるべき行為の対象として描かれている。この漢神祭祀の目的については、農耕のためのものかどうか記されてはいないが、これまでの事例からすれば、その可能性は充分に考えられよう。この話は、あくまでも「漢神の祟」をテーマとしたものであるが、むしろウシの供犠を七年も続けたという部分が重要である。やはり漢神の祭にウシが供され、これが屠られて共食されるという儀式が伴っていたことは農耕儀礼との関係を窺わせる。

ただ、こうした牛馬の供犠は、猪鹿を捧げてきたという弥生的供犠の伝統にも反するばかりか、水田稲作推進のために、むしろ殺生禁断を重視すべきだとする政策が採られ、これを禁じる法令を、古代国家は八世紀以降出し続けたのである。そして九世紀には、仏教思想の展開とともに、殺生を悪とする教えが、次第に民間へ浸透していった。そうしたなかで牛馬を神に捧げるという漢神の祭が、否定の対象となっていくという動きがみられた。しかし、こうした大陸・半島的動物供犠は、国家の政策や仏教の倫理とは異なり、次節で見るように、簡単に一掃されるようなものではなかった。

第四節　家畜供犠の伝統——さまざまな牛馬の供犠

すでに見てきたような牛馬の供犠は、基本的に農耕のための雨乞いを目的とするものが多く、すでに第一章において古代中国の『漢書』などでウシを用いた事例を見てきた。また第二章で見た朝鮮半島の場合でも、山川や河辺でウシやブタなどを屠り、これを水中に投ずるという儀礼を伴うものであった。

ところで雨乞いのために獣骨を水中に投ずるという動物供犠については、古代国家の禁令から七〇〇年以上も経った中世の戦国期においても、これに類する興味深い事例を見いだすことができる。和泉国日根野荘の荘園領主であった前関白・九条政基は、管領・細川氏の力を背景に、同荘に下向し直務支配を行い、そこでの見聞を『政基公旅引付』に綴ったが、その文亀元（一五〇一）年七月二〇日条には、次のような記事がある。

近日炎干に依り、今日より瀧宮社頭に於いて請雨の儀有り、地下《傍注—犬鳴山七宝瀧寺の寺僧等》沙汰す、三ケ日の中に必ず甘雨有るなり、若し降らざれば七宝瀧に於いて沙汰す、其れ猶叶ざる時は不動明王の堂に於いて沙汰す、其の後猶降らざれば、件の滝壺へ不浄の物を入るに於いては〈鹿の骨或いは頭風情物と云々〉、必ず降らざる事なしと云々〈三ケ日以後は四村の地下衆沙汰せしむなりと云々〉

日根野荘入山田村の瀧宮社（現・泉佐野市大木の火走神社）の社頭で、村人たちが集まって雨乞いの儀式が行われた。ただし、どうしても降らない場合は、不動明王堂で沙汰を行い、その後に決まった滝壺に、シカの骨か頭など不浄のものを投げ入れれば、必ず雨が降るはずだと信じられていたことがわかる。

これも第二章でみた一九三〇年代の朝鮮半島における祈雨祭の事例と、ほぼ同様の供犠内容で、朝鮮半島ではウシやブタあるいはイヌであったものが、日本ではシカが用いられている点が異なる。日本における雨乞いでは、基本的にシカを用いることは少なく、ウシかウマが用いられてきた。いずれにしても『政基公旅引付』の場合のように、雨乞いにシカを用いた事例は非常に珍しい。

すでに前章でも見たように、日本ではシカやイノシシは農耕儀礼に供されることは多いが、同じく農耕が目的でも雨乞いとなると、牛馬の供犠が基本とされてきた。とくに近世以降においては、村落レベルで文字の使用が盛んとなり、各地に史料が残されるようになる。雨乞いのために牛馬を供犠するという事例を、近世・近代の地誌や日記類などに残された記録、および民俗伝承や新聞記事などから一覧してみたのが表2で、実に四〇例を確認することができる。

いずれも牛馬の頭や骨など穢れたものを、淵や池などに水の源流となるところに投げ入れると、必ず雨が降るという話となっている。ただし本物の牛馬の代わりに藁などで作ったものや狛犬、あるいはニワトリの頭やイヌという事例のほか、単に獣の血という場合もあり、『政基公旅引付』のシカも、もともとは牛馬であったものが変化したと見なすべきだろう。これは先に触れた第二章第二節表1の朝鮮半島における雨乞いの儀礼に酷似し、そうした習俗が牛馬移入に伴って日本に持ち込まれたこと

表2：日本の雨乞いと動物供犠

番号	府県	旧国名	場所	動物	雨乞内容	年次	西暦	月日	出典
1	青森県	陸奥国	津軽郡飯詰村	牛馬	山中の雨池に、葬具や産屋の不浄物あるいは牛馬の骸骨などを投ずる	万延元	1860	成立	平尾魯僊「谷能避寝記」巻之5［本山1934］による
2	秋田県		山本郡 二ツ井町響村	馬	村人20～30人が神社で拝み太鼓を叩いて田代潟に行き、米やお金あるいは馬や鶏の頭を投げ入れる				民俗伝承 ［国学院大学1969］
3	岩手県		九戸郡山形村	馬	お宮に参り、宮の滝へ馬の骨やワカメを縛って投げ込み、卵を滝に流し込む				柳田国男の採話 ［松井1995a］
4	岩手県		閉伊郡松崎村 （遠野一帯）	馬	滝壺のなかに馬の骨などを投げ込んで、その穢れで雨神を誘う（松崎村の場合は山中の小池）	昭和10	1935	成立後3年以上を経て刊行	「遠野物語拾遺」42話 ［柳田1935］
5	岩手県		江刺郡玉里村	馬	旱魃の年に水田が悉く干上がったので、白山淵の水をかいて行くと、淵の底に主がおり、それは葦毛の馬の首であった。なお近隣の膽澤郡金ヶ崎の釜ヶ淵の主も葦毛の駒である				佐々木喜善の採話 ［佐々木1931a］
6	宮城県		桃生郡 桃生町給人町	牛*	近隣の村から200～300戸が集まり、麦のカラで長さ30尺・高さ7～8尺の牛を作り、牛しずめと称して、社殿の後の沼に沈めた	大正8	1919	同年頃に盛んに行われた	民俗伝承［岩崎編1977］
7	福島県		会津郡 下郷町小沼崎	牛	小野嶽の中腹にある池に牛の首を切って投げ込む。これは旭長者の娘に由来するという	大正8	1919	8／18報	「福島民友新聞」 ［中山1933］による
8	福島県		会津郡 下郷町小野	牛	小野長者が飼っていた賢い牛が、初夏の夕方荷運びの途中で雷雨に遭い沼尾の沼に落ちて死んだ。その後沼に牛首を入れると雨が降るので、牛の首形を投げ入れる				民俗伝承［会津民俗1973］
9	福島県		南会津郡 大内村	牛	各部落から若者数名が屠殺場から牛首を求めてきて、三里の山道を運び山中の沼中に投ずる				研究報告［本山1934］・ 随筆［岩科1942］
10	福島県		南会津大戸村	牛	猿丸大夫の古跡である上の沼へ牛の頭を投げ込む。二、三日前にやったが雨はまだ降らない	大正13	1924	7／12報	「東京朝日新聞」地方色欄
11	山梨県	甲斐国	都留郡 上下大野・新倉・四方津村	牛	谷田川の四方津の天神社に、上下大野・新倉・四方津4ヵ村の者が集まり、鳥沢の神主・因幡の家から牛を借り、天神淵に引き入れる	文化10	1813	同年序文を有する版本あり	『甲斐国志』第2巻
12	山梨県		富士八湖四尾連湖付近	牛馬	牛馬の枯骨を湖中に投ず				研究報告［本山1934］

13	山梨県		富士八湖四尾連湖付近	牛	西八代郡高田村の村民が四尾連湖で、牛1頭を屠って、その頭を湖中に投じ、湖の周囲を鉦太鼓で騒ぎ回る	昭和10年頃	1935		随筆［岩科1942］
14	山梨県		都留郡道志村月夜野	牛＊	丹沢山地桂川の支流・道志川の両国橋の牛淵に、牛の形の岩があり、ここに藁の牛を沈めて祝詞をあげる				民俗伝承［大橋編1944］「道志山塊の雨乞」
15	静岡県	駿河国	益頭郡西益津村	牛＊	村内の青池のヌシをなめだらうしと呼び、これが吠えると雨が降る。旱魃時には藁で大牛を作り、鉦太鼓をならし、踊って池の水穴に打ち入れる	天保12	1841	12月の序文あり	『駿国雑志』巻24下「怪異」
16	静岡県		庵原郡西奈村竜爪山	牛	牛の生首を神社の境内に置いて逃げ帰る者があり、このため暴風雨となり、牛首が流れるまで長雨が止まない	昭和18から	1943	50 ～ 60年前まで	民俗伝承［小山1994］
17	静岡県		駿東郡御殿場町	牛＊	深沢の鮎沢川に牛淵があり、昔、里人が牛を飼ったが猛悪であったため、皆で牛を淵に投げ込んだ。旱魃が激しい時には偽の牛を作って淵に投げ込む				民俗伝承(『御殿場町誌』)［小山1994］による
18	静岡県		富士郡加島村三日市場	狛犬	浅間神社で通常の雨乞いをしても降らなかった場合には、神社の狛犬を池に投げ込む	明治41年頃	1908		見聞記［大畑1908］
19	岐阜県		吉城郡上宝村	牛	双六谷の黒淵のヌシは白い斑点のある黒い牛で、これを村人が見ると日照りになる。灯籠にロウソクを灯して黒淵に流し、それが渦に巻き込まれて光がさすと雨がふる				民俗伝承［吉岡1955］「雨乞い百相」
20	福井県	越前国	丹生・今立・南条三郡境	牛	糺の原の水落神社を祀る池に2匹の牛がおり、これを引き上げれば雨が降るので、3郡の男女が牝牡二手に別れて、池中の岩に綱を結びつけて引く				『諸国珍談集』［中山1933］による
21	三重県	伊勢国	飯高郡下出江	馬＊	村内の丹生貴船神社では、延喜式成立以前から、祈雨には黒毛の馬、止雨には白馬を添えたといい、黒馬を作って大河のなかに竹柵を作り、そこに乗せて祈る	天明年間	1781～89	起稿	『勢陽五鈴遺響』飯高郡巻3
22	三重県	伊勢国	臼杵ケ岳	牛馬	臼杵ケ岳に牛馬骨等の穢物を燃やす				研究報告［本山1934］
23	奈良県	大和国	添上郡田原村	牛	投牛山の名は、昔、牛を殺して雨乞いしたことにちなむ	享保21	1736	正月刊	『大和志』日本輿地通志畿内部巻12
24	和歌山県		西牟婁郡北富田村	牛	牛の首を切って牛屋谷の滝壺の棚に置くと、如何なる旱天でも雨が降り穢れを洗い流す。これを「牛の首漬け」という。	大正2	1913	9／14報	研究報告［吉田1913］
25	和歌山県		牟婁郡	牛	牛の生首を紅色の布で飾って、滝に投げ入れると、首が洞窟のたどり着くので入口に供える	大正14	1925		研究報告［柳川1925］
26	和歌山県		西牟婁郡北富田村	牛	庄川奥の牛屋谷(牛鬼谷)の滝奥に洞窟があり、ここで祈って、降らなければ牛の首を滝壺に投ず	大正2	1913		民俗伝承［雑賀1927］、南方熊楠談［本山1934］

27	大阪府	摂津国	池田市綾羽	馬	小ヤノ池掛かり12ヶ村の池堤に15歳以上の者が出揃い、馬の生首を生瀬奥の滝につける	文政6		7／23	「伊居太神社日記（下巻）」
28	大阪府	摂津国	豊島郡桜	馬	葦毛馬を買い求め、これを箕面山へ曳き上り、岡で首をはね、胴体は山谷に隠し、首を雄滝へつける	嘉永6	1853	9／10晩	中井家「嘉永六年大旱魃記録」『箕面市史』史料編6
29	大阪府		伊丹市堀池村	馬	白馬を買い、屠殺場で血を桶に首を挟箱に入れて運び、生瀬のコーライ岩に血を塗り、淵に首を落とす	明治16が最後	1883		民俗伝承 『伊丹市史』第6巻
30	兵庫県	摂津国	摂津国川辺地方	馬	川の源の滝の岩の上で、白に黒の斑点の馬の首を切り落とし、川に投げ込む	明治16頃	1883		研究報告［柳川1925］
31	兵庫県		川辺郡 小浜村川面	牛	武庫川支流惣川上流に牛の生首を投げ入れる。大正12年も行った。屠殺場から生首と生血を調達した	昭和14	1939	8／31報	「大阪朝日新聞」 通信燈欄：写真あり
32	兵庫県		有馬郡 塩瀬村木の元	犬・馬	武庫川の高座岩に動物の生血を塗る。名塩ならば純黒色の犬、武庫・川辺両郡は純白色の馬の生血				民俗伝承『有馬郡誌』上巻
33	兵庫県		加東郡	牛	赤牛の首を滝に投げる				民俗伝承『加東郡誌』
34	兵庫県		飾磨郡 高長・大坪	牛馬	どんとが淵の亀壺に牛の生首を投げ入れると水神の怒りをかう				民俗伝承『夢前町史』
35	広島県		双三郡八幡村	牛	矢淵の滝に人目につかぬよう牛の生首を吊すと雨が降るといい、2つの仔牛の生首が吊されていた	大正13	1924	9／2報	「都新聞」諸国の噂欄
36	島根県		那賀郡 安城村 山賀鬼戸川	牛	おまんという女中が牛に水を与えなかったために、牛は淵に行き水を飲んで溺死し、その祟りで彼女も淵で死んだ。そこをおまん淵といい、石を投じると雨が降る				民俗伝承 ［島根県教育会1927］
37	徳島県	阿波国	三好郡 大利村	牛＊	村内の牛首淵は修験者大光院の祈雨の地として、今も口碑がある（首の話はないが、地名と祈雨との関係で記載）	明治41	1908	2月刊	地域案内［石毛編1908］
38	高知県		土佐郡 土佐山村平石	牛	牛鬼ケ淵で魚取りの男が潜って龍に襲われ、牛をやるからと言って逃げてきた。そこで牛を投げ込んだら龍の頭に当たったので怒って雨を降らせた				桂井和雄『土佐の伝説』1951［高谷1982］による
39	福岡県	豊前国	小倉の南二里	獣	須川（菅生）の滝に大勢で狩りをした獣を、滝壺の水上で切り刻み、血水を滝壺に流し入れる	天明3			『西遊雑記』巻2
40	長崎県	対馬国	上県郡瀬田	虎	虎頭淵というところに、虎の頭を沈める				民俗伝承［新対馬島誌1964］

を意味する。

ただ日本独自な展開を遂げた部分もいくつかあるので、これについて考えてみたい。まず日本では、投げ入れた頭や骨あるいは血などが穢れているから、それを洗い流して清めるために雨が降るという論理が採られている。これは雨乞いにおけるウシなどの供犠を伝えた朝鮮半島と大きく異なる点で、日本特有の穢れ観に裏打ちされているところから、この問題を少し丹念に見ておく必要があろう。

そこでまず、動物の供犠によって雨が降るのは穢れを洗い流すためだという論理の問題から考えてみたい。第二章でもみたように、朝鮮半島においても、自らの集落を厄災から守り、五穀豊穣をもたらしてくれる鎮守の神を祀る部落祭などにおいて、清浄という観念が大いに重視された。こうした部落祭については、一九三〇年代に詳細な調査が行われており、とくに浄・不浄については、次のような特色を指摘することができる［朝鮮総督府：一九三七］。

これを主宰する祭主は、基本的には集落構成員から選ばれるが、とくに不浄の無いことが絶対の条件で、祭日の一週間あるいは三日ほど前から斎戒が求められ、斎と禁とが厳格に守られねばならない。すなわち斎として不浄を払い去るため、身を冷水で清めて爪を切り髪を整え、清浄なる衣服をまとう。これを致斎といい、祭祀準備期間の散斎と、祭祀直前の入斎とが重視される。

また禁として不浄に近づけないように、禁酒・禁肉・禁房・禁煙・禁足を守って心身の清浄化に努める必要がある。また構成員も斎忌を心がけ、屠殺を行わず謹慎し、争論を誡めねばならず、さらに共同井戸を改浚し道路の補修など集落の大掃除を行う。近代においても祭祀にあたっては、極めて厳格に清浄観念が重視されていたことが窺われる。

ここで注目すべきは、朝鮮半島においても、祭主の禁肉が守られている点で、日本と同様に肉食が不浄とされているが、その祭物には「肉（牛の頭一箇・足四箇）・餅・果物・酒」が供されている。つまり肉が主要な供物とされ、祭の後には餅と肉とは各戸へ分配されるところとなり、祭主には肉が禁じられるが、これは構成員には及ばない。また屠殺そのものも不浄視されてはいるが、食肉そのものは穢れとされてはいない。むしろ穢れという観念は、日本独自の展開を遂げた点が重要だろう。

もともと肉食を不浄や穢れと見なす観念は、日本のみならず朝鮮半島にもあったことが分かるが、食肉そのものは禁忌とされなかった。しかも朝鮮では、祭祀の供物に肉が頻繁に登場し、山中の寺院に籠もる僧侶たちを除けば、広く食肉が行われており、雨乞いの際にも牛馬の骨や肉が穢れと認識されることはなかった。

こうした穢れの問題は、もちろん中国にも存在しており、仏教や道教さらには儒教などでも、浄と不浄あるいは吉凶といった対立概念が認識の基本にあったことが指摘されている〔高取：一九七九〕。なかでも道教では、食物や血・死・産などを穢れとして禁忌の対象とする考え方が強かった。

とくに道教のうちでも上清派に、食物禁忌の傾向が顕著で、その経典とされる『真誥《しんこう》』巻一〇には、「六畜五辛の味を禁ず」とみえ、道士たちには畜肉や辛味が戒めの対象とされていた。とくに肉食の禁忌については『上清太上帝君九真中経』巻上「太一玄水雲華漿法」などにも「長生不老服薬の後、死屍を見、血を臭ぎ、五辛及び一切の肉を食ふを禁ず」とあるように、不老長寿を願う際には、とりわけ避けるべきものと考えられていた。

これらは道教で殗穢《えんえ》と呼ばれるもので、四世紀末から五世紀にかけて展開された新道教運動の過程において、とくに神に接する作法として重視されるようになった。もともとは道士の科戒であったものが、国家祭祀にも採り入れられるなど、社会全体にも根強く広まっていたことが指摘されている［都築：二〇〇五］。

このうち産穢について詳細な検討を加えた勝浦令子は、六世紀以降に朝鮮半島を経由して中国から、こうした穢れの観念が、儒教や道教さらには陰陽五行・密教などの外来信仰に付随して持ち込まれ、日本の禁忌観念に強い影響を与えたと論証している［勝浦：二〇〇六・〇七］。なかでも七世紀末から八世紀初頭にかけて進行した律令祭祀儀礼には、儒教だけでなく、道教の斎戒儀礼などが色濃く反映されているという。

おそらく肉食に関する穢れ観も、産穢と同じような事情で形成され、伝来したものと思われる。しかし日本では、産穢が中国の場合に比して弱かったのに対して［勝浦：二〇〇七］、肉食の穢れは、逆に著しく強化されたという歴史がある。これについては、すでに三世紀後半に成立した『魏志』倭人伝に、日本では服喪中は肉を食べてはならないほか、中国などへの渡海に際しても、航海の安全を祈る持衰は、けっして肉を口にしない旨が記されており、穢れという観念の移入以前にも、肉に対する忌避意識は存在していた。

さらに天武天皇四（六七五）年の殺生禁断令（いわゆる肉食禁止令）に典型的に見られるように、肉食が好ましからざるものとされたため、中国大陸や朝鮮半島とは異なって、日本では動物の肉や遺体などが遠ざけられ、やがて穢れの著しい対象とされていったという事実がある［原田：一九九三］。

このため八世紀初頭に成立した『養老律令』神祇令にも、大嘗祭の準備に際して一ヶ月に及ぶ散斎の規定がある。すなわち「喪を弔ひ、病を問ひ、宍食むことを得じ。また刑殺判らず、罪人を決罰せず、音楽作さず」として、役人が関与してはならない六つの穢悪のうちに、肉食が挙げられている。

こうした散斎の規定は、ほとんどが唐令の模倣であるが、このうち肉食だけが日本令独自のものとなっている点は、きわめて重要だろう。すでに見たように殺生や肉食に対する穢れ観は、中国では問題とされず、日本でのみ法令化された背景には、すでに殺生や肉食の穢れ意識が著しく肥大していたという状況があったと考えるべきだろう。しかも禁断の対象となったのは、ウシやウマなどの家畜が主であったが、やがて野獣そのものに対する穢れ意識も次第に高まっていったのである。

それゆえ『政基公旅引付』で見られたように、牛馬の代わりにシカが用いられたとしても、それは必ずしも不自然なことではなかった。つまり朝鮮半島の事例と同じ供犠が行われてはいても、日本列島では動物の骨や頭など不浄なものが投げ入れられるので、これを流し清めるために雨が降るという論理構成となっている。つまり穢れの逆の効用として、清めの雨が降るという説明がなされた点が興味深い。

もちろん狩猟によるシカでも、あるいは大切な牛馬でも、大きな代償を犠牲とすることで恵みの雨が降り、より豊かな農耕の稔りを望むことは、朝鮮・日本とも変わりはない。ただ、こうした農耕のための供犠が、大陸・半島的なものであった場合には、その対象は本来的には牛馬でなければならなかった。しかし日本では前節でも見たように、猪鹿を用いることが基本であった。

そこで次に、牛馬の供犠に関わる事例を一覧した先の表2を、改めて詳細に検討していこう。ここでは、不浄などの理由付けや祭祀方法などを別とすれば、だいたい第二章表1でもみたように、朝鮮半島のウシなどを用いた動物供犠による雨乞い儀礼に共通するものがほとんどである。しかも新聞記事などからは、日本でも大正・昭和と二〇世紀に入っても、牛馬を用いた雨乞い儀礼が続けられていることが明らかとなる。

しかし、ここでもう一つ朝鮮半島の雨乞いと、日本との間に大きく異なる点があることに注目しなければならない。それはウマの問題で、第二章表1の朝鮮の祈雨祭における動物供犠一二二例のうちに、ウマは一例も存在していない。

あくまでも朝鮮では、ウシかブタあるいはヒツジ・イヌ・ニワトリといった食用家畜が、動物供犠に用いられた。これは北方系の古代中国思想の影響が強かったためで、すでに第一章第二節で見たように古代中国においては、家畜であっても、ウマは五牲のうちには数えられていなかったのである。ただし権力者のためのウマの殉殺は、第六章第一節でみたように、古くから朝鮮半島で行われてきた習俗で、これがウマの移入とともに日本へも伝来した。すなわちウシよりも先にウマが、殉殺などのさまざまな供犠に用いられてきた。

また古墳時代における日本への移入についても、ウシよりもウマの方が早く、政治的にもウマが優先されたため、威信財としても価値が高く、これを供犠に用いることが一般化したものと思われる。こうしたウマを用いた儀礼については、民俗的にもいくつかの類例がある。たとえば本章第二節で見たように、平安期から宮中で催されてきた正月七日の白馬節会は、年初に神聖な白馬を見ることで一年の邪気を祓うという除厄儀礼であった。

また民間でも、正月にはウマの頭の作り物をもって祝言を唱えて歩く門付芸の春駒がある。春駒は、歌舞伎舞踊の曲名としても知られるほか、郷土玩具にもなっているが、古くからの農耕または養蚕の予祝儀礼として広く行われてきた。

こうしたウマを用いた農耕儀礼としてもっとも早い例は、文献的には、前節の『日本書紀』皇極天皇元（六四二）年条でみたように、村々の祝部による雨乞いのための牛馬供犠である。さらに『類聚三代格』に収められた延暦一〇（七九一）年の太政官符においても、漢神の祭に用いられることを禁じたのもウシであった。しかし処罰の対象としては「殺馬牛罪」となっており、実際に法令が供犠を禁止しようとした動物には、ウシのみならずウマが加えられている点に注意しなければならない。

なお九世紀初頭においても、『古語拾遺』の御歳神の神話や、『日本霊異記』の漢神の祟りの話に登場するのはウマではなく、あくまでも供犠動物はウシとされていた。これは、もともと供犠の主体はウシであるという文化が、朝鮮半島経由で伝来したために、物語や法令においては、その主役がウシでなければならなかったことを意味しよう。しかし実際に日本では、雨乞いのための農耕儀礼に、ウシだけではなくウマも用いられていたのである。

もともとウシやウマは水神との関わりが深く、農耕儀礼に用いられてきたことについては、先にも紹介したように石田英一郎の『河童駒引考』が世界史的な視野から考察し、古くはウシであったものが、やがてウマに変わったことを指摘している［石田：一九四八］。中国大陸北部や朝鮮半島では、まさしくウシが重要な犠牲獣とされ、ウマは付随的なものでしかなかった。ところが日本では古墳時代に、先にウマが入って珍重され、やや遅れてウシが伝来したという事情から、ウマが農耕儀礼にも用いられるようになった。

石田の論考は、柳田国男が『山島民譚集』で紹介した「河童駒引」に原点をおいたもので、柳田の採話は広く全国に及び、ウマやウシが河童やサルによって、水に引き込まれるという事例が、実に豊富に示されている［柳田：一九一四］。とくに日本においては、河童という水精の妖怪によって、ウマが水に引き込まれるという話が広まったが、その背景には水神にウマを捧げるという農耕儀礼があり、もともとは河童ではなくサルであったとされている。

ウマとサルとの親密な関係は、世界史的にも広く見られるところで、これを日本の時間軸に位置づけることは難しいが、一つには岩波文庫版『河童駒引考』の口絵に掲げた日本最古の駒引き図が手がかりとなる。これは横浜市の金沢称名寺の舎利塔基壇の下框に描かれた戯画で、永仁五（一二九七）年頃のものと推定され、河童ではなくサルがウマを水に引き込もうとしている点が注目される。すでに鎌倉期には、ウマを水に投げ入れるような雨乞いを彷彿とさせる農耕儀礼が、民間説話として広く受け容れられていたことが窺われる。

図3：日本最古の猿引駒の図
永仁5（1297）年相模金沢称名寺の舎利塔基壇の下框に描かれた戯画

金沢文庫蔵・近藤喜博氏撮影
石田英一郎『新版 河童駒引考』（岩波文庫）

さらに考古学的にも第三章第一節でみたように、一〇世紀後半になると、下関市延行条里遺跡の例では、水田畦畔の交差点に掘られた土坑から、ウマの頭蓋骨が出土している。水田の畦畔などに頭蓋骨を埋葬する儀礼は、『古語拾遺』の御歳神の神話からも窺われるように、もともとウシが主流であった。しかし延行条里遺跡のウマは、明らかに農耕を意識したもので、単なる雨乞いとは考えられない。こうして遅くとも平安期には、ウマが雨乞い以外の農耕儀礼にも用いられるようになったものと思われる。

その後、ウマは農耕儀礼と密接な関係を保ったが、なかでも馬首は農神として崇められた。佐々木喜善は、東北地方で養蚕の神とされるオシラサマは、ウマの首神でもあるところから、むしろ農神とすべきことを強調している。さらにオシラサマを川に流す習俗は、馬首を淵や沼などに投げ入れる雨乞い儀礼の名残と考えた［佐々木：一九三一 b］。そして彼の村のみならず、周囲の村々でも、多くの家々にウマの頭骨が三つも四つも雨ざらしのまま保管されていたことを記憶している［佐々木：一九三一 a］。

なお考古学の立場から松井章は、この佐々木によるウマの頭骨目撃談を引用しつつ、次のような興味深い事例を紹介している。広島県福山市の草戸千軒遺跡では、室町期後半の池に投棄されたウシは、胴体のみで首が切り取られているほか、千葉県木更津市のマミヤク遺跡でも、近世の土坑から、頭部を切り離したウマの全身が埋葬されているが、これには頭部から外された下顎骨が添えられていたという。これらは牛馬の頭蓋骨を意識的に保存し、雨乞いなどの儀礼に供えたものと推定している［松井：二〇〇三 a］。

さらに四国では徳島県を中心に、各地に首なしウマが駆けめぐったり、ウマの首が突如現れたりするという伝承が数多く報告されている［佐々木：二〇〇九］。これに関して柳田国男は、「妖怪談義」

のクビナシウマの項に「首無し馬の出て来るといった地方は、越前の福井にあり、又壱岐島にも首切れ馬が出た。四国でも阿波ばかりでなくそちこちに出る。神様が乗って、又は馬だけで、又は首ばかり飛びまはるといふ話もある」と記している[柳田：一九五六]。

こうした首なしウマの話は、雨の降る陰気な夜更けに出るとするものが多いことから、佐々木喜善は馬首を雨乞いのために用いた名残だと考えた[佐々木：一九三一 a]。また、これより先に中山太郎も、同様の見解を提示したように[駒込：一九二五]、これらの話の背景には、ウマの首を切り落として雨乞いに用いたという行為が、広く人々の記憶にあったと考えるのが自然だろう。

いずれにしても牛馬を用いた雨乞いの供犠は、古代国家以来、政策的に禁じられ、宗教的にも表向きは否定されてきたが、現実にはより豊かな稔りを求めて、連綿と人々の間で続けられてきたのである。また先の表2では、近代の事例が近世の文献と一致するケースはなく、このことは、これらの文献に留められたものが、たまたま報告例として残されたにすぎないことを物語っている。すなわち前節でみた猪鹿の場合と合わせれば、近世・近代以前においては、夥しい数の村々で、さまざまな動物供犠が行われていたと考えねばならない。しかも猪鹿の事例と合わせ見たとき、この表2からは、極めて興味深い事実を読みとることができる。

すなわち表2には四〇例の報告があるが、このうち対馬のトラは朝鮮半島の影響が強いとしても、牛馬という家畜を用いた大陸・半島的供犠は、ほぼ全国に分布している。これに対して、やや事例は少なかったものの、第五章第四節で検討した猪鹿などの野獣を用いた弥生的供犠においては、日本列島でも関東以南とくに関西以西に広がり、東北には報告事例が全く見られなかったという点に注目する必要がある。

これは東北には、弥生文化が及びにくかったためで、古墳文化にしてもほぼ同様の傾向が認められる。それゆえ東北地方では、弥生的な系譜を引く、狩猟獣による農耕のための動物供犠が未発達で、その伝統が著しく弱かったことと関係する。それに対して、牛馬の供犠が東北にも存在するのは、古代国家の成立以降、幾多の困難はあったが、次第に東北地方をも支配下に収め、米志向を強めた水田開発政策を、その地へも徐々に浸透させていったためと考えられる。

おそらくは牛馬の普及が進んだ古代国家成立後に、水田稲作文化が東北地方へも及んだところから、弥生的供犠の伝統のない地域にも、新たな牛馬による大陸・半島的供犠が広がっていったものと思われる。前章および本章で論証してきたように、猪鹿にせよ牛馬にせよ、これらを用いた農耕のための動物供犠は、驚くべき長い時間、それを営む人々の間で継承され続けてきたのである。

こうした事実を踏まえてみれば、まさに猪鹿を捧げるような弥生的供犠は、少なくとも二〇〇〇年以上、そして七世紀頃に移入した牛馬による大陸・半島的供犠でも、ほぼ一三〇〇年の長きに及ぶもので、農耕のための動物供犠が日本で行われてきたことになる。こうした祭祀に関わる観念は簡単に消え去るものではなく、本書の姉妹編『捧げられる生命』で検討するように、沖縄ではハマエーグトゥとして、農耕のためにウシを供す儀礼が今日においても継承されているが［原田ほか：二〇一二］、東アジア世界においては、実に長きに亘って生き残ってきた。

先に食肉の禁忌と穢れ観を論じた際に、『魏志』倭人伝に見える持衰について触れたが、これも、こうした祭祀や除厄に関わる観念が、実に長きに亘って生き続けた例証として興味深い。同書では倭人の習俗として、渡海しての訪中という難事業に当たって、持衰という役割の人物が一人定められ、おそらくは他人の喪を引き受けるために、身を当初のまま保って、肉を喰らわず、婦人を寄せ付けてはならない、とされている。

そして持衰は、もし航海中がうまくいけば財物などが与えられるが、逆に厄災があれば、持衰の慎みが足りなかったとして、殺される運命にあったとする点が重要だろう。これは同節で見た朝鮮の部落祭において、祭後に集落内で災禍があれば、祭主が斎戒を怠ったためとして責任を問われることと近似する。まさに古墳時代初期における一種の忌みの観念が、一九三〇年代における朝鮮半島の祭祀に、斎戒という形で広く残っていたことを示すものといえよう。

しかも日本においては、穢れという観念が著しく発達したため、さらに朝鮮半島経由で伝わった牛馬を水源に投じて雨乞いを行うという供犠の説明に、穢れを祓い流すために雨が降ってくれるという論理を編み出した点に最大の特徴がある。そして日本でも、古墳時代に始まった牛馬の供犠による雨乞いが、同じく一九三〇年代までも行われ続けてきたのである。

これまでの同時代の文献史料のみを重視してきた日本の歴史学では、古代国家の政策と仏教的宗教観念によって否定されてきた牛馬供犠の実態を明らかにすることはできなかった。しかし通時的な歴史考察と考古学・民俗学、さらには中国史・朝鮮史や文化人類学などの成果を通じて、文献史料には現れにくいさまざまな動物供犠が、広く全国的規模で、実に長きに亘って行われてきたことを、ここに明らかにしえたものと考える。

終　章　総括と展望――人身御供・人柱と首狩り

第一節　日本における動物供犠の変遷と意義

これまで日本における動物供犠の実態を検討し、その長きに亘った存在を明らかにしてきた。ここでは最後に、その歴史的変遷と意義についての総括を行うとともに、まさに捧げられる生命の極地ともいうべき人間の問題、つまりは人身御供と首狩りにも視点を向けることで、日本における動物供犠の特色を考えてみたいと思う。

すでに縄文においても、狩猟・漁撈という動物そのものと対峙する生活のなかで、原初的な動物祭祀が存在したことは見てきたとおりである。食料の供給が難しい初期の段階では余裕もなかったであろうが、いつしか動物との厳しい闘いによって捕えた獲物の一部をいったんは神に捧げて、再び多くの獲物を手にすることを願ったものと思われる。すでに述べたように、これは祭祀のためにわざわざ動物の生命を奪うのではないから、動物供犠ではなく動物祭祀とすべきだろう。

もちろん縄文時代の野獣骨などは、ほとんどが縦に割られて、その骨髄までもが食料の対象とされていたが、やがて食料の安定に伴い精神活動が成熟してくると、そうした骨を丁寧に埋葬することが行われるようになった。このような狩猟民による動物葬送の一つに、アイヌ民族のイヨマンテがあり、捕えておいた小熊を丁重に育てた上で、改めて天に送るという儀式が行われてきた。

これはきわめて高度な葬送儀礼の一つで、こうした「飼い熊型」のクマ祭には、牧畜民的な文化の影響も認められることが指摘されているが［大林：一九九一a］、やはり基本的には北方狩猟民の文化の結晶と評することができよう。もちろんイヨマンテを供犠とみなすことには問題があり、神への捧げものというより霊的鎮魂儀礼とみなすべきで、あくまでも広義には動物の一部を捧げる縄文的祭祀の進化系と考えておきたい。

こうしたイヨマンテのような洗練された供犠は、明らかに北方地域における文化交流の結果であるが、こうした原初的な動物祭祀のうちには、もともと自然発生的なケースもあり得たものと思われる。ただ狩猟という技術も文化の一環をなすものであるから、あるいは狩猟技術とともに、きわめてシンプルな儀礼的観念が、移入された可能性も高いと思われる。ところが採集および狩猟・漁撈といういわば受動的な食料調達には限界があり、やがて人々はアクティブに植物や動物の生産を開始し、安定的な食糧確保に乗り出すところとなる。とくに東アジア・東南アジア世界においては、とりわけ生産力が高い水田稲作という生産活動が、社会的にも大きな意味をもつようになる。

日本では、すでに縄文時代から農耕は行われており、そのための動物供犠の存在も考慮せねばならないが、これに関しては本章の最後で考えてみたい。ただ、いずれにしても縄文農耕の社会的比重を過大評価することは難しいだろう。しかし弥生時代になって、朝鮮半島から伝わった水田稲作は、日本社会の様相を一変せしめた。これは歴史的に見ても驚異的な大革新で、本格的な農耕が社会の安定に与えた影響については、実に計り知れないものがあった。そして水田稲作の展開による社会的剰余の形成は、社会的分業を生むと同時に、クニを成立せしめて本格的な戦争を惹き起こすところとなる。

もちろん疑いなく水田稲作は社会に著しい発展をもたらしたが、必ずしも農耕は絶対ではなかった。むしろ農業も初源においては、異なりかなり厳しい状況にあったと考えるべきである。コリン＝タッジは、初期農耕に関する記述が多い『旧約聖書』から、繰り返される農業労働の厳しさと、再三の飢饉の脅威の大きさを描き出している［タッジ：二〇〇二］。たしかに農業労働は、安定的な食料の獲得を社会にもたらしたが、その実現は容易ではなかったことに注意しなければならない。

さらに抜群の収穫量を誇る水田稲作も、運悪く天候不順や自然災害に遭えば、一気に食料は不足するところとなる。とくに稲なかでも我々が歴史的に好んできた温帯ジャポニカは、かなり敏感な植物で、気温の高低や水分の多寡によって成長が著しく左右される。それゆえ稲作を含む農耕の順調な展開は、当時の人々の当然のかつ必至な願いであった。しかし現実には、さまざまな自然条件や人為的な判断ミスが関与し、しばしば凶作に苦しめられたのであり、ほとんど人々は飢えと隣り合わせで生きてきた。

それゆえ人々は、病気や災害などを回避するための厄除儀礼とともに、豊かな収穫を期待する予祝儀礼をとりわけ大切に執り行わざるを得なかった。もちろん縄文の採集および狩猟・漁撈生活においても不猟や不漁という事態も珍しくはなく、弥生以上に食料事情そのものは厳しかったものと考えられる。しかし農耕によっていったん安定し、人口支持力が増えた社会が、凶作という状況に直面すると、その場合の惨状は、前代とは比べものにならないほど深刻なものとなった。

農耕の開始は、新たな技術体系の習得を迫るもので、それまでの自然から食料を獲得するという技術は、やがて次第に低下していったと考えねばならず、飢饉時における農耕以外の食料獲得は、徐々に厳しい状況に陥っていたものと思われる。しかも農耕は高い人口支持力を有しているところから、それ以前に比べて社会の規模が著しく増大していた点が重要である。

例えば、考古学的時代における人口の推計は、ほとんど不可能に近いが、大まかな見通しは得られている。だいたい縄文時代のピーク時には二七万人ほどであったものが［小山：一九八四］、弥生時代には約六〇万人に増え、さらに古墳時代初頭の邪馬台国だけでも、『魏志』倭人伝の記述から一八〇万人という推計がなされている［鬼頭：二〇〇〇］。こうした数字にどこまで信憑性がもてるかは別として、農耕の開始と進展は、間違いなく著しい人口増加を招いたのである。

このため農耕社会段階に入ると、凶作が起きた時には、社会的パニック状態に陥る可能性はきわめて高かった。それゆえ人々は、農耕の開始にあたっては予祝祭を、作物の刈り入れ時においては収穫祭を、あたう限り丁寧に催して神に祈った。こうして豊作の祈願には、最大の努力が払われたことから、神に捧げられる供物には最上のものが選ばれねばならなかった。もちろん農耕による恵みも供されたが、それ以上に感謝を示すしるしとして、苦労して得た味わい深く栄養価の高い野獣の肉が、農耕の安定のために捧げられるところとなった。

しかも本格的な農耕の開始は、すでに一九四八年にアードルフ＝イェンゼンが指摘したように、死と再生の循環という新たな生命観をもたらした［イェンゼン：一九七七］。イェンゼンは、殺された神の死体から作物が生えるという食物起源神話が、東南アジアからオセアニアさらには南北アメリカまで、作物栽培民の間に広く分布することに注目した。これをハイヌヴェレ型神話として類型化したが、これには野獣や家畜などの動物を屠って供物と、その肉を共食する儀礼を伴う場合が多い。

基本的に農耕という植物の再生に頼る生産活動においては、その前提に死が存在するという認識が生まれる。おそらくは眼に見えやすい動物の死を敢えて強調することで、大切な植物の再生がもたらされるという観念が形成されたものと思われる。それゆえ貴重な動物を屠り神に捧げて豊穣を祈るという儀礼が、多くの作物栽培民の間で行われるようになったと考えてよいだろう。

ただ日本においては、縄文時代にプリミティブな農耕があったとされているが、農耕を目的とした動物供犠の存在については確認されていない。このことの意味については、後に改めて検討するが、本格的な水田稲作が展開する弥生時代には、農耕のための動物供犠が行われていたことは、すでに第三章第一節で見てきた通りである。すなわち『風土記』などの記述からは、シカの血を用いた儀礼やオビシャなどの射礼が、古くから行われていたことが窺われる。

また考古学的にも、中国大陸南部から朝鮮半島を経て伝えられた水田稲作に伴って、イノシシあるいはブタの下顎骨を用いた供犠が行われていたことが明らかにされている。これが本稿でいう弥生的動物供犠であるが、食用家畜の伝統が弱い日本では、古墳時代以降にはブタが次第に姿を消して、シカやイノシシといった野獣が供犠の中心となったという事情がある。こうした弥生的動物供犠は、古代国家の中枢部では顕著な形跡が見当たらないが、地方の神社などでは、その後も長く行われ続けてきたのである。

ところで中国大陸の北部では、それよりはるか以前から、畑作農耕と牧畜を基本とした黄河文明が栄え、ウシやヒツジをはじめとする家畜が飼われ、これを用いた供犠が古くから行われていた。このもっとも象徴的な儀礼が、儒教における釈奠で、そこではウシ・ヒツジ・ブタが三牲として捧げられてきた。

こうした家畜を中心とする文化は、朝鮮半島へも伝えられたが、やがて日本にも国家が成立し、東アジア世界との交流は次第に活発化していった。そして七世紀にほぼ全国の統一を果たした日本の古代国家は、中国大陸北方の黄河文明を積極的に受け容れ、牛馬の飼育が盛んに行われるようになった。ただし日本では、すでに五、六世紀の統一国家成立以前に、牛馬が同じルートで移入されたが、動物供犠においては大きな差異が、大陸・半島との間に生じた。

牛馬の移入については、中国・朝鮮で重視されたウシよりも、ウマの方が早く軍事的にも重用されて貴重な威信財となり、交通・運輸手段としても利用された。このためウマの価値が高く、それゆえ朝鮮半島で行われていた殉殺などの供犠も行われたが、やがてウシとともに雨乞いなどの農耕儀礼にも供されるようになった。もともと日本では三牲のうちでもウシを別とすれば、ヒツジは飼われず、ブタの飼育も後退したことから、ウマが農耕儀礼に用いられるようになった。

これは中国大陸および朝鮮半島とは大きく異なる点であった。こうして農耕のための雨乞いに、日本では牛馬が供されるようになったが、本稿ではこれを大陸・半島的動物供犠と規定した。しかし古代律令国家は、水田稲作を経済的基盤とする政策を打ち出し、〝聖なる〟米に対して〝穢れた〟肉を重視したため、肉食自体を排除の対象とみなしていった。

これに伴って日本では屠殺を忌む傾向が強く、とくに国家レベルでは政治的に牛馬の供犠を禁ずる方策が採られた。はじめは農耕に重要な役割を果たす牛馬の供犠だけが禁じられたが、やがては古くから行われていた猪鹿を主体とした野獣の供犠も、次第に排除の方向へとシフトし、平安期頃には表向きには目立たなくなっていた。むしろ国家レベルにおいては、〝聖なる〟米が重要視されたために、最高の神への供物は、動物から米へと置き換えられていった。

このため神社の祭祀には、必ず米が捧げられ、その加工品である餅や酒が不可欠の供物となり、これに海産物や野菜類が伴う形となった。古い祝詞には「鰭の狭物・広物」に並んで「毛の柔物・荒物」が見えるが、徐々に後者が欠落していく[林屋：一九六〇・原田：一九九三]。

こうした肉を欠いた祭祀供物の在り方については、新嘗祭さらには大嘗祭にもっとも典型的に見ることができるが、肉から米へという供物の変化は、徐々に地方へと浸透していった。そして中世に肉食の忌避が進むと、豊作を願う宮座など村々の祭祀においても、米こそが最高の供物と見なされるようになったのである。

ただ農耕の初期に染みついた予祝や収穫の際に猪鹿を捧げたり、雨乞いに牛馬を供するという観念や習俗は、実に長い命脈を保ち、これを払拭するのは、決して容易なことではなかった。このため日本列島の一部では、猪鹿や牛馬の供犠を、共同体の生死を左右する重要な儀礼と意識し、これを連綿と行い続けてきた。ただ当然のことながら、その残存には明らかな歴史性があり、地域的な特性が認められる。

たとえば農耕のために猪鹿を捧げる弥生的供犠は、弥生文化の形跡が薄い東北地方には残らなかった可能性が高い。ところが古代律令国家が支配下に治めた後に、本格的な水田稲作が展開した東北地方では、すでに広まっていた大陸・半島的供犠も受容したことから、貴重な家畜である牛馬を雨乞いのために捧げるようになったと考えられる。

ちなみに日本とは近世に関係を深め、近代になって取り込まれた北海道と沖縄は全く事情を異にした。もともと北海道・沖縄には、狩猟や飼育を基礎とする動物文化が根付いており、日本よりも動物との距離感は近かった。それゆえ北海道には、狩猟動物の生命観を極限にまで昇華させたと思われるイヨマンテのようなアイヌの動物儀礼があり、沖縄には直接に中国の影響を強く受けたハマエーグトゥやシマクサラシなどの動物供犠があった［原田ほか：二〇一二］。

もちろん日本においても、農業労働のための家畜や狩猟活動を通じた動物との関わりがあり、とくに山間部や被差別部落などの間に高い肉食文化が伝えられたが、北海道や沖縄のような徹底した動物利用には至らなかった。こうした距離感の違いはあれ、現実には農耕のための動物供犠が、実に長い間行われ続けて来たのであり、農民たちの間では、猪鹿にせよ牛馬にせよ、これらを神に捧げることが不可欠の儀礼だと意識されていたのである。

ところが水田稲作を社会的生産の基盤として選択した古代律令国家は、稲作の障害になると考えた殺生や肉食を遠ざけたため、政策的には動物供犠を否定する方向に進んだ［原田：一九九三］。さらに同じく稲作の発展を願っても、動物供犠を排除すべきだとする国家上層部の理念を信奉する人々とは別に、野獣である猪鹿の供犠が農耕の成就をもたらすと考えたり、農耕に必要な雨を降らせるために大切な家畜である牛馬の供犠が必要だとする農民たちもいた。

こうした相矛盾する動物供犠への二つの評価が、古代律令国家期に併存していたことは充分に認識しておく必要があろう。それゆえ北海道と沖縄を除いた古代律令国家以来の支配領域、つまり日本的な米の世界においても、弥生的動物供犠と大陸・半島的動物供犠とが想像以上に広がり、その後も長く残るところとなったのである。

しかし古代律令国家が選択した、動物供犠を排除することで農耕に豊かな稔りがもたらされるという価値観は、まず大陸・半島的動物供犠を〝漢神の祭〟と規定し、農耕に大切な牛馬の費えとするような信仰を拒否した。そして最終的には、〝聖なる〟米に害を及ぼす〝穢れた〟肉を追放するという論理が、牛馬以外へと広がり、やがては旧来の弥生的動物供犠をも徐々に否定していくところとなった。

もともと東アジア世界の一部をなす日本という観点からすれば、弥生的動物供犠や大陸・半島的動物供犠の存在は自明のこととすべきだろう。むしろ、これらの供犠がなにゆえに長く残ったかではなく、まさに動物供犠がなぜ農耕の障害になると見なされて、それらが否定されていったのかが、もっとも重要な問題として提起されねばならない。すなわち米を重要視して、これを政策の基調に据えようとした日本の古代国家が、中国や朝鮮あるいは東南アジア世界とは異なり、どうして動物供犠を拒否したのかが問われるべきだろう。

たしかに文化史的にも、日本には花鳥風月という美意識はあっても、動物は鳥にしか眼がいかず、龍虎など特別なものを除けば、四足獣が絵画の題材とされることも少なく、草木や鳥のデザインはあっても、四足獣はほとんど用いられず、概して人間と動物一般との距離がかなり遠かったという特徴がある。

やはり日本の歴史を巨視的にみれば、家畜文化を本格的に展開させたことはなく、相対的に動物との関係性が弱く、最高の司祭者である天皇が、神への供物として動物を捧げることはなかった。こうした方向性は、米志向を強めた古代国家以降に著しい展開をみせたが、たしかに初源の日本神話にも、そうした動物と神の密接な関係を窺わせるような記述を、ほとんど見いだすことができない。

日本では、付編補論二で検討するように、中国とは異なって、王が動物供犠を主宰することはなく、もちろん歴史的には公家や武家の権力者が、好んで催した鷹狩り・巻狩りは長く続けられたが、天皇や公家の狩猟は、統一国家成立後のかなり早い段階で廃止されてしまった。それゆえ狩猟という行為一般も、殺生罪業観の展開とともに、次第に衰退の一途をたどるところとなる。また親鸞の悪人正機説にもっとも典型的に語られているように、社会的に狩猟行為自体が悪とみなされ、殺生や肉食は禁忌の対象とされていったのである。

こうした決断の背景には、やはり家畜文化の欠落という問題が大きく、動物との距離感が比較的遠いということが、中国大陸や朝鮮半島との動物観や動物供犠の違いを歴史的に招いた要因と思われる。しかし、この問題は単純ではなく、より広い視野に立った考察が必要となるので、以下、理論的な問題を踏まえた上で、最後に総合的な検討を試みることとしたい。

第二節　供犠の理論をめぐって

これまで見てきたような植物や動物に対する生命観のあり方は、そのまま動物供犠への姿勢にも関わるもので、日本においては両者の関係性を、根底から理解しようとする認識がかなり稀薄だったように思われる。ここでは、こうした問題を考えるために、これまで提起されてきた供犠の理論について見ておくこととしたい。すでに多くの文化人類学者たちが、動物供犠に関してさまざまな議論を繰り返してきた。

とくに植物の穀霊については、ジェームス＝フレーザーが一八九〇年に初版を刊行した『金枝篇』において、世界の農耕諸民族に穀物を母女神として人格化するという傾向を認めている。そして穀霊を一年中活かし活動的にしておく必要があり、そのために動物の生命を奪って、穀霊に命を吹き込むという供犠を行うとし、さらには人間の供犠に至る事例を数多く紹介している［フレーザー：一九五一・五二］。

もともとフレーザーの研究は、王殺しをはじめ未開社会の信仰や呪術・神話などをテーマとするもので、膨大な文献渉猟に基づいており、簡単に要約することは難しいが、植物と動物との生命観に関わる近親性を強調している点に注目しておきたい。

むしろ動物供犠の問題を正面から論じたのは、フレーザーの友人ロバートソン＝スミスで、一八八九年の序文を有する『セム族の宗教』では、『旧約聖書』の世界を中心に供犠の意味が体系的に論じられている。とくにスミスは、動物供犠を神との共食という観点から、血の灌供にも注目して、神と信者との饗宴と理解し、そこにおける霊的交流に目的があるとした［スミス：一九四一・四三］。

さらにエミル＝デュルケームは、一九一二年刊の『宗教生活の原初形態』において、スミスのトーテム理論を発展させ、動物の供犠は人間の暮らす世界と超自然的な存在の住む世界との交霊行為で、これによって自分たちの集団に役立つ動植物の繁殖がもたらされるという見解を提起した［デュルケーム：一九四一・四二］。

こうしてスミスやデュルケームが、いわば霊的交流論的立場を採るのに対し、マルセル＝モースとアンリ＝ユベールは、一八九九年に発表した『供犠』において、贈与という観点から動物供犠の性格を考察した。供犠は、生贄を媒介として聖なるものと一体化するための手段であり、そこには贈与を介した契約の観念があることを重視している［モース・ユベール：一九八三］。

その後一九四九年に、ミルチャ＝エリアーデは、動物や人間の供犠は、植物生命に宿る力の再生を促すもので、これによって収穫が増強され増進されるとし、埋葬される死者は、母なる大地の胎内に埋められる種子に通じ、死者の再生が豊饒に寄与すると考えた［エリアーデ：一九六八］。

さらにアフリカのスーダン南部のサバンナや沼地に暮らす牛牧民・ヌアー族を、一九三〇年代から調査・研究したエヴァンス＝プリチャードは、これまでの供犠概念を覆すような報告を『ヌアー族の宗教』で行っている。ヌアー族も、供犠を通じて神と交流するが、災難が神によってもたらされると考えるところから、神に背を向けて貰いたいので供犠を行うという。

彼らはウシを最大の供犠獣とするが、植物のキュウリを捧げる場合もあり、効能は同じだと考えている。また神のほかに精霊に対しても供犠を行い、神は代替物のキュウリでも満足するが、精霊は動物の供犠を要求するので、一種の取引として病気などにかからないために、これに応ずるという。

神は人間に供犠を要求するわけではなく、また供犠を行ったからといって、必ずしも神の好意が自動的に得られるわけではない。ところが精霊は、与えられるものが足りていれば人間を悩ますことはないが、それを怠ると責めを受けるところとなる。ヌアー族の供犠には、神と精霊という二重の対象があり、極めて複雑な構造を有している。

さらに動物供犠は、贖罪や厄払いのほか、成人式や結婚式に際しても行われるが、捧げたウシを食用に供することはなく、その死体は放棄される。こうした供犠においては、神との共食によって一体化が実現するわけではないが、生命を捧げる生贄が、神と人間との介在者となって交流が行われるという結論が導き出されている[プリチャード：一九八二]。

こうした動物供犠の理論に関する研究史を振り返ってみると、その目的や意義を一律に理解することは不可能に近い。とくにプリチャードが扱ったヌアー族については、それまでの書斎派的傾向が強い研究とは異なり、現地での詳細な調査に基づく分析がなされたという特徴がある。それゆえ、従来の研究史によって構築されてきた理論を意識しつつ、調査が行われたところから、さまざまな供犠の実態が明らかになった点が評価されよう。

ただ牧畜を主体とするヌアー族の場合は、雑穀の栽培も行うが、基本的には農耕の論理とは異なる性格の供犠であったという事情がある。それゆえ動物供犠の形態や歴史も単純ではなく、それぞれの民族の歴史において、さまざまな価値観や観念が存在したと考える必要がある。こうしたヌアー族の例を待つまでもなく、すべての供犠が農耕のためであったと考えているわけでない。

しかし日本の動物供犠の特徴を考えるには、やはり農耕との関連を重視しなければならないだろう。すなわち日本においても、農耕のために動物の命を奪うという論理が、とりわけ弥生的動物供犠や大陸・半島的動物供犠の背後に、どれだけ強く働いていたのかが、改めて問題となろう。とくに穀霊の存在は重要で、それは日本においても、弥生以降には充分に意識されていたものと思われる。従って問題は、動物の死が植物の再生を招くという生命観に関わる認識が、果たして古代の日本に存在していたか否かという点に絞られる。

そこで、まず縄文的動物祭祀の問題からみていけば、第三章第一節で検討したように、あくまでも狩猟・漁撈のためのものと考えるほかはなく、農耕を目的とした動物供犠を、考古学的資料から確認することはできない。しかし先にも述べたように、社会的比重の問題は措くとしても、縄文時代に農耕が行われていたことには疑いはない。そこで先にイェンゼンが指摘したような原始的農耕文化に伴うハイヌヴェレ型の神話が、日本にも存在したことの意義を問う必要があろう。

すなわち『古事記』には、スサノオが殺したオオゲツヒメの死体から、稲種をはじめとする五穀がなったという神話があり、『日本書紀』も、イザナミが生んだ火の神カグツチの子であるワクムスビの臍から五穀が生まれたといい、食物の神であるウケモチノカミの死体から牛馬のほか稲や五穀が生じたとしている。また世界史的にみても、ハイヌヴェレ型神話は、女性の体内から火が生まれたとする神話の分布範囲と重なるもので、焼畑農耕との深い関わりが指摘されている〔大林：一九八六〕。

さらに中国にもハイヌヴェレ型神話の変型と考えられるものがあり、河南省あたりの話からなる『山海経』巻一八「海内経」には、農耕神と思われる后稷《こうしょく》を葬った場所から、膏菽《まめ》・膏稲《いね》・膏黍《きび》・膏稷《あわ》など百穀が自生したとする話がある。こうした神話類型と原始的雑穀農耕は、おそらくは紀元前のかなり早い時代に、中国西南部に広まっていたことが窺われる。そして栽培型植物種子などの検出から、そうした原始的焼畑農耕は、すでに縄文時代には日本列島にも伝えられており、その痕跡が『古事記』『日本書紀』に留められたと考えてよいだろう。

それゆえ神の死がもたらす作物という神話の背景には、農耕と再生という観念の存在があったとしなければならない。すなわち先のイェンゼンの理論からすれば、縄文農耕にも動物供犠が伴っていた可能性を考える必要があろう。しかし縄文時代には、動物供犠を物語る考古学的資料は存在しない。ただ農耕が開始されたと推定される縄文中期以降からは、女性を表現する土偶が数多く出土するようになり、そのほとんどが再現不可能な形で破壊されているという点が興味深い。

もともとハイヌヴェレ型の神話では、女神の身体を小さな断片に切り刻んで、土に埋めたところ多くの芋が出現したという筋書になっている。つまり女神はバラバラにされねばならず、この点が女性土偶の破壊に通じるところとなる。事実、こうした土偶の破片は縄文中期に遺跡から数多く出土するが、とくに山梨県の釈迦堂遺跡からは、一一一六点の土偶片が見つかっているにもかかわらず、完全なものは一体もなく、それらの土偶の製作法も予め分断を予想したものであったという［吉田：一九九〇・九二］。

これらは豊穣の象徴である女性の土偶を徹底的に壊すことで、殺される女神を演出した一種の農耕儀礼と見なされている。こうして本来は焼畑農耕に伴うはずの神殺しや生贄という観念が、日本では土偶の破壊という形で実現され、動物供犠には至らなかったところに大きな特色があると考えてよいだろう。これは縄文農耕が社会の主流とはなりえなかったためで、基本的には、生命の供犠が農耕の豊穣を約束するという観念が日本列島には根付かず、単なる儀礼要素としてのみ女神の殺害があったと考えざるをえない。それゆえ縄文的な動物祭祀は、結局のところ狩猟・漁撈という範囲に留められ、そのために改めて動物の生命を奪うということはなかったのである。

ところが水田農耕が本格化する弥生時代になると、先にも述べたようなブタやイノシシの下顎骨懸架が、おそらく農耕のための動物供犠として行われるようになった。これは農耕技術の伝来に伴うもので、弥生時代以降には、明らかに死と再生という観念が日本にも定着しつつあったことが窺われる。とくに注意すべきは、第三章第二節でみた『播磨国風土記』におけるシカの血を、水田に播くという事例であろう。

さらに血と農耕という観点からすれば、「天道さんの金の鎖」「瓜子織姫」「牛方山姥」などの昔話に関連する事例がある。前二者では、天に昇ろうとして畑に落ちて死んだ山姥や、瓜子姫を虐待して殺されたアマノジャクの血によって、現在のソバが発生し、その根や茎が赤くなったという。また後者では、大きな釜で煮られて死んだ山姥の血が赤いニンジンを生じさせたという筋書きになっている。

これに関して神話学の立場からは、こうした昔話もハイヌヴェレ型の作物起源神話の系譜に属するものとされている［大林：一九九〇・吉田：一九九二］。たしかに山姥やアマノジャクを女神に見立てれば、死体仮生神話の要素を含んでいるようにみえるが、必ずしもこれらが縄文起源であるのかどうかは判断が難しい。

むしろ、これまでの本書における検討事例からすれば、シカの血の話は弥生起源のものとするのが妥当だろう。山姥やアマノジャクの死が、穀類や野菜の起源だという説明は、オオゲツヒメやウケモチノカミの変型と考えて間違いないが、血の問題は弥生以降の可能性が高いとしなければならない。

とくに『日本書紀』ではオオゲツヒメの頭部が牛馬に化したとしており、この部分が古墳時代に付け加えられるか、あるいは改変されたことは明らかである。また稲も『日本書紀』では同じくオオゲツヒメの腹から、そして『古事記』ではウケモチノカミの目から生じたとしており、これらは弥生以降の説明としなければ辻褄が合わない。

ハイヌヴェレ型神話の到来自体は、縄文時代としてよいであろうが、その背後にあった観念までもが列島上で広く展開をみたとすることはできまい。しかもオオゲツヒメやウケモチノカミの神話には、弥生・古墳時代以降の付加が明確に読み取れるという点に留意すべきだろう。ましてや日本昔話の山姥やアマノジャクの話には、さまざまな歴史段階における観念の要素が加えられており、血による作物起源の説明は、弥生的動物供犠が始まった以降のものと思われる。少なくとも縄文時代における動物供犠の事例が、考古学によって明確に証明されるまでは、そう考えざるを得まい。

第三節　人身御供・人柱と首狩りが語るもの

もともと神への供物は、狩猟による動物にしても、農耕による植物にしても、それらを神の恵みとして感謝し、人々にとっても大切なものを神に捧げて、その力に頼って豊猟や豊穣のほか加護を期待するためのものであった。それゆえ動物供犠の問題、つまり生命を捧げるという儀礼は、究極的には人間にまで至るところとなる。多くの人々の耳に慣れ親しんでいる事例としては、犠牲を共同体の内部に求めた人身御供や人柱があり、共同体外に向けた首狩りなどの儀式が知られている。

こうした人身御供などの人身供犠については、すでに供犠の問題を扱ったフレーザーやスミスのほか、イェンゼンやエリアーデなどが、豊富な事例を紹介し分析を加えている。これらの材料は、東南アジアやアフリカの諸民族の神話や祭祀劇などから採られたもので、そのまま人身供犠の実際を記したものではないが、人類史のある段階では人身供犠があり得たと考えてよいだろう。とくにフレーザーが、アフリカなどの事例で指摘した殺される王という問題は興味深く、いくつかの批判もあったが、今日ではほぼ事実と考えられている［山田：二〇〇七a］。

すでにフレーザーは、簡約版『金枝篇』第六章において、アジアの事例として朝鮮の王殺しについて触れているが［フレーザー：一九五一］、これは『魏志』扶余伝に、「旧扶余俗、水旱調せず、五穀熟らざれば、輒《すなわち》ち咎を王に帰し、或る言には易《か》ゆるに当たるか、或る言には殺すに当たるか」とある部分を指すものであった。すなわち天候の不調などで穀物が実らなければ、その責任をとって王が交替するか、あるいは殺されるという旧俗が、かつて朝鮮半島にもあったことが窺われる。

さらに中国大陸では、紀元前三世紀半ばに成った『呂氏春秋』季秋紀順民篇に、「天大いに旱《ひでり》し、五年収めず、湯《とう》乃ち身を以て桑林に禱る。曰はく、余一人罪有り、萬夫に及ぼす無かれ……是に於いて其の髪を剪り、其の手を酈《れき》し、身を以て犠牲と為し、用《もっ》て福を上帝に祈る」とあり、殷の始祖とされる湯が、長年の旱魃の罪を自らに負わせて犠牲となった旨が記されている。ここでは王の美談の如き記述となっているが、殺される王の中国における存在を示すものといえよう。

これに関して白川静は、『呂氏春秋』や『魏志』扶余伝のような王殺しの話が、他の中国史書類では、旱害などの時に焼き殺されるのが巫祝となっている点に注目した。そして性格はやや異なるが、先に『魏志』倭人伝で見たように、災いを招いた持衰が殺されることを、そうした王殺しの延長線上に位置するものとみなしている［白川：一九七九］。

たしかに『魏志』倭人伝の該当部分には、喪礼的な要素が強く、そこには農耕という目的は登場しない。しかし、こうしたことから推察すれば、農耕の不順を背負って王や巫祝などが殺されるという事例が、弥生や古墳の時代に全くなかったとは言い切れまい。

さらに農耕のための人身供犠の存在については、さまざまな議論があるので、ここでは民俗学を中心にみていくが、その頂点にあった柳田国男には、存否をめぐって微妙な揺れがあったことが指摘されている［六車：二〇〇三］。まず明治四四（一九一一）年には、第四章第一節でも触れたように、加藤玄智が『仏教史学』一編二号に「宗教学と仏教史」を発表し［加藤：一九一一］、人身御供実在論を展開したのに対し、すぐさま柳田は同誌一編八号に「掛神の信仰に就いて」を書いた。そこでは動物供犠のさまざまな事例を紹介しながらも、日本には人身御供は存在しなかったという反論を行っている［柳田：一九一一］。

しかし大正六（一九一七）年に、柳田は「一目小僧」を発表して「大昔のいつの代にか、神様の眷属にするつもりで、神様の祭の日に人を殺す風習があった」、あるいは「祭の度ごとに一人ずつの神主を殺す風習」があると述べ、神への生贄は前年度から神託や籤によって選ばれ、その印として片目が傷つけられたという推論を行うようになる［柳田：一九一七］。この祭の性格に関する言及はないが、その目的は農耕であったと考えてよい。

このことは、翌大正七年に柳田が菅沼可児彦のペンネームで執筆した「農に関する土俗」において、農耕に伴う人身供犠の問題に触れていることからも裏付けられる。とくに、この小文の最後で、古くから田植神事にウナリあるいはオナリ女が登場し、田植の日に女が死んだという言い伝えが各地に残るところから、農神にオナリ女が捧げられるという儀礼の存在を想定している。そして田植の日に早乙女たちが泥を掛け合ったり、水田のなかに転がし倒したりする例があるのは、「太古の殺伐な儀式の痕跡」と理解出来なくもない、という微妙な結び方をしている［柳田：一九一八a］。

こうした柳田の急激な変化は、フレーザーの影響によるものと見なすべきで、加藤の人身御供論を批判した翌年の明治四五（一九一二）年には、『金枝篇』五冊を英文で読破している［佐伯：一九八八］。そして大正七（一九一八）年の「橋姫」では、はっきりとフレーザーを引き、「外国には近い頃まで、此神霊を製造する為に橋や境で若い男女を殺戮した例が少なくない。日本では僅かに古い〳〵世の風俗の名残を、かの長柄の橋柱系統の伝説中に留めて居る」として、日本における人身供犠の存在を認めている［柳田：一九一八b］。

ところが昭和に入ると、柳田はフレーザーの学説に対して批判的な立場を採るようになり、再び人身供犠はなかったとする主張を始めた。昭和二（一九二七）年に発表した「松王健児の物語」では、さまざまな人柱伝説を紹介し、それが水神信仰に繋がる点を重視しながらも、個々の伝承は事実ではないとしている［柳田：一九二七b］。

さらに同年に発表した「人柱と松浦佐用媛」でも、多くの水神に関わる人柱や人身御供譚を提示しながらも、もともとは一つの伝説が各地に流布していく過程を分析して、それらの人身供犠はあくまでも民衆が創り上げた物語だ、と見なしている［柳田：一九二七c］。ただ柳田が人柱や人身御供を水に関わるものと考え、必ずしも遠い初源に人身供犠がなかったと断じているわけではない点には注意を払うべきだろう。

もともと柳田は、穀霊など農耕に関わる興味から、一時期明らかにフレーザーの影響を受けたが、人身供犠の問題では、おそらく当時のナショナリズム的な心情も働いて、日本における存在を認めることに躊躇を示したものと思われる。たしかに、その存否については、確証に足る史料や伝承が残るわけではなく、人身供犠を認めた「一目小僧」「農に関する土俗」の両論にしても、あくまでも推論としての域を出るものではなかった。

むしろ、そうした柳田の問題提起を受けて、新たに独自の理論を積極的に展開したのは異色の民俗学者・中山太郎であった。大正一四（一九二五）年、中山は『中央史壇』生類犠牲研究の特集号に、「人身御供の資料としての『おなり女』伝説」を発表し、穀神に対する信仰の中心は女性であったと見なして、農耕と生殖の関係を強調した。

その上で中山は、田植に昼飯を持参するオナリ女が死んだ話や、嫁殺し田と呼ぶべき伝説などを紹介し、これらが農神への人身御供を物語るものだと考えた［中山：一九二五］。この論考でオナリ女の話四例のほか、姑にいじめられて死んだ嫁が水田や田植と関係するという伝説九例を集めたのは、論拠の弱い柳田の想定を補強するものであった。これらの伝承では、いずれも女性が死んだという話に止まるが、ここに人身御供の存在を見いだそうとした中山の鋭い読みに注目する必要がある。

たしかに日本では、農耕のために王や巫祝あるいは神主を殺すという事例を、史料や伝承に見いだすことは難しいが、こうした中山の推論に『魏志』倭人伝における持衰の話を重ねてみると、古墳および弥生時代に殺される巫祝が存在していた可能性は高いとすべきだろう。ちなみに農耕ではないが、『魏志』倭人伝には卑弥呼の死に際して「奴婢百余人」の殉死者があった旨が記されており、大化二（六四六）年のいわゆる大化薄葬令以前においては、殉死の習俗が行われていたことも考慮すべきだろう［平林：

二〇〇〇］。

また、すでに指摘したように縄文段階においては、動物や人間の生命を捧げるという発想は存在しなかったが、弥生時代以降に稲作に伴う動物供犠が展開をみた。しかも農耕の本格化に伴い、戦争が恒常化し多くの人々が、その犠牲となったことは、縄文と弥生の人骨の損傷状況の比較からもほぼ首肯されている［佐原：二〇〇五］。

こうした著しい社会的変化は、植物や動物さらには人間をめぐる生命観に大きな変容をもたらしたとすべきだろう。それゆえ農耕を積極的に推進した弥生以降に、共同体の維持・繁栄を目的として動物供犠が行われるようになったが、それが人身供犠にまで至ったという筋書きが考えられる。

こうした人身供犠の問題について六車由実は、いわゆる人身御供と人柱は峻別する必要があり、原則として前者は定期的で、かつ共同体内部から選ばれるのに対して、後者は臨時的なもので、対象も異人などさまざまなケースがあるとしている［六車：二〇〇七］。さらに六車は、城郭のほか池や堤などの築造に際して行われる人柱に対して、人身御供譚については、神の食べ物として供され、その多くが女性であったことを指摘している。

そして六車は、人身御供譚は史実とするよりも、神への生贄を、暴力的に殺害して食べることで神と一体化するための儀礼で、その認識をよりリアルに実感させるための物語であったと結論する［六車：二〇〇三］。たしかに生贄の物語が、そうした機能を果たしたことに疑いはないが、それらが文字化されるはるか以前の段階においては、日本でも農耕を主な目的として動物のみならず人身の供犠が行われていたことを想定してもよいだろう。

言うまでもなく人身御供譚の典型とされ、かつ生贄の語の物語的初見とされる『今昔物語集』巻二六—七「美作国の神、猟師の謀によりて生贄を止めし語《こと》」と巻二六—八「飛騨国の猿神、生贄を止めし語《こと》」は、ともに猿神退治という性格をもつ。すなわち若く美しい娘を生贄として要求する猿神が、勇敢な武士や僧侶に退治されるという話となっている。ここでは、すでに人身供犠の物語は、農耕とは無関係な展開となっているが、そこでも共同体に厄災が及ばないことが前提となっている点に留意する必要がある。

もともと人々が執り行う儀式・儀礼の背景には、共同体の安定・発展つまり厄災の排除や豊穣あるいは招福という願いがあった。しかも農耕が開始されると、先にも述べたように死と再生との深い関係性が認識され、そのより安定的な展開のために野獣そして家畜が供されるようになる。そして農耕による社会的剰余をめぐって、戦争が一般化するような状況のなかで、人身供犠が行われるようになったとすべきだろう。

これについては後にも述べるように、おそらく初めは外部から、やがては内部からも人命が供されたが、ある段階で歯止めがかかり、そこから共同体維持のための犠牲という記憶を維持させるために、人身供犠の物語が語られるようになったと考えられる。

また同じ人身供犠でも人柱の場合には、『日本書紀』仁徳天皇一一年一〇月条に、茨田《まんだ》の堤を築く際に、強頸《こわくび》と衫子《ころものこ》を人柱に立てようとした話がある。しかも強頸の場合には泣きながら犠牲となって堤が築かれたが、衫子は知略によって河の神を治めたために犠牲にならずに堤を完成させた。これは智恵によって人柱を克服し得てはいるが、同時に未だ人柱が必要だと考えられていた状況を物語るものだ、という指摘がある［三浦：二〇〇七］。

この場合、堤が農耕と密接に関わるのに対して、一般的に人柱伝説には、大阪の長柄橋をはじめ橋や城郭との関連が深く、近世までも伝承されるケースが多い。さらに橋や堤など以外でも、大正一四（一九二五）年に、江戸城では皇居二重橋の地下から立ち姿の四つの人骨が発見されたほか［六車：二〇〇三］、沖縄でも浦添グスクや勝連城さらには首里城の城門・城壁の下から人骨が出土した事例が確認されている［浦添市：一九八三・勝連町：一九八八・沖縄県：二〇〇三］。これらが実際に人柱として埋められた可能性もあるが、城郭という対象からは農耕との関連性が薄いように見える。

しかし先に柳田が指摘したように、人柱と水神信仰とが古くから密接な関係にあった点には留意すべきだろう。また歴史学の側からも、人身御供が水に関わる神や怪物に捧げられるもので、人柱も城郭や橋以前には堤や池など水利に関わることから、人身供犠を農耕のためのものとする指摘もあり［椎野：一九九五］、やはり人身供犠の問題は農耕との関係で理解していく必要があろう。

こうした観点からすれば、『古事記』『日本書紀』に見える人身御供譚の原型ともいうべき奇稲田姫の話も、八岐大蛇への犠牲とされる姫の名前自体が、稲田の豊穣を意味することが重要だろう。さらに先に中山太郎が指摘したオナリ女や嫁殺し田の伝説は、農耕のために女性が捧げられたことを暗示するもので、もちろんこれは豊穣と出産とのイメージが重なることにもよるが、共同体の維持・安定を前提とするなら、弥生以降にあり得た可能性の高い人柱を含む人身供犠の最も主要な目的は、初源的には農耕にあったと考えられる。

また首狩りについては、人身供犠を外部に求めるもので、頭蓋骨の保存などを伴う場合が多い。これに関してはフレーザーが、すでに簡約版『金枝篇』第一八～二〇章で、インドネシアの事例などを断続的に取り上げているが、死霊との関連で触れているに過ぎない［フレーザー：一九五一］。その後、研究が進み現在では、首狩りには狩猟民的文化要素も認められるが、死と再生という観点からすれば農耕民的な世界像に属するものだと考えられている［大林：一九六六］。

とくに近年では、首狩りが豊穣をもたらすという観念が、台湾原住民の間に広く存在していたとされており［山田：二〇〇八］、台湾では敵の首が種に効いて豊穣を約束すると信じられていたことがインドネシアでも豊穣を招来するのみならず病気や痛みを遠ざけてくれる、と考えられていたほか、指摘されている［山田：二〇〇七b］。すなわち農耕が、人身供犠の大きな目的であったと考えて間違いあるまい。

いうまでもなく首狩りは、犠牲を外部に求める点に特徴があるが、もともと人身御供にしても外部の人間が用いられたと考えられる。すでに中国の殷代においても、異族を犠牲としたという指摘もあり［白川：一九七二］、戦争が前提とされていたが、おそらくは恒常的な戦争状態が終わり、安定的な社会がもたらされた段階で、観念的に共同体内部に向けられていったものと思われる。台湾などの首狩りにしても、敵対する集落の人間とは限らず、通りすがりの歩行者でもよいとされている。

これについては日本でも、尾張の大国霊神社の追儺《ついな》祭には、旅人を捉えて俎に据え人身御供とするというストーリーが組み込まれており、筑紫の太宰府観音寺にも、旅人を捉える同様の祭がある。これは単なる人身御供というよりも首狩り的な要素が強いように思われる。こうした祭祀について、近世の知識人たちは、これらを淫祠として否定し、もともとは中国の邪神を祀ることを模したものだとしている［六車：二〇〇三］。

これは近世において新たに日本を中心とした国際秩序の模索、つまり日本型華夷秩序の展開に応じて［荒野：一九八八］、中国文明からの自立を意識したという歴史的背景に基づく言説とすべきだろう。すでに近世段階での追儺祭においては、生贄とされる儺負人を雇うなどの形式化が認められるが、ここでは、その説明が興味深い。

すなわち儺負人は、先にみた奇稲田姫の神慮を慰めるために、大蛇に見立てられて神前に備えられるといい、最後に儺負人は土で作った大きな鏡餅を背負わせることになる［六車：二〇〇三］。この祭儀の説明に奇稲田姫が登場するのは、人身御供譚の伝統を引くものではあるが、鏡餅が用いられることは、やはり稲作との関連を暗示させている。

もちろん追儺は、人身御供を外部に求める点が首狩り的ではあるが、頭蓋骨は全く問題にされておらず、その意味では、これを首狩り儀礼と見なすことはできない。やはり日本における民俗や伝承あるいは史料類には、首狩りを思わせる事例は見当たらない。考古学的事例としては、弥生の首無し人骨をどう考えるかが問題だろう。ただ日本の弥生文化の源流をなす中国西南部においても、首狩りと稲作儀礼との密接な関係が指摘されており［鳥越：一九九五］、首狩り儀礼そのものではなくとも、再生と死を人間レベルで象徴する儀式の一部や枠組みが、日本に伝えられた可能性はありうる。

こうしてみると動物供犠に加えて、少なくとも人身御供や人柱という観念が、弥生時代に水田稲作に伴って日本へもたらされたものと考えてもよいだろう。そうした観点からすれば、『魏志』倭人伝における持衰の性格や、オナリ女や嫁殺し田伝説の存在、いくつかの人身御供譚や大国霊神社の追儺祭などは、農耕などのための人身供犠が、弥生時代や古墳時代初頭において行われていたことの名残りかも知れない。やがてそれらが物語性を帯びて伝承され続けたり、祭の一部として儀礼化されたりしていったものと思われる。

こうした人身供犠は、あくまでも弥生的動物供犠の延長線上に成立したもので、おそらくは首狩りの場合のように、初めは外部から始まり、やがては内部に及ぶようになった可能性が高い。このような農耕のために動物の生命を捧げるという弥生的供犠の源流は、もともとは中国および朝鮮半島にあったが、それが新モンゴロイドの移動に伴う形で、稲作農耕とともに日本列島へもたらされたものであろう。

そして農耕のために、やがては野獣ではなく、水田稲作と同じ経路を通じて移入されたウシやウマという家畜を用いた動物の供犠が行われるようになった。あるいは人身供犠にまで至ったとも考えられるほどに、農耕の確かな成就のためには生命を捧げることが要求されるようになったのである。

ところが、この大陸・半島的供犠は、その後に成立をみた中央集権的古代律令国家によって、これを排除するような方向に動き始める。その理由と歴史的過程については、前著および本書付編補論一・二に記したように、古代律令国家が稲作の推進を目的として、それに障害をもたらす動物の殺生と肉食を、積極的に忌避するような価値観を全国的に浸透させたからに他ならない。そして、そうした方向性の予兆は、すでに『魏志』倭人伝の記述から、弥生末から古墳時代初期の段階に胚胎していたと考えられる。

いずれにしても日本においては、東南アジアでは特異とも評しうるほど米への執着が著しく、稲作の展開のために動物の肉は遠ざけられるようになった。その政策的な明示である天武天皇四（六七五）年の肉食禁止令は、厳密には殺生禁断令とすべきで、牛馬などの家畜とサルだけは肉食を禁じているものの、野獣である猪鹿については対象外となっている点が重要である。

　このことは大陸・半島的供犠の禁止と趣旨を同じくするもので、とくに農耕などに重要な労働力となる牛馬の屠殺を認めることはなかった。さらに、この段階では弥生的供犠に用いられる猪鹿が屠殺禁止の対象とはなっていなかった点に留意すべきだろう。

　ところが、やがて猪鹿についても、屠殺と食用を排除する方向へと動く。その論理は、第六章第四節でも触れた穢れによるものであった。すでに述べたように、穢れという観念自体は、仏教や道教などの影響を受けたもので、その源流は中国にあり、六世紀以降に朝鮮半島を経由して日本に入った。そして九世紀頃から、それを祓うことが重要な国家儀礼となり［山本：一九九二］、やがて一一世紀には穢れ意識が独自な日本的展開を遂げるようになった。

　なかでも肉食の穢れに関して、その歴史的展開の過程を辿れば、すでに見たように『養老律令』には散斎として肉を忌む規定はあったが、この段階ではまだ穢れとは規定されていない。六畜の肉食を穢れと規定した最も早い事例は、弘仁一一（八二〇）年に撰進された『弘仁式』で、その全文は残らないが『西宮記』には「或る記に云く、弘仁式に云ふ、穢忌の事に触れ忌に応ずれば、六畜……其の完[六]を喫《くらは》ば、……三日」とする逸文が見え、これ以後、穢れに関する記載は、諸書にしばしば登場するようになる［三橋：一九八九ａ］。

　この『弘仁式』の穢れ規定は、より体系化されて『延喜式』巻三臨時祭にも引き継がれ、とくに同書には「凡そ甲の處に穢れありて、乙其の處に入らば〈着座と謂ふも、下また同じ〉、乙に及び同じき處の人皆穢れとなる」という規定が見え、さらに穢れは同様に丙にも及ぶとされている。つまり穢れた人物と同座すると、その人々にも穢れが移って、それは三人目で止まるといういわゆる触穢三転の思想が、すでに一〇世紀初頭に成立していたことが窺われる。

そして治安（一〇二一～二四）年間頃の成立とされる『北山抄』巻四雑穢事には、同じく触穢三転に関する記事の割注として「今案ずるに、飲食も之に同じ」とあり、この頃から同座のみならず、いわゆる合火や又合火などによっても、さまざまな穢れが三転するという認識が広まり、国家儀礼レベルで定着していたことが窺われる。

その後、こうした穢れについては、『小右記』万寿四（一〇二七）年八月条に、関白・藤原頼通の質問に対して、「天竺触穢を忌ざるは、余答て云く、穢は日本の事、大唐すでに忌穢を忌ず」と藤原実資が答えたという記事が見える。ここでは、穢れは日本独自のことでインドや中国には、これを忌むということがないとしている。これは穢れの由来を無視した議論ではあるが、当時の知識人の穢れ意識の強さを物語るもので、日本においては極度に肥大化していたことがわかる。

もちろん穢れはインドにも存在し、そこでは聖なるウシを殺す者や犬食を行う者は穢れと見なされて差別の対象となったが、肉食一般が穢れとされたわけではない［小谷：一九九九］。ここで留意すべきは、インドにおける犬食のように、一般とは異なるものを食する者が穢れと意識されたという点で、こうした原則は日本でも同様であったと考えてよいだろう。それゆえ、先に見た『弘仁式』の例からも明らかなように、すでに九世紀の日本では、六畜の肉食が一般とは異なる食生活と見なされていたことになる。

また中国で成立をみた偽経とされる『梵網経』を重視した新羅仏教においては、日本と同じように不殺生戒が受容され、八世紀中葉には朝鮮半島においても、肉食そのものが殺生行為にあたるという論理が構築されていた［尹：二〇〇八］。しかし、これは一部の仏教界における極端な議論で、その後の朝鮮半島においては、肉食が一般に忌避されなかったばかりではなく、それが稲作の妨げになるという認識が生まれることがなかった。

こうしてみると、日本で発達した〝聖なる〟米を守るために〝穢れた〟肉を排除するという論理は、稲作が広く展開を遂げた東アジア・東南アジア世界のなかでも、極めて異様なものであったと評せざるをえない。

さらに第六章第四節でも紹介した勝浦令子の指摘のように、中国では産穢が強かったのに対し［勝浦：二〇〇七］、日本では産穢よりも肉食の穢れの方が重視されたという点にも留意する必要がある。これに関しては、前著で論じたように、『延喜式』で三日とされた六畜の肉食の穢れが、鎌倉期には猪鹿の場合で一〇〇日にも拡大していることが重要で、弥生的動物供犠の対象とされたものが、中世においては、最も強い穢れの対象となっていたのである［原田：一九九三］。

こうした穢れに関しては、その後の近世の逸話に、きわめて興味深い事例がある。安永二（一七七三）年刊の木内石亭著『雲根志』前編巻一霊異類一六「鮓答《さとう》祈雨」に、近江の大津三井寺には赤井の水という霊水があり、近郷の者たちは雨乞いの際に、この水に〝穢多〟を連れ行き投げ入れると、たちまちに雨が降るという話が紹介されている。これは、牛馬の腹中に出来る不浄な鮓答すなわち結石という舎利（＝石）を神壇に供えると雨が降る、という伝承のいわれを解説した一文で、人身供犠の名残とすることはできない。

むしろ牛馬との関連からすれば、第六章第三節でみた大陸・半島的動物供犠も、家畜の生命を捧げるという性格よりも、単なる雨乞いという要素が強かったことを想起する必要があろう。つまり、この「鮓答祈雨」は、そうした雨乞い儀礼の変型で、穢れを雨が流すという論理に従って、〝穢多〟を赤井の霊水に入れたと理解しなければならない。まさに近世日本では、屠殺や肉食の穢れを利用した儀礼が、稲作のための動物供犠という観念に代わるものとされるに至ったのである。

こうして日本では、穢れの排除によって稲作の展開を完遂させようとしたが、もちろん米の重要性は中国においても同様であった。四世紀前半の『神仙伝』巻二の王遠伝に、「米を以て其の穢れを祛《さ》らむと謂《おも》へるなり」とみえ、中国にも米に霊力があったとする認識があったことが窺われる。ただ、これは出産の穢れに関わるもので、米に産穢を祓う力があったとされるが、中国では米以外に小豆や大豆でもよく、広く穀類に呪力があると考えられていた点が日本とは異なる［西岡：一九五二］。

基本的に栄養価や収量が高い米は、中国においても穀類のなかで高い位置が与えられたが、とりわけ日本においては、その傾向がきわめて著しく、〝聖なる〟米のために〝穢れた〟肉の駆逐が始まったところに、東アジア・東南アジアの稲作世界とは大きく異なる歴史的特徴があった。

これらのことに端的に示されるように、食肉に対する穢れ観の著しい増大は、付編補論二でみるように殺生罪業観の展開とともに、長いこと行われ続けてきた弥生的動物供犠の否定へと繋がった。その社会的浸透は、表面的にはかなり急速に進行し、第五章第二節で分析した『今昔物語集』巻一九―

二の三河国風祭で見たように、すでに一二世紀初頭には、イノシシの供犠が極めて残酷で異例なものとして描かれていた。もちろん、これは仏教説話で、殺生に対する戒めとして語られたものであるが、それでも殺生・肉食を忌むことが社会的正義と見なされるようになっていった、という事実に注目すべきである。

こうした殺生や肉食による穢れと罪を前面に出した価値観の社会的浸透が、農耕のために行われていた弥生的動物供犠や、あるいはかつて存在したかも知れない人身供犠の痕跡を物語るような伝承を、ほとんど消し去ってしまい、人々の記憶からも遠ざけられていったものと思われる。それゆえ日本では、動物供犠や人身供犠が行われていなかったようなイメージが、その後の長い歴史のなかで形成されたのだと考えて良いだろう。

そして、そうした歴史の帰結を招いた大きな要因としては、日本における家畜飼育の伝統の脆弱性を挙げることができよう。日本では、弥生におけるブタの飼育と、その供犠が長くは続かず、代わりに動物供犠に野獣を用いるようになったところに、最大の歴史的特徴がある。基本的に日本においては、人間と動物との距離が、比較的離れていたことは認めざるを得まい。

例えば、古墳時代以降における大陸・半島的供犠も、ウシのみならずウマを用いた点に日本的特色はあるが、これが神に動物を供して農耕の豊かな成就を祈るというよりは、単なる雨乞い習俗としてのみ行われ続けてきたのは、動物供犠の原理が日本に根付きにくかったためと思われる。もともと大陸・半島的動物供犠は、中国北部で発達したウシを中心に、ヒツジやブタなどを捧げる儀礼体系によるもので、その背景には家畜文化の定着があった点に注目しなければならない。

ところが日本では、そうした動物供犠の儀礼的意義付けは弱く、単に習俗としての側面のみが重視された。古墳時代の人々にはかなり貴重であったウマを捧げたのも、威信財としての価値が高ければ高いほど、効力があると考えたためだろう。

このことは逆に、弥生的供犠においても、農耕をめぐる死と再生という観念が深く根付いたとは認めがたく、これを歴史的に広く浸透させるには至らなかったと判断せざるをえない。おそらく農耕に伴って移入された動物供犠を、儀礼としてではなく、単なる呪術的なものとして捉えられていたと考えられる。これも日本における人間と動物との距離の遠さを示すものといえよう。

ただ日本では、必ずしも人命が尊重されたわけではない。一六世紀末の状況を西洋人の眼で記したルイス＝フロイスの『日欧文化比較』には、「われわれ（西洋人）の間では人を殺すことは怖ろしいことであるが、牛や牝鶏または犬を殺すことは怖ろしいことではない。日本人は動物を殺すのを見ると仰天するが、人殺しは普通のことである」とする興味深い一文がある。

これは長年戦乱が続いた戦国末期の価値観を示すもので、法的処置として窃盗や屋敷侵入に対する処罰、あるいは報復殺人などを前提とした記述であるが、基本的には戦争が常態化していた時代のことである。日本で戦争が長期にわたって恒常化したのは、弥生と戦国の二つの時期で、そうした人命軽視の時代にあっては、農耕や戦争のために人身御供や人柱があり得ただろう。

むしろ『日欧文化比較』で注目すべきは、そうした時代においても動物を殺すのが珍しく、それを人々が忌避していたという事実である。もちろん肉食を日常としてきた人々の観察ではあるが、人命の問題とは別に、動物との距離感が遠いというのは、古代以来歴史的に形成された日本的価値観の一つと見なすことができる。

いずれにしても日本では、古代国家以降、異様に拡大していった米への執着と、その反動としての食用動物への忌避が著しく進行した。とくに、こうした日本史上の特徴を、国家の意志が政治的に浸透した結果とみるのか、あるいは食用家畜の伝統が弱かったことに帰因するのか、という大きな問題が残る。これについては、おそらく二者択一ではなく、弥生以来の家畜利用の相対的脆弱さに加えて、その後に米を基盤として成立した統一国家が、稲作成就のために、はじめは食用家畜を、やがては野獣までをも、かなり強引に排除していったためと思われる。

そもそも歴史においては、民俗の生成と消滅という時間軸が重視されねばならず、膨大な時間の流れのなかで、現実には存在した習俗が、跡形も残さず消えてしまうということが大いに起こりうる。そして民俗の消滅は、歴史の志向性に引きずられるところから、かつては近かったはずの動物との距離を示す史料や伝承が、徐々に失われていったと考えるべきだろう。

ただ、あくまでも本書における考察は、今日に伝えられた文献史料と伝承、および考古学による現在までの発掘事例に基づくものである。それゆえ本書の結論には、一定の限定が付されねばならないが、これまで見てきたように、日本における動物供犠の実態には可能な限り迫り得たものと考える。なお最後に誤解ないよう一言すれば、こうした動物供犠の全てを農耕（とくに稲作）のためと断定するつもりはないが、それが大きな要素であったことを指摘して、諸賢のご批判を仰ぎたい。

付編　日本古代の動物供儀と殺生の否定

補論一　古代における動物供犠と殺生禁断

序　章　動物供犠をめぐって

日本列島で人々が生活を始めた旧石器時代は、まさに氷河期にあたっていたため、食生活に肉食の占める割合が大きく、マンモスやオオツノジカなど大型獣の肉が、主要な食物となっていた。縄文時代には、木の実などの植物食の比重が高くなって食生活が安定に向かい、最近では原始的な農耕の存在も認められるようになったが、やはり狩猟・漁撈という生産活動が持つ意味を過小評価することはできない。つまり実に長い間、肉は日本人にとって重要な食料であり続けてきたのである。

しかし、ある時点で肉食を忌避する思想が成立し、やがて日本社会全体を覆い尽くすようになっていった。その背景には、日本の古代国家が選択した米を中心とする食料政策があり、その実現の過程で、肉を禁忌とする価値観が社会的に形成されていった。この問題について筆者は、古代における肉食禁忌の成立が、律令国家が選択した水田志向の結果であったとし、古代に原型が確立された〝聖なる〟米と〝穢れた〟肉という図式が、その後における日本の歴史の流れを大きく規定したことを指摘した［原田：一九九三］。

もともと米と肉とは対立するものではなく、互いに補完し合う存在であったが、旧著では、古代日本における両者の補完関係から対立関係への道筋、つまり動物供犠の存在や肉食禁忌の形成過程の問題、特に弥生・古墳から律令国家期さらに平安期への脈絡などについては、これらを充分に検討することができなかった。そこで本章では、日本におけるブタ飼育、肉食禁止令と殺生禁断令、仏教思想との関連、さらには獣死の穢れといった問題について、やや角度を変えて再検討してみたい。

第一章　弥生における稲作と肉食

水田稲作が本格化した弥生時代に、今日に通じる米を中心とした日本の食生活の原型が形成された、と一般には考えられている。さらに弥生時代における水田稲作の展開は、極めて画期的な出来事で、水田稲作による高い生産力が社会的剰余を生み、社会的分業を可能ならしめ、やがて剰余をめぐって戦争が始まり、階級が形成されて、小さなクニが成立したという事実は、大筋で認めてよいものと思われる[佐原：一九八七]。

しかし、このことは米が食生活の主役となり、肉の比重が低下したことを意味しない。かつて弥生では米が充分に生産されて、これを毎日食しても社会的剰余が蓄えられたと考えられていた［杉原：一九六八]。これは代表的弥生遺跡とされる静岡県の登呂遺跡をモデルとしたもので、ここでは水田面積と住居数が判明することから、食糧事情の試算が可能であった。しかし根拠となる水田生産力をどう算出するかに問題があり、明治初期の数値を用いて、豊かな弥生社会のイメージを作り上げた旧説は、今日では説得力を失っている。

その後、当時の生産力を慎重に検討した上で、新たな計算が試みられており、住民全体が米のみを常食としたと想定して、①奈良時代の上質水田の生産力が満作として確保された場合でも登呂遺跡ではギリギリであり、実際には半分以下の収量と考えられている［乙益：一九七八］。②一年のうち、弥生前期の岡山県津島遺跡では一四～一八日、中期の滋賀県湖南遺跡では一号地域で七八～一五七日・二号地域で五三～一〇七日、後期の登呂遺跡でも二〇〇～二六七日しか持たない［寺沢：一九八一］。③最も厳しい推定では同じく滋賀県湖南遺跡で一〇〇日、登呂で四五日程度であったとされている［瀬川：一九八〇・八三］。

いずれにしても弥生の稲作が安定的であったとは考えられず、米のみで食料が満たされる社会ではなかった。稲作が本格的に開始されたものの、縄文以来の生産活動が否定されたわけではなく、雑穀や根茎植物さらには採集や狩猟・漁撈活動に依存する割合は極めて大きかったものと思われる。弥生の畑作に関しては、植物遺体の検討が進み、アワ・ヒエ・キビ・モロコシ・オオムギ・コムギなどの他、ソバ・アズキ・エンドウ・ダイズ・ササゲ・リョクトウ、ゴマ・シソ・エゴマ、マクワウリ・カボチャ、さらにはウメ・モモ・カキ等々、さまざまな食用植物の存在が確認されている［寺沢：一九八一・八六a］。

しかもドングリ・クルミ・クリなどの堅果類を出土する遺跡が多く、これらを合わせると、遺跡数ではイネを出土するそれの倍以上にも達しており、依然として堅果類やイモ類が食生活に占める比重は、想像以上に高かったと考えられている［寺沢：一九八六b］。

もちろん採集や農耕による植物食に加えて、狩猟・漁撈による動物食の存在が想定されるが、これに関しては特に、日本人が長い間食し続けて来たシシ（＝肉）であるイノシシとカノシシに注目しておく必要がある。縄文の動物表象が多産をイメージさせるイノシシであるのに対して、弥生では植物の生長をイメージさせる角をもつシカが代表格に躍り出るが、まずイノシシの問題から見ておこう。

日本では酸性土壌のために、特に骨が残りにくく動物遺体の検討が難しいとされているが、近年では動物考古学の研究が進み、動物食についても徐々に解明されつつある。縄文時代における狩猟動物は、ほとんどがシカ・イノシシで、東北部ではシカ・西南部ではイノシシといった特徴はあるが、統計的には一対一の比率で、両者を合計すると全体の八〇パーセントを占め、残りが野ウサギなどの小動物となる［西本：一九九一c］。

また、これまで弥生のイノシシと考えられていた骨は、実は家畜化されたもので、ブタと見なすべき事例が多く、日本にも食用家畜を飼った伝統が存在したことになる［西本：一九九一b］。実際に遺跡から出土する骨を検討すれば、弥生時代にはブタが最も多くシカが減少し、拠点集落の事例では、家畜ブタ六・野生イノシシ二・シカ二の割合になるという［西本：一九九五］。

しかも、これらのブタは、水田稲作とともに伝来したもので、解体痕が残ることから食用にされていたことに疑いはない。また下顎骨に明けられた穴から農耕儀礼に用いられた可能性も高く、中国や東南アジアの稲作文化に共通する要素が認められる。なお、これらの地域と日本本土との海上の道での結節点にあたる沖縄でも、ブタの飼育が行われていたと考えられる。沖縄本島中部近くの南シナ海に位置する伊江島では、弥生相当期（弥生後期）のリュウキュウイノシシの骨を測定すると、現存種の大きさをはるかに超えるものが確認されており、これらはブタと見なすべきことが指摘されている［松井：一九九七］。ただ伊江島では地形的にみても、弥生相当期に米の生産は不可能で、これらは水田稲作とセットとなるイノシシとは考えにくい。おそらく交易などによってもたらされたもので、弥生ブタとは系譜が異なるが、沖縄中部の北西岸ではブタが飼育されていた可能性が高いだろう。

いずれにしても縄文以来の狩猟に加え飼育による肉食も、日本列島では広く行われていたことになる。ただ弥生の水田生産力が未熟ではあったとしても、社会として積極的な食料生産に取り組んでおり、肉食の比重が縄文に較べて次第に低下しつつあることは考慮すべきだろう。実際、縄文時代では動物の四肢骨が、九九パーセント以上破壊されて中の骨髄を食した形跡があるが、弥生時代になると完存な四肢骨が遺物として残るようになり、破壊率は五〇パーセント以下に減少することが指摘されている［西本：一九九五］。

こうした農耕社会の進展による食料の安定化という状況のもとで、肉食に対する禁忌が発生することになる。考古学遺物では、食べていた事実は証明できても、食べようとしなかったことを明らかにすることは難しい。その意味では、弥生以前にも肉食禁忌が存在した可能性も生ずるが、動物食に抵抗がなく、かつ計画的な植物食の確保が厳しかった時代に、肉の禁忌を想定することは困難であろう。肉の禁忌が文献的に確認できるのは、弥生時代後期から古墳時代初期にかけてのことで、三世紀後半の『魏志』倭人伝にその記述がある。

倭の地は温暖、冬夏生菜を食す。……その死には棺あるも槨なく、土を封じて冢を作る。始め死するや停喪十余日、時に当たりて肉を食わず、喪主哭泣し、他人就いて歌舞飲食す。已に葬れば、挙家水中に詣《いた》りて澡浴し、以て練沐の如くす。その行来・渡海、中国に詣るには、恒に一人をして頭を梳《くしけず》らず、蟣蝨《きしつ》を去らず、衣服垢汚、肉を食わず、婦人を近づけず、喪人の如くせしむ。これを名づけて持衰《じさい》と為す。もし行く者吉善なれば、共にその生口・財物を顧し、もし疾病あり、暴害に遭えば、便ちこれを殺さんと欲す。その持衰謹まずといえばなり

倭人の生活に関連する部分で、死者が出た場合に喪人は肉食を禁忌とすると共に、中国への大旅行などの際に、持衰と呼ばれる守護役が定められ、厳しい服喪のような禁忌を続け、肉食を断つなどして旅の安全を祈るが、もし事故や事件が起きれば、その持衰の責任とみなされ殺されるという。ここから明らかに、死や安全などに関わる重要な慎みごとの際に、強い禁忌の一つとして肉を遠ざける風習が成立していたことが分かる。

『後漢書』倭伝は、三国時代以前の中国の正史であるが、成立は『魏志』よりも新しく五世紀前半で、ほとんどが『魏志』倭人伝を所引した内容となっている。『魏志』もまた、やや成立年代が遡ると思われる『魏略』からの引用であるが、『魏略』は完本が伝わらず逸文のみで、肉食云々に該当する部分は残されていない。ただ『後漢書』倭伝には、先に引用した部分とほぼ同様の記述がある。同書では、死者が出た場合には単に「酒食を進めず」と見えるが、持衰に関してはやはり「肉を食わず」と記されている。なお『魏志』『後漢書』以外の中国正史の日本関係記事には、肉食に関する記載は見当たらない。

両書のオリジナリティをどう見るかは難しいが、弥生時代後期あるいは古墳時代初期の三世紀後半

に、特別な事情が存在する場合には肉食を避ける、という強い禁忌が発生していたことになる。すなわち日本では初期農耕社会において、社会的なイメージとしてマイナスに作用するような価値観が、肉という食べ物に付与されていた点に注目すべきだろう。ここに米と肉とが、共に対立するようになる構図の原型があると考えられる。

第二章　古代における動物飼育

弥生時代に小さな国家が各地に成立し、王たちが巨大な墳墓を築いた古墳時代は、その高い土木技術が象徴的に示すように、水田開発にも拍車がかかり、一層の社会的剰余を蓄えた時代であった。それは社会的分業を促して、多様な技術者集団を抱えることを可能とし、水田稲作伝播のルートでもあった中国・朝鮮半島から、さまざまな技術や文化を導入しうるようになった。なかでもウシとウマの移入は画期的な出来事で、五世紀中期に両者の普及が進んだと考えられており［松井：一九九一］、国家の下で管理されて主に農耕労働力もしくは交通手段として利用されていた。

この古墳時代には、一般に動物遺存体の数が少なく、特に狩猟動物の骨などが残る例は稀であり、たとえ少量出土したとしてもイノシシやシカが主体で、ウシやウマなどの家畜を除けば、弥生時代とはあまり変化がなかったとされている［西本：一九九一a］。ただイノシシについては、野生の狩猟獣の場合もあるが、依然として弥生ブタの延長と考えられるものも出土しており、古墳時代にはさらに飼育の度合いが増して、下顎底と下顎連合部のなす角度が大きく、下顎骨が肥大化する傾向が顕著に見られるという［西本：一九九九］。事例は決して多くはないが、古墳時代においても水田稲作とセットになったブタの飼育が、弥生の伝統を引いて行われていたのである。

これらを文献側から検証しようとすれば、古代における食肉やブタ飼育については、いくつかの痕跡を後代の編纂物から拾い出すことが出来る。古代に肉食が一般的であったことについては、すでに拙著でも一部を紹介したが［原田：一九九三］、改めて見てみれば、まず『日本書紀』神武天皇即位前紀戊午年八月条に、弟猾が「牛酒」を設けたところ、天皇はその「酒宍」で軍兵をねぎらった記事がある。また同書仁徳天皇三八年七月条には、摂津国猪名県の佐伯部が菟餓野《とがの》の牡鹿の苞苴《おほにへ》を天皇に奉った話がある。さらに同書雄略天皇二年一〇月三日条では、猟場での楽しみは、膳夫《かしわで》に膾を造らせることにあるとして、この時から宍人部《ししひとべ》を置くようになった旨を記している。

神武の伝承には、ウシが登場することから、この部分は古墳時代以降の話と考えるべきであろうし、仁徳の鹿苞《しかづと》の話は、鹿を憐れむ筋書きとなっており、いずれも後代の手になることが窺われる。また雄略の膾については、「膳臣長野、能く宍膾を作る」として、長野以下が宍人部に奉じられている。宮廷の食事には、はじめ膳氏が膳夫を使って調理全般を差配していたが、やがて職掌が分化し阿曇氏などが魚介類を、宍人部が鳥獣類を、それぞれ担当するようになったと考えられる。宍人部を管理する氏族には、宍人臣・宍人造・宍人直などがあり、氏族制的な統属関係が認められることなどから、宍人部が発達したのは六世紀中葉の頃と考えられている［直木：一九五八］。

なお後に律令官制では、大膳職と内膳司とに分かれ、宍人部は大膳系の職務に就くが、『令義解』では、その長官である大膳職大夫の重要な任務として「醢《かい》」の管理があり、これに「肉醤《ししびしお》」の注記がある。

これは肉を発酵させた調味料のことで、古代日本には、今日の味噌の原型である穀醤のほか、ショッツルやイシルなどの類である魚醤とともに、肉醤が用いられていたことを示しており、少なくとも八世紀頃までは、肉の調理体系が存在していたことを窺わせる。

ただ先の宍人部が膳氏に遅れて設置されたという経緯や、『日本書紀』雄略天皇七年条の「或本注記」に、百済から戻った吉備弟君によって宍人部が置かれたという記載があるように、肉の調理が後の分掌として強調される傾向があるが、もともと膳氏が鳥獣を扱わなかったという保証はない。

これに関しては、『日本書紀』景行天皇五三年一〇月条で、膳臣の遠祖で日本料理の祖とされる「磐《いわ》鹿六鴈《かむつかり》」が、天皇に「白蛤を膾」として奉った旨が記されているが、すでに肉食の忌避を始めた編纂時点における脚色の可能性が高い。むしろ「鹿・雁」を用いた料理人の姓名や、鱠ではなく膾の文字が宛てられていることに留意すべきで、魚介の職掌が存在しなかったことからも、逆に宍人部は、古代における鳥獣の重要性を象徴する役務であったと考えられる。

また、もう一つの古代における肉食の存在を示す職掌である猪飼部についてみれば、『古事記』下巻安康紀および顕宗紀に、顔に入れ墨をした「山代の猪甘《いかい》」が、仁賢天皇・顕宗天皇の食事を奪ったために、後に捕えられて殺され、その一族は膝の筋を断たれたという記事がある。イノシシの飼育に関しては、『播磨国風土記』賀毛郡山田里条に、仁徳天皇の時代に日向の肥人がイノシシを進上したところ、これを飼うべき地を賜り、猪飼野と称したという地名譚が見える。

こうした猪飼部については、令制に規定がなく、大化前代の職掌で、古代律令国家においては、食料供給体制に直接組み込まれてはいないが、『日本書紀』天武天皇一三（六八四）年一二月条に、宿禰の姓を賜った連姓氏族四九氏のうちに「猪使連」（猪養連）が見え、馬飼部や鳥養部などとともに軍務を担当する氏族であったことが指摘されている［直木：一九六八］。

まさしく弥生ブタの系譜は、古代にまで引き継がれて「猪飼」と称されており、その専門集団が古代兵制の一部を担う地位に就いていたことがわかる。おそらく調理を担当する宍人部に、鳥獣肉を随時供給しうるような組織として、猪飼部や鳥養部が存在していたものと思われる。

さらに『続日本紀』養老二年（七一八）四月朔日条には、筑後守道君首名が和銅年間（七〇八～七一五）に肥後守となっていた時のこととして、「人に生業を勧めて制条《おきて》を為《つく》り、耕営《たつくるいとなみ》を教ふ。頃畝《けいぼう》に菓菜《くだもの》を樹ゑ、下《しも》、雞肫《けいしゅん》に及るまで皆章程《しょうてい》有りて曲《つぶ》さに時宜を尽せり」とあり、地方でもニワトリとブタの飼育が行われていたことが窺われる。

これらの家畜に関しては、『続日本紀』養老五（七二一）年七月二五日条で諸国に放生を命じた詔に、「大膳職の鸕鷀《う》、諸国の雞猪を悉く本処に放ちて、その性を遂げしむべし」とあるところから、これらが八世紀前半には飼育されていたことがわかる。

また同じく天平四（七三二）年七月六日条にも「畿内の百姓の私《ひそ》かに畜ふ猪卌頭を和《あまな》ひ買ひて山野に放ち、性命を遂げしめたまふ」と見える。ここでいう「猪」とは明らかにブタのことで、「大膳職の鵜」と対比する形で「諸国」という形容が付されていることや、「私かに畜ふ」という表現、および先の肥後での事例などから、「猪」が飼われていたのは民間のことで、国家機関では飼育されていなかったと見なすことができる。

こうしてみると、古墳時代にブタの骨の出土量が減少するのは、サンプル残存度の問題と考えられるが、古代国家成立以降にほどんど見られなくなるのは、猪飼部が国家システムの一部に組み込まれなかったためであろう。先にも述べたように、猪飼部は大化前代までは、国家の内部に一職掌として位置づけられていたが、律令国家においては令制に登場しない。これはおそらく、獣肉に対する忌避が、古代律令国家形成期に強まったためで、国家が獣肉供給システムを自ら放棄した結果、それまで広く行われていたブタの飼育が衰退し、地方にのみ存在するようになったと考えてよいだろう。

第三章　稲作儀礼と動物供犠

先にも述べたように、もともと稲作と肉食とは対立するものではなく、今日の食生活に普通に見られる如く、むしろ両者は補完の関係にあった。遊牧・牧畜社会の群をなすウシやヒツジのような動物の飼育は、水田という生産形態と相容れないが、ブタやニワトリのように少数で飼うことのできる動物を、稲作と併存させるというのが一般的であった。第一章で触れた弥生のブタは、まさしく中国や東南アジアからもたらされたもので、日本においても初期稲作社会には、世界的に共通する水田と家畜の関係が成立していたことになる。

ところが先に見たように弥生末期には、服喪という特異な場合ではあるが、肉が禁忌の対象となっている。この問題についてどう考えるべきかを、プリミティブな段階にある日本以外の稲作社会の事例で検討してみよう。稲作儀礼の研究に関しては、マレーシアを中心とした宇野円空の古典的な研究がある。

ただ宇野のいうマレーシアとは、今日のイギリス連邦に所属するマレーシア国を指すのではなく、マレー半島およびボルネオ・スマトラ・インドネシア一帯の島々を含む広範域を意味する。宇野の大著『マライシアに於ける稲米儀礼の研究』は、昭和八（一九三三）年に書かれた学位論文で、フレーザーを始めとする海外の民族学者の報告事例を博捜するとともに、自らもフィリピンを除くマレーシア地域で現地調査を行っている［宇野：一九四一］。

宇野は稲作儀礼を中心に、米に関わる民俗例を収集・分析しており、計四九一の事例を扱っているが、このうち稲作の過程に直接関わると考えられるものは三六五例を数える。ここから、人間も含めて動物の肉や血が、稲作儀礼に登場するものを抽出したのが表3である。稲作において動物の肉を供犠する場合が多く、一一四例（宇野が一例としたものを分割した二、三の事例を含む）に及ぶ。単純にマレーシア地域においては、調査対象について三分の一弱の割合で、米のために肉を供する儀礼が行われており、重複する地域や民族を整理したとしても、マレーシアでは最低でも四〇〜五〇例を確認することが出来る。

ところで柳田国男は、この宇野の研究に注目し、最晩年の一九六一年に刊行した『海上の道』まで、何度か著作に登場させているが［柳田：一九四二・四九・五三a・五三b］、その関心は穀母が穀童を産むという穀霊信仰が東南アジアに広く存在する点にあり、肉の供犠には全く興味を示してはいない。しかし表3からも明らかなように、水田や陸田の開墾儀礼や播種儀礼・成育儀礼、または豊作祈願や雨乞止雨、さらには収穫儀礼などに、しばしば動物の肉や血が捧げられている点に注目すべきだろう。また肉や血の供犠が確認されない場合でも、かつて行われていた可能性や報告で見落とされたことも

表3：マライシアの稲米儀礼表

番号	事例	地域	民族	内容（供犠・禁忌など）	対象事項	備考
1	21		トババタック	小豚と肥魚を供えて共食する	開墾儀礼	
2	22	フローレス島 西部山地	ガダ	悪霊が人肉を畑に投げ込むと不浄＝耕作は無益となる	開墾儀礼	○
3	24	サラワック	ケニア	豚と鶏を1匹ずつ屠り、戦神の木像に血をかける	開墾儀礼	
4	30	ミンダナオ島 ダヴァオ	バゴボ	不具者や奴隷を切り刻み肉片や毛髪を埋める	開墾儀礼	人身供犠・首狩り、犠牲の肉は食べない
5	31	北部ルソン	ティンギアン	小豚を犠牲にし血に米を混ぜて畑に播く。豚の肝臓で占う	開墾儀礼	血
6	39	スマトラ	アチェ	牛や鶏を屠り供えて共食する	開墾儀礼	かつては人身供犠をしたと伝える
7	45	アボカヤン地方	ケニア	鶏を屠り大きい肉を食べ、残りを供える。蛇や死人が出ると耕作しない。浄めに鶏か豚を屠って供える	開墾儀礼	○
8	48	サラワック	ダイヤック	鶏を屠り祭儀と饗宴を行い、米と鶏の血を供える	開墾儀礼	血
9	49	ボルネオ	イバン	豚や鶏を屠って供え、種々の食物を埋める	開墾儀礼	
10	52	南ボルネオ	オトダノム諸族	鶏と米を供える。	開墾儀礼	
11	53	南ボルネオ	オトダノム	鶏を屠り血に米を混ぜて供える	開墾儀礼	血
12	56	ミンダナオ島	バゴボ	鶏と米を供え共食する	開墾儀礼	
13	59		カロバタック	肉類を供えて食事をする。白山羊か白鶏を屠って供える	開墾儀礼	
14	60		マンダイリン	黄米と鶏を食べ呪文を唱える	開墾儀礼	水口祭
15	63	ジャワ、 スラカルタ地方		饗宴の際に水牛を屠り、頭・臓腑・骨などを地に埋めて供える	開墾儀礼	
16	64	カングアン島		黒山羊を屠って頭を埋め肉を料理して供え共食して水浴する	開墾儀礼	
17	65	サヴ島		赤豚か鶏の肉を水口に供え、豚を屠って食べる	開墾儀礼	水口祭、豚肉は煮てはならず必ず焼いて食べる
18	67	北ボルネオ、 タムバツアン	ヅスン	鶏を屠り米飯等を地霊に捧げる	開墾儀礼	
19	68	北ボルネオ、 トウアラン	ヅスン	鶏を殺して供える	開墾儀礼	
20	69	北部ルソン	ティンギアン	呪歌を唱え牝豚を屠り血を採り米に混ぜ田の中に撒き散らす。屠った豚肉を供え共食する	開墾儀礼	血

21	88	クバス・シムシム	バクバクバタック	山羊・豚・水牛などを屠って共食する	播種儀礼	
22	90		トババタック	鶏か豚を殺し一部を祖霊に供え共食する	播種儀礼	
23	94	シアック河上流 タプン川辺	オランタプン	牛か山羊を屠り畑で牛の臓物や山羊の頭に火を加え埋める	播種儀礼	
24	100	サヴ島		田の中心に石を据え、豚・牛・水牛などの肉を供え共食する	播種儀礼	
25	101	フローレス島 西部山地	ガダ	飯を炊き鶏を屠って血に種米を浸し煮た鳥肉・飯と共に神霊に供えて祈る	播種儀礼	血
26	103	ティモル島西南部	ティモル	畑の石に来た天神・地神に鶏・豚と飯を供える	播種・収穫儀礼	
27	104	ティモル島 中部・東部	ベル	畑の石に豚か鶏を屠って供え、時に石に米や鶏卵をぶつける	播種儀礼	鶏卵＝血
28	108	南セレベス、 ピナムエ地方	トラティーヤ	鶏に種籾を食わせてから殺し、胃の中の食べ物を種籾に混ぜて呪願する。鶏・山羊・水牛を屠り血を米にふりかける	播種儀礼	血
29	111a	カプアス河上流 メンダラム地方	カヤン	糯米や鶏・豚の肉を煮て供え共食する。鶏の血を土に混ぜ、雛鳥や鶏卵さらには豚の血に混ぜた筍を神霊に供えて祈る	播種儀礼	血
30	111b	アポカヤン	ケニア	葉付樹枝の割削に鶏の血をかけて祭祀に用いる	播種儀礼	血
31	115	南ボルネオ	ダイヤック	飯と豚肉を地霊に供える。稲籠屋に安置した聖瓶に豚の血をかけ米酒などを供える	播種儀礼	血
32	117	南ボルネオ	オロガジュ	畑に豚か鶏の血をまいて祈願する	播種儀礼	血
33	118	南ボルネオ	オッダノム	豚か鶏を殺し、血の一部を他の食物と共に精霊に供え、一部を種米全部に混ぜ、肉は昼飯として皆が畑で食べる	播種儀礼	血
34	119	バリト河中流	オロヅスン	穢れを払い水牛を屠って供え共食する。鶏を殺して血に鶏卵の中身を混ぜ神霊に供えると共に母稲の禊祓として地面にかける	播種儀礼	血
35	124	ルソン島	ボントク・アパヤオ	首狩りして首と犠牲者の手足などを供えたという	播種儀礼	首狩
36	125	北部ルソン、ルルノ	ティンギアン	小豚を屠り血を米に混ぜ呪歌を誦しながら地にまく	播種儀礼	血
37	137	メンダラム	カヤン	播種のあと一定期間全ての動物を殺すことを禁ずる。血が稲魂を驚かさないため	播種儀礼	◎（血）
38	138	南ボルネオ	ダイヤック	種籾に鶏の血をかけ、その上に諸霊に供える食物をのせる	播種儀礼	血
39	144	マラッカ半島	マライ	牛骨を焼き肥を混ぜた土に苗を二晩載せる。山羊肉・米飯を供える。屠った山羊の臓物と頭の付いた皮を埋め、山羊の血を供える	植付儀礼	血
40	147		トババタック	“実入りの豚”を屠り、他に水牛または馬などを屠って肉を分け、煮た破片を家の壁に下げて供え共食をする。忌休みをし、家にいて静かに寝たりしている	植付儀礼	○

41	153	サヴ島		赤い豚を屠り肉を煮て米飯に混ぜて天神・地神に供える。また豚・牛・水牛を屠って肉を供え手伝いの人にも分けて共食する	植付儀礼	
42	156	北ボルネオ、トゥアラン	ヅスン	豚などを屠って供え共食する。鶏や豚の供犠をし祈祷する。聖瓶の祭に山羊と鶏を屠る	植付儀礼	
43	157	ルソン島、北部ルマバ	ティンギアン	豚と牝鶏を屠って血に米を混ぜ精霊に供える。豚を屠り肉を分け、ロノ葦の茎を豚の血に浸けたものを家の外側に挿す	植付儀礼	血
44	162		トババタック	水牛を屠って肉を各家に分け祖霊に供える。鶏肉・豚肉・米飯を供え共食する	成育儀礼	
45	165	フローレス島西部山地	ガダ	祖先や神霊に鶏肉または乾肉を米飯に添えて供える	成育儀礼	
46	166	中央セレベス、ランテパオ	トラジャ	水牛を屠って祖先に供えて共食する。トセコ・トラノ族では人身供犠をした	成育儀礼	人身供犠
47	167	アポカヤン地方	ケニア諸族	豚を屠って血を削木に受け、これを分与して浄畑に供える。鶏を殺して稲霊と占兆霊とに供え、血を削木に受けて同様にする	成育儀礼	血
48	169	サラワック	イバン	鶏を畑の稲の上で振り回してから殺し、血を稲に振りかける	成育儀礼	血
49	173	北ボルネオ、トゥアラン	ヅスン	田の稲が生えた中で鶏を屠る。草取後に田で豚や鶏を殺して祭る。穂が出る前に鶏を殺して羽を稲の上にまき散らし共食をする	成育儀礼	
50	177		トババタック	鶏1羽・魚2尾を屠柱に供え洗米を奉る。2羽の鶏の腹を割き内臓等で占う。水牛を槍で突殺し肉を割き分与し、心臓と脳と肝臓を2羽の鶏と祭壇に供え、角や尾は屠柱に掛ける。鶏や水牛の内臓などを共食するが、牛肉・糯米・粥・魚肉は各家で食べる	請雨儀礼	内臓占い
51	179	バダン高地	旧ミナンカバウ領	神霊の宿る石に鶏の血をかけ香を焚いて呪文を唱え石を擦る	請雨儀礼	血
52	183	サヴ島		黒豚・黒羊・黒鶏などを犠牲にして雷電神・雨神・風神に供える	請雨儀礼	
53	184	フローレス島西部山地	ガダ諸族	水牛か豚を屠り、屋内と石堤で神霊・祖先に供える。雛鶏を殺し遠祖に供え「父母よ、鶏の頭と肝臓を召し上がれ」などと唱えて祈る	止雨儀礼	
54	184'	ササ山	ササ族	鶏を殺して石の上に供え、祖先に「鶏の頭と肝臓を食べヤシ酒を飲め」などと祈る	請雨儀礼	
55	189	中央セレベス	トレボニ	2匹の水牛を族長が剣で刺し殺し腹を割いて内臓を出し、頭を供え肉を共食し、残りは持ち帰って各家で食う	請雨儀礼	
56	191	西部サラワック領	イバン	豚などを殺して供犠を行い地を浄める	止雨儀礼	
57	193	北ボルネオ	ヅスン	水牛を2、3頭屠って聖瓶に供え、肉を共食し鶏卵を握り合って神歌を唱える	請雨儀礼	

58	195	北部ルソン	ティンギアン	小豚を屠り血に米を混ぜて守護石に振りかけ、豚肉を共食する。大豚を刺し殺し血を米に混ぜ畑にまく。儀礼後の数日間、女呪師と施主は蝦と水牛と山豚を食べることは禁じられる	請雨・止雨儀礼	○血
59	197	スマトラ	トババタック	水牛を屠り肉を分与し共食をする	厄災除去儀礼	
60	205	中央セレベス	トセコ	敵の襲撃を受けた時には、敵を殺して首を取り、首祭りをして豊作祈願をする。この時に豚を殺して頭骨を家や集会所に吊しておく	厄災除去儀礼	首狩
61	206	サダアン・トラジャ人	トロンコン	鶏を屠って血を田に蒔く。凶作の際に豊作祈願の首祭りをする	厄災除去儀礼	首狩
62	207	サダアン・トラジャ人	マカレ付近の人々	犠牲を屠って呪文を唱え稲魂を加持する	厄災除去儀礼	
63	209	アボカヤン地方	ケニア諸族	浄畑で鶏を屠って血を削木に受け供物棒に挿す	厄災除去儀礼	血
64	213	南ボルネオ	ダイヤック	親稲に鶏などの血を振りかけ皿に入れて畑主の頭に載せる。畑の通路に鶏肉や米飯を供える	厄災除去儀礼	血
65	217	スマトラ	トババタック	豚を供物として用いる	成育儀礼	
66	218	スマトラ、タバスリ	シピロック地方の人々	山羊を屠って共食する	成育儀礼	
67	220	ジャワ、バンタム山地	ハドゥキ	大鹿・小鹿・蟻喰・山豚・栗鼠・蝸牛・小蝦の7種の肉を供える	成育儀礼	
68	224	バリ島		牛肉・家鴨・鶏などを供物として用いる	成育儀礼	
69	226	サヴ島		豚と山羊を殺して供え共食する	成育儀礼	
70	231	中央セレベス、ボッソ	トラジャ	dilokiという青い小鳥で豊凶を占うが、これを殺したり追ったりすると稲作に害を招く	成育儀礼	○
71	236	北ボルネオ、タムブナン	ヅスン	鶏を屠り共食して踊り、忌休みをする	成育儀礼	
72	236	北ボルネオ、トウアラン		田の中で鶏を屠り米酒を注ぐ。奴隷を田で殺して供えたという	成育儀礼	人身供犠
73	249	クバス・シムシム	バクバクバタック	畑の上手の稲4束を結んだ中に椰子や鶏肉を混ぜた飯を祖霊に供える	成育儀礼	
74	252		トババタック	水牛を屠り煎餅・鶏卵・煮魚・焼肉・檳榔子を供える。肉片を塩煮し、祖先に供え食べる。水牛などを屠り親戚間で肉の贈答をする	収穫儀礼	
75	257	バダン州		刈田の中で食料を持ち寄り水牛などを屠って共食する	収穫儀礼	

76	265	フローレス島西部山地	ガダ諸族	鶏を屠り血を竹刀に塗り米飯とともに祖先に供える。鶏の首と肝臓または乾肉を稲摘刀などに供える。新穀に肉を混ぜた握飯を供え共食する	収穫儀礼	血
77	267	サヴ島		豚を屠り肉の一部を籠に入れて要石に供える。豚を屠り肉を手伝い人などに分与する。初穂に赤豚や飯・肉を供える	収穫儀礼	
78	269	ティモル島		新穀を積み呪石や聖樹に飯や豚または犬の肉を供え共食する	収穫儀礼	
79	277	東南セレベス、ワラトマ～クンダリ	山地住民	種蒔時に犬を屠って畑に埋め、周囲に穴を掘って初穂をおろす	播種・収穫儀礼	
80	278	中央セレベス東部	モリ	母稲に米飯・鶏の肝・鶏卵などを供える	収穫儀礼	
81	283	中央セレベス、マサムバ	トラジャ人トスコ・トヲノ	奴隷に鶏や飯などを食べさせて優遇する。水牛3頭を屠り米をふりかけ肉を家に供える。水牛に米をふりかけて屠り、奴隷に肉を饗応し、叩き殺して首を切り皮肉を去って頭蓋骨を集会所に下げる	収穫儀礼	人身供犠
82	284	中央セレベス、マサムバ	トロンコン	豚・鶏および犬を各1匹屠り、肉を煮て新米の飯で共食する	収穫儀礼	
83	286	南セレベス、トゥラティーヤ地方	マカサル	鶏を屠り血を椰子椀に入れて供え臓腑や羽毛も添える。新嘗には鶏を屠り血を納屋に供え、色付飯と鶏肉を葉に乗せて供える	収穫儀礼	血
84	293	ミナハサ	異教徒	新嘗の祭で豚や鶏を屠り、肉に米飯と椰子酒を添え神霊に供える	収穫儀礼	
85	295	中部ボルネオ、アポカヤン	ケニア	鶏を屠って祈る。鶏を屠り稲霊に供え、子豚も屠って占兆霊に供える。鶏を屠り血を木片に浸し稲霊や日月などに供える。鶏を屠り新米を食べる。鶏の血を木束で焦粉にかけて食う。古米の飯に魚・焼豚などで共食する。米倉の傍で鶏を殺し血を皮につけて新穀を倉に入れる	収穫儀礼	血
86	296	英領サラワック、レジャン河地方	ケニア	新穀で造った米酒に酔い、飯や豚肉に飽食し夜を徹する	収穫儀礼	
87	298	マハカム上流地方	バハウダイヤック（オマスリン族）	初めの4日は少量の飯以外を禁じ、5・6日には焦粉や肉を加えた御馳走となる。巫女は8日間水浴を禁じられ、山豚の肉と塩を断ち、性交を謹む。多数の豚を屠って肝臓で占い、鶏を殺し竹煮飯を作り饗宴をする	収穫儀礼	○内臓占い
88	299	マハカム上流地方	バハウダイヤック（オマバロ族）	豚を屠って肝臓で吉兆が出るまで占う	収穫儀礼	内臓占い
89	301	マハカム上流地方	カヤン	闘鶏などの儀礼的な遊戯をする。稲斎の間に死者があると葬儀を延期し死体を小屋に入れておかないと大凶作になる	収穫儀礼	○

90	302	カプアス河上流 メンダラム地方	バハウダイヤック	飯・魚・鶏肉を入れた竹筒や、飯・肉などの芭蕉葉巻を下げ畑に供える。米・魚・鶏肉などを入れ、上に祭舞台の板を並べる。子豚を屠って供幣に横木を渡してかける。大きい豚を5～6頭一斉に屠って床下に下げる。6日目の豚食祭で豚肉と葉包糯飯を振る舞い、豚浄めを行う。7日目の焦糯祭には豚肉を用いない。	収穫儀礼	○
91	305	サラワック西部	陸ダイヤック	鶏と豚を殺し種々の飯を用意して飲食と雑談を楽しむ。椰子汁に香料と犠牲の血を交ぜたのを頭にかけ村民の祓浄の儀を行う	収穫儀礼	
92	306	南ボルネオ	ママダラッ諸族等	供祭場で地霊に鶏などを供えて共食する	収穫儀礼	
93	307	南ボルネオ	オッダノム	豚と鶏を屠り血を新穀に交ぜ諸霊に捧げ、新穀を煮て食べ物を供え饗宴する。鶏を屠って血を籾に交ぜ空に投げて諸霊に捧げる	収穫儀礼	血
94	309	東南ボルネオ	ブキッ	野菜や肉など種々の食べ物を神霊に供え感謝する	収穫儀礼	
95	311	北ボルネオ	ヅスン	水牛や豚を屠り、巫女が供祭を行い近隣の人々を饗応する	収穫儀礼	
96	318	ルソン島西北部	ティンギアン	鶏を屠り血を米に混ぜて供える。鶏を屠り首と臓腑を塩ぬきで煮て供える。子豚を屠り血を交ぜた米を空に投げて霊に供える。肉を少しずつ芭蕉葉に包み稲を添えて米倉に埋め、頭は煮て浄め屋根裏に下げ、残りの肉を煮て飯と共に共食する	収穫儀礼	血
97	325	サヴ島		砂糖釜祭に犠牲の犬を屠った時に、心臓に隙があったりすると稲の収穫時に不幸が起こり不作となるが、大きければ豊作となる	豊凶占い	
98	329	英領サラワック	陸ダイヤック	畑開や播種・稲摘の時期の忌休みには、豚・鶏を犠牲にするが、飯を塩のみで食べるような戒慎をする	稲作禁忌	○
99	339	サヴ島		植付から収穫までの間は、葬儀の饗宴に犠牲を屠ると稲が成長しなかったり、害虫に食われたりするという	稲作禁忌	◎
100	341	中央セレベス	トラジャ諸族	すべての稲田で鳥獣を捕獲殺傷せず、なるべく生かしておく	稲作禁忌	◎
101	342	メンダラム	カヤン	服喪中の家の畑に家族が出て耕作してはならなず、他人もその住居や畑に入ることも禁じられる	稲作禁忌	○
102	350	東ジャワ、 プロモ山地	テンゲル	山の火口に初生の幼児を供犠したという。牝牛を屠り頭を花で飾って供える	豊作祈願儀礼	人身供犠
103	351	フローレス島 西部山地	ガダ諸族	石積父祖祭場で鶏の肝臓の血管に吉兆が現れるよう祈り、殺して血を積石や自分の鼻に塗って占い、芋と鶏肉と米飯を供え、共食する。浄斎中の処女に男子が出会うようなことがあれば、男の家から豚、女の家から米を出し、家族で共食して祈誓する。	豊作祈願儀礼	風雨祭、血
104	351	フローレス島 西部山地	ガダ諸族	水牛・豚および馬を何頭か屠り、馬以外の肉を石積祭場に供え、米飯や肉および椰子酒を分けて共食する	豊作祈願儀礼	畑地鎮祭、血

105	353	東部セレベス	ケンダリ地方の人々	首狩しないと疫病が来て稲が凶作になるので、特に酋長が死んだような時には首狩をする	凶作除去儀礼	首狩
106	354	東セレベス、トヴデティ湖辺	トランバトゥ	敵の首を持ち寄り供犠や饗宴を開いて、脳を食い頭蓋骨を酋長の家に保存する	凶作除去儀礼	首狩
107	356	ボソ	トラジャ	祖先が建てたと伝える巨石に鶏の血や米粒などをかけて祈る	凶作除去儀礼	血
108	360	ボルネオ、サムバス・ランダック	ダイヤック	首狩で武勇を示した人の木像を造り、月に一度ずつ飯や肉を供える	稲作守護	首狩
109	362	北ボルネオ、トゥアラン	ヅスン	裕福な家族が数年に一度くらい種蒔前に、十数頭の豚を屠り溶脂に麹と塩漬け肉を加えて豚漬瓶を造る。米で酒を3日かかって造り、祭りの初日からこの酒と肉で饗宴を催す。3日目に鶏を屠り、4・5・6日目にも水牛を屠り、饗応を受けた人は苗代造りを手伝う	豊作祈願？	大食祭
110	364	ミンダナオ島、ダヴオ	バゴボ等の諸族	種蒔前などに人身供犠を行う。本来は首狩であろうが、豚や鶏の供犠に緩和されている部族もある	凶作除去・豊作祈願儀礼	人身供犠、首狩
111	365	ルソン島北部	ティンギアン諸族	特別の資格を得た者が7年目ごとに16日間大祭を行う。12日目に豚の供犠をする。祭りの後1か月間、斎主の家族には労働が禁じられ、豚・鰻・唐辛等が禁忌となり、屍体に近づいたり喪家に入ることを慎む	収穫・豊作感謝儀礼	◎
112	384	西ボルネオ、タヤン・ランダック	ダイヤック	飯炊き用の土鍋や釜を怒って破砕した時には飯粒と魚肉を少し田の中に投げ稲の守護霊に供える	厄災除去	
113	386	北ボルネオ	ヅスン	稲田で食事をする時には犠牲を屠る	稲作守護	
114	386′	北ボルネオ、タムバティアン		首狩で取った頭蓋骨を米倉に下げて米盗人を防ぐ	厄災除去	首狩

※地名・部落名などのカタカナ表記は現代的表記に改めた。

考えられる。

このほかインドのムンダ族の場合にも、播種儀礼や脱穀儀礼などで、血を伴う白と赤のニワトリの供犠が行われており［長田：二〇〇〇b］、台湾でも粟の事例ではあるが、これにブタの肉と血が捧げられている［ネフスキー：一九一八］。さらに表3にも首狩九例・人身供犠七例（うち二例重複）が見えるが、中国雲南地方では稲作儀礼として首狩が近年まで行われていたといい、これにもブタやウシの供犠が伴っている［鳥越：一九九五］。

なお人間を農作物のための犠牲として捧げる事例は、すでにフレーザーが指摘するところで、必ずしも地域としての東南アジアや、作物としての稲に限られるわけではない［フレーザー：一九五一・五二］。また雲南の事例でも、人間犠牲に動物の肉や血が伴っており、いずれにしてもプリミティブな社会では、これらに植物を成長せしめる呪術的要素があったと見なしてよいだろう。こうした傾向は古代日本においても知ることができるが、ここでは『魏志』倭人伝に登場したように、供犠や肉を禁忌とする事例を、こうした稲作儀礼の場合で確認しておきたい。

稲はもともと敏感な植物で、その生育は気象条件などに大きく作用される。しかも繁殖力・栄養素・食味・保存性などに優れることから、重要な栽培植物として多くの東南アジアの民族に育てられてきた。このため、多くの期待と不安が入り交じった形で、人々は稲の生育に深く関与してきた。その結果、子細な自然現象やその変化に、さまざまな意味を付与して神に祈り、徐々に体系的な信仰と儀礼とを生み出してきた。

もっともプリミティブなものでは、事例26・27＝稲作の地を開墾する際に鳥の鳴き声の聞こえる方向で最適地を決める、事例139＝播種中に特定の鳥獣が現れると凶兆と見なし何日か仕事を休む、事例442＝稲畑へ行く道で鳥獣の死骸を見たときには耕作を止めて家に引き返す、などといった場合があり、それぞれの自然観・世界観に基づいて、実に多様なタブーが成立していたことが窺われる（事例番号は宇野前掲書：以下同）。

有力な穀類である稲の栽培労働は、こうした禁忌事項やさまざまな儀礼や供犠を、各地で生み出し、数としては肉や血を供したり食したりする事例の方がはるかに多いが、いくつか肉を禁忌とする場合がある。例えば表3のうち、備考欄に○を付した一〇例は、耕作に当たって動物の死や肉を忌むもので、◎の四例はその傾向が特に顕著なものを示す。

すなわち肉や血に関わる儀礼一一四例のうち、一割強にあたる一四例に、死もしくは肉や血を忌むという逆ベクトルの傾向が認められることになる。ここではまず後者の◎を付したもののうち、後に検討するような日本における肉食禁忌事例に、最も近いもの二例を、先に紹介しておこう。

事例137〈メンダグラム地方カヤン族〉

種播のあと一定の期間、すべて動物を殺すことが禁止される。これはその血が稲魂を驚かすことを怖れるからであって、同様な理由でその期間には結婚することや黥することも禁ぜられる

事例339〈サヴ島の住民〉

植付から収穫までの間には、なほ種々の一般的禁忌がある。すなわち家の中で大きい音をさせたり、……河で水浴の時つねに誰もが戯れるやうに、手で水を打ってはならない。葬儀の饗宴に犠牲を屠ることもこの期間は禁制で、これらを犯すと稲が生長しなかったり、害虫walang sangit に食はれるともいひ伝へてゐる

この二つの事例から、農耕期間中に動物を殺すことが、稲の生育を妨げるという信仰の存在が認め

られる。一般に稲作儀礼には、動物供犠が付随することが多いが、逆に動物の死が稲魂を刺激し、その成長に悪影響をもたらすと考える民族も存在した。東南アジアの稲作地帯を見渡してみると、初期農耕社会における稲作儀礼には、動物の肉や血が色濃くまとわりついており、多くはこれらを犠牲として捧げることが多かった。しかし、なかには動物の死を忌むことで、稲の豊作を祈る場合もあったことに注目しておきたい。

このように動物が稲作のための生贄として捧げられる事例を、日本古代においても、いくつか確認することができる。特にシカの血の儀礼と殺牛馬祭祀に注目する必要があるが、すでに、前者については本編第三章第二節で、後者に関しては同じく第六章で述べたので繰り返さないが、ここではシカの血の問題をマレーシア地域との関連で触れておきたい。

シカの血と農耕儀礼の関係については、先に『播磨国風土記』讃容郡条および賀毛郡雲潤里条や、奥天龍川流域のシシ祭りの事例を検討したが、マレーシア地域ではブタやニワトリなどの血が、稲作儀礼に用いられている。先の表3の事例31・69・117・118・119・125・167・169・195・206・209に著しく近似するもので、単に米に血を混ぜたりして供えるものとしては、事例53・101・108・115・157・307・318などを加えることができる。

かつて佐伯有清は、『牛と日本人の生活』を著した際に、宇野の成果を用いたが、テーマとの関係から、ウシの供犠にのみ限定して論を進めた[佐伯：一九六七]。しかし稲作儀礼との関係でみるなら、ウシだけではなくシカやイノシシを用いた祭祀についても比較すべきで、むしろ農耕儀礼と動物供犠という観点から検討する必要があろう。

確かにマレーシア地域と日本とでは稲作の伝播経路も異なり、前者には畠地での稲作も含まれるなど、両者の稲作文化を必ずしも共通するものと考えることはできない。しかし稲という特殊な植物を栽培する過程で、ニワトリやブタもしくはウシなどを用いた、ほぼ同様の内容を有する儀礼が行われていたと考えても不自然ではあるまい。すなわち『播磨国風土記』に留められたことと、これに類する民俗神事が今日まで伝わるという事実から、古代の日本においては、各地で稲作のための動物供犠が広く行われていたと見なすべきである。

さらに農耕に関わるかどうかは不明であるが、『日本書紀』皇極天皇三（六四四）年七月条には、東国富士川付近の大生部多《おほふべのおほ》が、虫を祭ることを村人に勧め、これを常世の神と称して、富と若さをもたらすとしたが、これに対して秦河勝は、民を惑わすものとして大生部多を打ち、常世神を祭ることを止めさせたという記事がある。ここでは常世神に、「酒を陳ね、菜・六畜を路の側に陳ねて」富を願ったとあり、獣肉の供犠が行われていたことが分かる。また『日本霊異記』上巻第三〇話には、膳広国が慶雲二（七〇五）年に冥界から戻った話があるが、広国は冥界で父に「供養の飯と宍、種の物に飽く」と聞かされており、祖霊祭祀に獣肉が用いられていたことが窺われる。

さらに農耕儀礼に関わると思われるものに、南九州の柴祭りの供え物であるシシ肉や、日向銀鏡の神楽に供されるイノシシの生首、信濃諏訪大社の神事に供されるシカの首やウサギなど、現代まで伝えられる民俗行事があり、獣類が供される事例は必ずしも少なくはない。ただ『播磨国風土記』や『日本書紀』は、こうした動物の血を借りた播種や、常世神に祀った六畜にしても、否定的に扱い異端的な行為と見なしているが、これは風土記や記紀の編纂時における思潮に影響を受けたためと思われる。

古代日本では、シカやイノシシなどの動物供犧が広く行われていた、と考えてよいだろう。

第四章　殺生禁断と農耕儀礼

こうした前提を踏まえた上で、本章では、古代日本における殺生禁断令と肉食禁忌の問題を考えてみたい。表4は主に六国史を中心とし、殺生禁断および放生に関わる事例も含めて、肉食に関連する事項を編年したものである。但し風土記や説話文学については、年次の確定が難しいため、時代を特定しうるもの以外は除いてある。この表4で最も注目されることは、神武天皇と雄略天皇がウシの肉やシカの膾を食した、という客観的な記述を例外とすれば、それ以外には全て、肉食＝〝悪〟というイメージが付着している点である。

これは官撰史書である六国史を貫く思想的基調で、すでに本編第六章第二節でみた『古語拾遺』における御歳神の神話が、稲作を目的とする動物供犧の存在を示すものであるとすれば、これを全く否定する形で日本の歴史が叙述されたことになる。むしろこの場合には、祈年祭の起源ともなる御歳神の神話が、記紀を編纂した〝正統的な〟藤原氏系の祭祀集団に黙殺され、史書から削られたという推定もまた成り立ち得よう。それゆえ危機感を抱いた斎部広成が、やや不自然な形ながらも御歳神の話を『古語拾遺』に留めたと考えられ、これを後人の追補とする説は妥当性を欠くものといえよう［高木：一九七三］。

動物供犧が日本になかったとする論者が、しばしば挙げる根拠は、大宝律令や養老律令の神祇令に

表4：日本古代肉食関係略年表

番号	和暦	西暦	月日	内容	備考	出典
1	神武戊午		8／2	天皇、酒宍(牛)で軍兵をねぎらう		日本書紀
2	仁徳38		7－	天皇に鹿苞を献ずるが、皇后これを悲しむ	猪名県の佐伯部	日本書紀
3	雄略元		10／3	天皇、大規模な狩りをして大いに膾を食する	宍人部を置く	日本書紀
4	皇極元	642	7／9	雨乞のため牛馬を殺して社の神に祭る	村々の祝部の教え	日本書紀
5	皇極3	644	7－	常世神を祭り、酒・菜・六畜を路傍に列ねる	民を惑わす流行神	日本書紀
6	大化2	646	3／22	農作の月には田造り励み、美物と酒を禁ずる		日本書紀
7	天武4	675	4／5	4～9月の間、牛・馬・鶏・犬・猿の食用を禁ず	初の殺生禁断令	日本書紀
8	天武5	676	8／16	四方に大解除し諸国に詔して放生す	初の放生	日本書紀
9	天武5	676	11／19	京に近き諸国に詔して放生す	放生	日本書紀
10	持統3	689	8／16	摂津国の海、紀伊・伊賀国の野などでの漁猟を禁断し、讃岐国で獲た白燕を放生せよ	殺生禁断令、放生	日本書紀
11	持統5	691	5－	長雨につき酒宍を禁断して悔過し、経を読め	殺生禁断令	日本書紀
12	文武前紀	697	8／17	諸国をして毎年に放生せしむ	放生	続日本紀
13	養老2	718	4／1	筑後守道君首名卒。鶏・豚を営む掟を作った。	同日条に見える所伝	続日本紀
14	養老5	721	7／25	殺生を戒め、鷹・犬や鶏・猪などを放生し、放鷹司などの官人を廃す	殺生禁断令、放生	続日本紀
15	養老6	722	7／3	百姓憔悴し、酒をいさめて屠りを断たしむ	殺生禁断令	続日本紀
16	神亀2	725	7／17	諸国の神社に穢臭あり、雑畜を放つと聞くので、慎み清掃して歳事をなせ	神を敬い仏を尊ぶには清浄を先とせよ	続日本紀
17	神亀3	726	6／15	天下の諸国をして放生せしむ	元正不予、放生	続日本紀
18	神亀6	729	1／10	伊勢大神宮社参途中の浦田山で、死人が鳥・犬に食われ肉骨散乱、不浄につき大祓	死穢の不浄、大祓	大神宮諸雑事記
19	天平2	730	9／29	地方豪族が人を集めて狩猟し、鹿・猪を殺すことを先帝の例により禁ず	殺生禁断令、狩猟禁止	続日本紀
20	天平4	732	7／5	雨乞のため、酒をいさめて屠りを断たしむ	殺生禁断令	続日本紀
21	天平4	732	7／6	畿内の百姓の飼う猪40頭を買い取って放生	放生	続日本紀
22	天平9	737	5／1	雨乞のため、酒をいさめて屠りを断たしむ	殺生禁断令	続日本紀
23	天平9	737	8／2	月の六斎日には殺生を禁断す	殺生禁断令	続日本紀
24	天平13	741	2／7	馬・牛は有益ゆえ屠り殺すことを禁ず。また国郡司等が人を集めて狩猟することを禁ず	殺生禁断令、狩猟禁止	続日本紀・類聚三代格

25	天平13	741	3／24	毎月の六斎日には公私ともに漁猟殺生を禁ず	殺生禁断令	続日本紀
26	天平15	743	1／12	七七日を限り天下の殺生を禁断す	殺生禁断令	続日本紀
27	天平17	745	9／15	天下に一切の宍を殺すことを禁断す	殺生禁断令	続日本紀
28	天平年間？			摂津国の人、7年間1頭ずつ牛を殺して祀る	漢神の祟りによる	日本霊異記
29	天平勝宝1	749	1／1	元日より七七日、天下の殺生を禁断す	殺生禁断令、朝を廃む	続日本紀
30	天平勝宝1	749	11／24	迎神使の経る国の殺生を禁断す。従者には酒・宍を用いず、道路を清め掃き、汚穢せしめず	殺生禁断令、迎神使	続日本紀
31	天平勝宝4	752	1／3	正月3日から12月晦日まで天下の殺生を禁断し、漁業をする者には1日籾2升を給う	殺生禁断令、聖武太上天皇病気・大仏開眼	続日本紀
32	天平勝宝7	755	10／21	この日より12月晦日まで殺生を禁断す	殺生禁断令、聖武病気	続日本紀
33	天平勝宝8	756	6／8	来年5月30日まで天下諸国の殺生を禁断す	殺生禁断令	続日本紀
34	天平宝字2	758	7／4	殺生を禁断し、猪・鹿の類を貢進すべからず	殺生禁断令、猪・鹿	続日本紀
35	天平宝字3	759	6／22	濫りに殺生せず貧苦を憐れむを仁とす	殺生禁断の訓戒	続日本紀
36	天平宝字3	759	6／23	放生池を立て、捕魚を禁断す	同日の格に曰く、放生	政事要略
37	天平宝字8	764	10／2	放鷹司を廃して放生司を置く	放生	続日本紀
38	天平宝字8	764	10／11	鷹・犬・鵜を養って狩猟することを禁ず。また御贄に雑の宍・魚の類、及び中男作物に魚・宍・蒜の類を貢進することを悉く止めよ	狩猟禁止、但し神社はこの限りにあらず	続日本紀
39	宝亀1	770	7／15	禁殺の令を国に立てども、疫気生物を損なう。7月17日より7日、天下の辛・肉・酒を断つ	殺生禁断令、大般若経転読	続日本紀
40	宝亀2	771	8／13	月の六斎日及び寺辺2里内の殺生を禁断す	殺生禁断令	類聚三代格
41	宝亀6	775	9／11	海内の諸国、屠ることを断つべし	殺生禁断令、天長節	続日本紀
42	延暦9	790	4／16	田夫に魚酒を喰らわしむことを禁ず	百姓の疲弊甚だし	類聚三代格
43	延暦10	791	9／16	伊勢他6ヶ国(三代格では諸国)の百姓、牛を殺して漢神に祭ることを禁ず	漢神の祭り、殺牛馬の罪とす	続日本紀・類聚三代格
44	延暦12	793	1／14	7日間薬師経を転読し、殺生を禁断す	殺生禁断令	日本後紀逸文
45	延暦12	793	5／16	山城・摂津両国に放生を命ず	放生	政事要略
46	延暦13	794	9／3	3日間仁王経を講じ、殺生を禁断す	殺生禁断令、前日地震に就き	日本後紀逸文
47	延暦20	801	4／8	越前国、牛を殺し神に祭ることを禁ず	(漢神か？)	日本後紀逸文
48	延暦23	804	10／23	臣民、私に鷹・鷂を飼い遊猟することを禁断す	禁制すでに久し	日本後紀
49	延暦23	804	12／21	犢を殺して皮を剥ぎ下鞍等にすることを禁ず	牛の功は実に多し	日本後紀・類聚三代格
50	大同3	808	9／23	鷹を飼うことを一切禁断す		類聚三代格

51	大同4	809	4／28	7日間天下諸国の殺生を禁断す	漁者には糧を給う	日本後紀逸文
52	大同5	810	7／26	7日間天下諸国の殺生を禁断す（前年に同じ）	漁者には糧を給う	日本後紀逸文
53	弘仁1	810	9／28	毛皮を鞍具に用いることを禁ず	延暦23の禁令に似る	日本後紀
54	弘仁2	811	2／2	散斎の間は宍を喰らうことを得ず	養老律令の規定に同じ	日本後紀
55	弘仁2	811	5／21	田夫に魚酒を喰らわしむことを再び禁ず	延暦9の禁令に同じ	日本後紀
56	弘仁3	812	9／20	天平勝宝の格により、東大寺四面2里内殺生を許さず	殺生禁断令、宝亀2の禁令に似る	日本後紀
57	弘仁4	813	4／1	藤原産子山城国愛宕郡林寺に住み、寺辺に牛馬臓物等を放棄することを禁ず	上記の令を承けたもの	日本後紀逸文
58	弘仁6	815	1／15	仏地に牛馬を繋ぎ穢すことを近江国に禁断す		日本後紀
59	弘仁11	820	2／5	釈奠を停止し、祈年祭には三牲を忌むべし		日本紀略
60	弘仁14	823	7／17	7日間経を読み、殺生を禁断す	殺生禁断令、旱魃祈雨	日本後紀逸文
61	天長7	830	4／26	精進僧20以上を選び、国分寺において3日間金剛般若経転読し、殺生を禁断す	殺生禁断令、疫病流行	日本後紀逸文
62	天長9	832	5／18	五畿内に経を奉読させ、修善の間殺生を禁ず	殺生禁断令、旱天飢饉	日本後紀逸文
63	天長10	833	3／20	3ヶ日を限り、天下の殺生を禁断す	この年、疫病流行	続日本後紀
64	天長10	833	6／2	山城国等近都の山に坑穽や機槍を設置することを禁断す	殺生禁断令	続日本後紀
65	天長10	833	6／23	山城国民、魚鳥獣等を濫殺することを禁断す	殺生禁断令	続日本後紀
66	承和1	834	4／6	3日間金剛般若経転読し、殺生を禁断す	殺生禁断令	続日本後紀
67	承和4	837	6／21	7月8日より3日間、金剛経等を転読し、殺生を禁断す	殺生禁断令、疫病流行	続日本後紀
68	承和5	838	4／7	7日間大般若経を転読し、殺生を禁断す	殺生禁断令、前年不熟	続日本後紀
69	承和6	839	11／2	来年2月15日前後并3日間、殺生を禁断す	殺生禁断令、精進練行	続日本後紀
70	承和7	840	6／13	7日間大般若経を転読し、殺生を禁断す	殺生禁断令、前年不熟飢饉疫病、長官精進	続日本後紀
71	承和8	841	2／14	天平勝宝4年の勅により、寺辺2里内の殺生を厳しく禁断す	殺生禁断令	続日本後紀
72	承和8	841	3／1	大和国の春日神社神山内の狩猟・伐木等を添上郡の郡司禁制を加える	殺生禁断令	続日本後紀
73	承和8	841	12／17	3日間大般若経転読し、殺生を禁断す	殺生禁断令、彗星屡々	続日本後紀
74	承和10	843	5／8	3日間薬師・大般若経転読し、殺生を禁断す	殺生禁断令、内裏物恠	続日本後紀
75	嘉祥3	850	2／5	鷹・犬・鳥を放生し、延命法を梵釈寺に修すにより近江国に諸殺生を下知す	殺生禁断令、放生、仁明天皇病気	続日本後紀
76	斉衡2	855	4／10	私に鷹・鶴を養うを禁ず	（殺生禁断令：以下同）	文徳実録
77	貞観1	859	8／13	巣鷹及び網捕鷹を禁制す	既に鷹を貢するを禁ず	類聚三代格

78	貞観2	860	10／21	諸国の禁野に狩りするを禁制す		類聚三代格
79	貞観5	863	3／15	国司諸人鷹・鷂を養い禁野に狩りするを禁ず	国司等の殺生著し	類聚三代格
80	貞観7	865	2／10	7日間金剛般若経を転読し、殺生を禁断す		三代実録
81	貞観7	865	10／17	来月2～7日、五畿七道に殺生を禁断す		三代実録
82	貞観11	869	3／3	3日間金剛経等を転読し、殺生を禁断す		三代実録
83	貞観15	873	2／23	3日間経を転じ、五畿七道に殺生を禁断す		三代実録
84	元慶6	882	6／3	五畿七道諸国に放生を命ず。毒を流し魚を捕らえることを禁ず	放生	三代実録・類聚三代格
85	仁和1	885	閏3／1	来4月26日、国司郡司百姓を率いて潔斎戒慎し、この日の殺生を禁断す		日本紀略
86	延喜5	905	11／3	諸院宮家の狩りの使いを禁ず	五位以上六衛府も同じ	類聚三代格
87	延喜10	910	7／7	奉幣し牲を投じて猟を禁じ漁を制す	炎旱、諸国神社に詔す	日本紀略

犠牲に関する規定が存在しないことである。しかし、まさしく律令は殺生禁断を強く打ち出した古代国家が定めたものであり、律令国家成立期に殺生禁断思想の重要性が認識され、肉食の本格的な禁忌が始まったとすれば、国家の成文法に動物供犠が登場しないのは当然の帰結となる。

　やや感想的な印象を述べれば、律令国家以後のことにすぎない〝日本人は肉を食べない、血を好まない〟という潜入観念が、研究者自身の内部にも無意識に宿っており、歴史を動態として見ようとはしない傾向が強かったように思われる。

　そこで次に殺生禁断思想の成立と、その背景について考えてみよう。こうした観点から最も注目すべき法令は、『日本書紀』天武天皇四（六七五）年四月五日条に見える詔で、「今より以後、諸の漁猟者《すなどりかりするもの》を制《いさ》めて、檻穽《おりししあな》を造り、機槍の等き類を施くこと莫《まな》。亦四月の朔より以後、九月三十日以前に、比弥沙伎理《ひみさきり》・梁を置くこと莫。且牛・馬・犬・猿・鶏の宍を食ふこと莫。以外は禁《ためし》の例《かぎり》に在らず」とある。

これは一般に〝肉食禁止令〟とされているが、正確には最初の殺生禁断令と見なすべきものである。まず狩猟・漁撈活動に対して制限を加え、さらに四月～九月の期間には、特殊なワナの使用と五畜の肉食を禁じている。ここでは、農耕期間という限定が付されている点と、日本人にとって最も重要な狩猟獣であったシカとイノシシが禁忌の対象となっていない点が重要である。

これについては何度か述べているので繰り返さないが、四月～九月という限定が、「比弥沙伎理・梁」の使用と肉食の禁にかかることだけは訂正しておきたい。つまり唐の雑律を承けて「檻穽・機槍」という狩猟活動を通年で禁じているが、これはシカやイノシシなど食用獣の殺生に関わるもので、第一義的なねらいが殺生禁断にあったと解釈すべきだろう。さらに農耕期間に限って、特殊なワナの使用と家畜・猿といった近しい動物の食用を二次的に禁じたことになる。この場合、「比弥沙伎理」を細かい梁の一種とすれば、農耕期間に限定されたのは漁撈のみとなり、身近な殺生についてのみ期間的な限定を設けたと考えられる。

さらに表4に明らかなように、その後に相次いで出される殺生禁断令に、しばしば放生が伴っている点に注目すべきだろう。天武天皇は、翌年八月一六日には四方に大祓を行い、初めての放生の実施を命じており、同じく一一月一九日にも放生の詔を繰り返している。天武四年の詔は殺生の文字こそないものの、放生の実施とセットとして理解すべきもので、明らかに殺生を禁じた最初の法令ということになる。

もちろん、こうした殺生禁断令や放生の実施は、国家の理念と利益を確保するために施行されたが、殺生禁断については、仏教思想と農耕儀礼という二つの側面から検討する必要がある。まず仏教における殺生戒の問題を、東アジア社会のなかで見れば、仏教では殺生戒が最も重視されるが、ジャイナ教やヒンズー教にも、肉食を禁ずる教えがあり、この間の事情は単純ではない。

もともと仏教においても、一律に肉食が禁じられていたのではなく、小乗系の戒律を記した『十誦律』犍度部医薬法には、「三種の浄肉は噉《くら》ふを聴《ゆる》す」という考え方があり、自分のために動物を殺したことを、見たもの、聞いたもの、あるいはその疑いのあるものでなければ、肉食しても問題はなかった。

従って仏教の及んだ全ての世界に肉食禁忌が発達したのではなく、戒律の厳しいインド社会を別とすれば、むしろ大乗系のうちでも中国経由の仏教世界に、肉食の禁忌が広まったことになる。それゆえ東南アジアでも、インドのほか中国・朝鮮半島・日本およびベトナムに菜食主義が浸透し、それぞれの地域に精進料理が発達している［森枝：一九九八・原田：一九九九］。

食肉の全面禁止を最初に説いたのは、五世紀初頭に中国に伝えられたという『大般涅槃経《だいはつねはんきょう》』であった。その解説書『大般涅槃経疏』巻第九の四相品上では、先の小乗の三種浄肉説を厳しく批判し、「若し肉を食せば、則ち小慈なし」として肉食を禁じているが、「諸弟子を制して悉く一切の肉を断ずるは、昔に対して今を唱ふるなり」とあり、中国で全面的な肉食禁止が強調されたのは、日本への仏教伝播に極めて近い時代であったことが分かる。

さらに肉食に関して同様の厳しい教義を有する『梵網経《ぼんもうきょう》』も、『大般涅槃経』とともに五世紀に中国で撰述された偽経である可能性が高く、特に中国系の大乗仏教が肉食を強く禁じていたと考えられる。なお「盧舎那仏説菩薩心地戒」の正式名称を持つ『梵網経』は、東大寺の盧舎那仏開眼でも読経されたほか、日本では主要な国家鎮護の大乗教典として重視された。確かに初期の律令国家の政策に、肉食を禁ずる中国の仏教思想が強く反映しているのは事実であるが、天武天皇四（六七五）年四月の詔は、単なる肉食禁止令ではなく、明確な目的を持った殺生禁断令であった。すなわち、この詔は仏教理念そのものの普及のためではなく、国家の政策として何らかの具体的な目標を有していた。

こうした観点から注目すべきは、この詔を記した前条の四月一〇日で、「風神を龍田の立野に」「大忌神を広瀬の河曲に」それぞれ祭らせており、以後毎年、この両祭が執り行われるようになった点である。すなわち風害から稲を守るための龍田風神と農業用水を司る広瀬水神とを、天武天皇が初めて祭ったのであり、これ以降、龍田風神祭と広瀬大忌祭は、稲作儀礼を掌握する国家的祭祀として重要視されるようになった。

従って、これに続く先の殺生禁断令も、天武天皇が採用した水田農耕の振興策の一環と考えるべきで、大化二（六四六）年三月の改新の詔にある「農作《なりわひ》の月に当りては、早《すみやか》に田営ることを務めよ。美物《いを》と酒とを喫《くら》はしむべからず」という一文と密接に関係する。ここでいう美物は魚や肉を指すもので（美物をイヲとするのは肉食禁忌が強まった平安期の訓）、農耕期間においては魚や肉を食したり、酒を飲んだりすることを慎むことが、新政権の方針だとしている。

これは持統天皇五（六九一）年六月条で、長雨が続いた際に、「此夏、陰雨《ながめ》、節に過へり。懼《おそ》るらくは必ず稼《なりわひ》を傷《やぶ》りてむ。……其れ公卿・百寮人等をして、酒宍を禁め断めて、心を攝《おさ》め悔過《くえか》せしめよ。京及び畿内の諸寺の梵衆《のりのしども》、亦当に五日、経を誦め。庶《ねが》はくは補有《しるし》らむことを」と命じたことに対応している。すなわち長雨のような農耕期間における天候の不順が、稲の円滑な成育を妨げる場合には、肉や酒を断って心静かに悔過することが、古代においては稲を自然の災害から守る手段であった。それゆえ改新の詔では「田営る」ために「美物と酒」が禁じられたのである。

この論理を推し進めれば、殺生禁断令によって動物の命を奪うことを禁じ、放生によって死ぬべき運命にある動物の命を救って、水田農耕の展開を円滑ならしめるという政策に行き着くのは当然の流れであった。つまり強力で安定した国家の創出を目指した天武天皇は、初めて殺生禁断と放生を行ったが、その根底には国家の経済力の基礎となる稲作を推進させようとする意図が強く働いていた。

ところが先に見たように、殺生禁断による農耕の推進という施策は、古代日本に広く存在していた動物供犠を伴う農耕儀礼と明らかに矛盾する性格を持つ。すなわち七世紀末には肉食の忌避が稲作の推進をもたらす、という認識が、国家レベルで成立していたことになる。ここで先に第三章で引用した東南アジアの稲作儀礼のうち、事例137のメンダラム地方のカヤン族や、事例339のサヴ島住民の場合には、農耕期間中に動物を殺したり、犠牲を屠ったりすると稲作が失敗するという信仰が存在していたことを想起されたい。

これらの稲作儀礼は、まさしく初期の殺生禁断思想に共通するもので、農耕期間において狩猟を禁じた天武天皇四年の詔と、同様の論理構造を有している。さらにこれは、初期稲作社会が成熟しつつあった弥生時代末期に、服喪の際に肉食を遠ざけ、航海などの安全を祈る持衰の慎むべき行動の一つに、肉の禁忌があったこととも共通性があるように思われる。

古代には問題が生じそうな場合に、肉を断つことが最も有効な対処法の一つとする思考法が存在していた。これに理論的な体系を有する仏教思想を巧みに導入し、農耕儀礼としての内実を整えたのが、初期の殺生禁断令であった。先に引用した持統紀の「心を攝め悔過せしめよ」の一文は、まさしく漢訳仏教語彙の転用であるが、「酒宍を禁め断め」ることが人生や社会の平穏に繋がるという伝統は、弥生以来の日本社会上層部に存在し続けていたと考えられよう。

このような伝統的な思考法は、特に中国経由の仏教思想によって裏打ちされた。表4が物語るように殺生禁断の際には、必ずと言って良いほど金剛経や薬師経・大般若経などの転読が行われているが、これは当然ながら仏教による鎮護国家の理念に基づいている。その背後には仏教の殺生戒があり、さらには中国仏教の影響を受けた肉食の禁があって、殺生禁断と肉食の禁忌が、国家の鎮護をもたらすと信じられていた。すなわち殺生禁断や放生を行うことで、農耕の展開を遂げ社会の安定を図るという政策が採られたのである。

これは国家レベルにおける農耕儀礼の問題で、おそらく大化前代の社会には、東南アジアの事例を表3で見たように、民間にはさまざまなタイプの稲作儀礼が存在していた。また本編第六章第三節で見た『日本書紀』皇極天皇元（六四二）年の記事に象徴的なように、「村々の祝部」が教える牛馬を犠牲とする祭祀が、当時の社会では一般的だったと思われる。しかし国家の側には、これとは全く逆の論理があり、仏教や天皇による雨乞いの延長上に位置する政策が選択されたのである。

こうした農耕儀礼に対する姿勢は、六国史の記述に一貫するもので、とくに表4に示したように、七世紀中期以降、律令国家は殺生禁断を命じ続けている。すなわち国家の意志として、動物供犠を伴う農耕儀礼の徹底的な排除が行われたために、動物を殺さないことが稲の順当な成長を促進するという農耕理念は、徐々に社会に深く浸透していった。特に牛馬の供犠は、農耕との関連からしても、不合理なものでしかなかった。ただ動物供犠を含む農耕儀礼は、完全には一掃できず、その一部が中世や近世にも残され、あるいは民俗神事に形を変えて今日まで伝えられたと考えられる。

古代律令国家は、豊饒を願い国家の安定強化を目指して、しばしば殺生禁断令を発布した。特に初期の殺生禁断令には、農耕儀礼的な要素が極めて強かったが、もともと人生や社会の平穏を願う殺生禁断と放生の実施は、必ずしも農耕の推進を目的とする場合に限定されず、やがて国家の安定を求める政策へと拡大していった。表4からも明らかなように、特に八〜九世紀に入ると、飢饉や天変地異さらには天皇の病気といった場合にも、しばしば繰り返されているが、これらは広く社会の安穏を願うためのものと理解できよう。

終　章　殺生と肉食の穢れ

これまで検討してきた殺生禁断や放生の思想が、社会的に肉食禁忌を浸透させていったことに疑いはなく、これに伴って確実に狩猟も衰退していったが、それは殺生禁断令が発布された七世紀後半からのことではなかった。殺生禁断令と狩猟の後退および肉食の否定との間には複雑な関係があり、これを説明するには、さらにいくつかの媒介項を必要とする。このうちもっとも重要なのは、〝穢れ〟の問題であるが、これについては、すでに本編第六章第四節および終章第三節で、道教などとの関連から検討を行った。ここでは日本における穢れ意識の進展について若干の展望を試みることで結びとしたい。

まず殺生禁断令と狩猟との問題からすれば、次の補論二で検討するように、八世紀末から九世紀前半には、天皇による狩猟が盛んに行われていた。もともと天皇すなわち王者の狩猟には、最高権力者としての象徴的な意味があり、『類聚三代格』に収められた大同三(八〇八)年九月二三日の太政官符では、タカの飼育が禁ぜられているが、親王家や政府高官については、対象外となっている。ところが九世紀後半になると、恒常的な狩猟禁止が強化されるようになり、それまでは殺生禁断も原則として期間が限定されていた。

この場合には、禁断令が有効な間だけ狩猟・漁撈を控えれば良く、恒常的に狩猟が〝悪〟と見なされていたわけではない。むしろ動物などの死が、穢れとして意識され始めることの方が重要であろう。すでに『続日本紀』神亀二(七二五)年七月一七日条には、「諸国の神祇の社の内に、多く穢臭有り。及雑畜を放てり」と見え、天平勝宝元(七四九)年一一月二四日条にも、八幡神を迎えるために殺生禁断を命じており、「その従人の供御には酒・宍を用ゐず。道路を清め掃き、汚穢せしめず」とある。

さらに『大神宮諸雑事記』には「死男、鳥犬をして喰はせられ、肉骨、途中に分散す」と見え、これを「死穢不浄」としている。いずれも清浄であることが重視されながらも、死者の骨肉の散乱は別として、八世紀段階では、動物の死そのものを穢れとする観念が根付いているようには思われない。

むしろ『続日本紀』天平宝字八(七六四)年一〇月一一日条では、「鷹・犬・鵜」を用いた狩猟を禁じ、御贄や中男作物として魚・宍などを貢進するのを停止しながらも、「神戸はこの限りに在らず」として、神社はこの規制を受けない旨を明記している。土谷博通によれば、こうした獣死を穢れとして強く意識し、これを遠ざけ始めるのは九世紀後半からのことであるという[土谷：一九八三]。

獣死に限らず、一般に穢れ意識が増大していくのは、だいたい九世紀後半のことで［高取：一九七九・丹生谷：一九八六］、この時期には、古代律令国家が大きな変貌を遂げ始め、支配者層の対外意識にも変化が現れ、律令制的な公地公民とは異なる新たな王土王民思想が登場することが、村井章介によって指摘されている［村井：一九九五］。

いわば古代から中世への移行が、九世紀に始まることを暗示せしめるが、獣死を穢れとみなす社会的段階においては、殺生禁断思想も大きな変貌を遂げていると考えるべきだろう。殺生禁断や放生といった思想は、その後の中世社会にも引き継がれて繰り返されるが、それは獣死が殺生戒によって忌避されるのではなく、穢れという観念によって否定される点が決定的に異なる。

つまり獣死＝穢れとする社会では、動物供犠を伴う稲作儀礼は特殊事例と見なされる他はなかった。すでに中世的な殺生禁断や放生に、農耕儀礼との関係を認めることは不可能である。しかし古代律令国家が行った殺生禁断令のうち、特に初期のものに関しては、本編第六章で検討したように農耕儀礼的な要素が強かったものと思われる。

それは何よりも社会的な剰余としての米の力が偉大だったからであろう。社会の階級分化や国家の成立に米が果たした役割は大きく、また王権や国家による労働力の編成や、そこに蓄えられた高い水利技術が、水田の造成や開発に非常な効率化をもたらしたことは想像に難くない［大林：一九九一b］。おそらく王権成立に伴う古墳時代の〝米の記憶〟つまり米の強大な威力が、支配者にとって水田稲作を重視せしめる結果をもたらしたと考えるべきだろう。

最近、奈良時代の遺跡から発掘される木簡のなかに、米の種類を記した「種子札」と呼ぶべきものが存在することが明らかになった。これに分析を加えた平川南は、古代律令国家のもとで、収穫期や成育の特性を異にする稲の品種を把握し、その種子の統制・管理を厳格に地方の郡司層などが行っていたことを指摘している［平川：一九九九］。

在地豪族層にとって、一種の営利事業であった稲の私出挙も重要な収入源となったが、稲作は何といっても国家そのものを支える重要な生産活動であり、彼らは地方レベルでの行政の実務を担っていた。まさしく、そうした地方を統括し、全国規模で水田農耕を円滑ならしめるために、古代律令国家は、殺生禁断をいわば一種の農耕儀礼として積極的に推進したのだといえよう。

（原題「古代日本の動物供犠と殺生禁断――農耕儀礼と肉食禁止をめぐって」『東北学』三号、二〇〇〇年。ただし本編第五・六章と重複部分の多い「第四章：古代における動物供犠」を削除したほか、適宜、文章を調整して収録した）

補論二　古代における殺生罪業観と狩猟・漁撈

序　章　狩猟・漁撈への視点

ユーラシア大陸の東端部に弓状に沿って位置する日本列島は、間氷期の海面上昇によって取り残された山脈の一部で、その七〇パーセントを山地が占め、平地部は三〇パーセントに過ぎない。また列島の大部分は、温帯アジアモンスーン地帯に属するが、亜寒帯的な北海道と亜熱帯的な沖縄を含む島国となっている。それゆえ豊かな山と海の資源に恵まれた地域であるにもかかわらず、狩猟・漁撈といった生業は、必ずしも順調な展開を遂げたわけではなく、むしろ賤業視されたという歴史を持っている。

それは温帯アジアモンスーンという気候条件に適した稲作を、国家が意図的に選択して、社会的生産の基盤に据えたという特殊事情に因るものであった。もちろん本来的には、稲作の推進と狩猟・漁撈は矛盾するものではなく、同時並行はあり得たはずであるし、実際に同じ温帯アジアモンスーン地帯では、両者の組み合わせで多くの人々の生活が成り立っている。日本でも弥生時代までは、稲作を行いながらブタを飼ったり、ごく自然に狩猟・漁撈を行ったりしてきた。

ところが水田稲作が始まり、米という社会的剰余が成立して、その奪い合いが起こるようになった。

そして、階級が発生して国家が生まれるようになると、その運営に最も効率の高い米が、至上の食物と見なされるに至った。さらに稲作の順調な展開を妨げると考えられた魚肉や獣肉が、次第に排除されて、やがて〝聖なる〟米と〝穢れた〟肉という図式が成立し、狩猟・漁撈といった生業が賤業視されたのである［原田：一九九三・付編補論二］。

ここでは、これまでの問題意識の延長線上に立ち、狩猟・漁撈への賤視の背景にある殺生罪業観の展開と、それがこれら二つの生業に与えた影響を時代的に検証し、その変遷を歴史的に明らかにしてみたい。行論上、先の拙著と重複する部分もあるが、その後、研究史的にも新たな見解が提示されており、知見も多少は増えてきている。とくに殺生罪業観と狩猟・漁撈との関わりについては、これまで充分には触れることができなかったことから、殺生罪業観の展開が著しかった平安期を中心に、改めて専論を試みたいと思う。

第一章　殺生禁断令と殺生罪業観

すでに付編補論一で考証したように、肉食を遠ざける風習は、稲作農耕の発達した弥生後期に、その起源を求めることが出来る。『魏志』倭人伝には、喪人と持衰については肉食を断つ旨が見え、死者が出た場合や安全を祈るなどの重要な慎みごとの際には、強い禁忌の一つとして、肉を忌避する風習が存在していたことが窺われる。おそらく特殊な場合における肉の禁忌は、耕作開始期に肉食をすると稲作が失敗するという、東南アジアの稲作地帯に広く見られるタブーの一つが拡大したものと考えられる。

もちろん稲作儀礼には、ブタやニワトリなどの動物を屠って神に捧げ、豊作を祈るという事例の方が圧倒的に多いが、なかには相反するタイプのものまで、さまざまな信仰が存在していたことが、補論一で検討したように宇野円空によって指摘されている［宇野：一九四一］。日本においても、雨乞いや風祭などの農耕儀礼に、イノシシなどを用いた動物供犠が行われており、肉食を行うと稲作が失敗するというタブーとは全く逆の信仰も存在していた。

そうした農耕に関する信仰は、地域や集団によって異なり、さまざまな農耕儀礼が行われていたが、肉食を禁忌と考える集団が、次第に政治的指導権を握っていったものと考えるべきだろう。そのことが古墳時代以降に、ブタの骨の出土数が減少した遠因であろうし、『日本書紀』天武天皇四（六七五）年四月一七日条のいわゆる肉食禁止令を発布せしめた要因であったと推定される。すでに拙著および付編補論一で述べたように［原田：一九九三］、この法令は殺生禁断令と見なすべきもので、その背景には、稲作農耕の推進という目的があった。

そこで論点を改めて整理してみれば、まず第一に、禁忌の対象期間が四月から九月までという稲作農耕の時期に限定されている点、第二に、この詔を記した前条の四月一〇日に、風害から稲を守るための龍田風神と農業用水を司る広瀬水神とを初めて祭り、以後この両祭が重要視され毎年執り行われるようになった点、第三に、翌五年八月には、旱魃と飢饉を避けるため、つまり農耕の円滑な推進のために、大祓や赦とともに諸国放生を行っている点、などが重要であろう。

さらに、こうした一連の稲作推進策の実施が、それまでも重要な稲作儀礼であった新嘗祭から、国家の最高儀礼である践祚大嘗祭を創出し、これを同時に支配・服属のための儀礼として整えていく過程に、如実に対応していることも見逃せない。

つまり、天武段階では、大嘗と新嘗の内実は明確ではなかった。ところが、この殺生禁断令発布の翌天武天皇五年九月二一日には、初めて新嘗のための悠紀《ゆき》・主基《すき》の国郡が、それぞれ尾張国山田郡・丹波国訶沙《かさ》郡に定められた。新嘗に供えられる稲を収穫する御田は、天上界から地上界へと伝わった時に「倭の屯田」として再現され、やがて屯田の遺制として畿内の官田が宛てられてきたが［岡田：一九九〇］、これを卜定という形で東西両国から献上させたのは、これが最初であった。

しかも天武天皇二(六七三)年一二月五日の大嘗では、播磨・丹波二国の郡司人夫等に禄位が与えられており、これは両国が稲を献上する御田に指定されたためと思われる。しかし御田の存在が西国のみに偏るとともに、右に述べたように同五年九月までは、悠紀・主基の語が見えないという事実から、未完成な段階にあったと評せざるをえない。

ただ、ここで大嘗に関係した郡司等に禄位が与えられている点が興味深く、さらに天武天皇六年一一月二一日の新嘗では、その後に官人・神官・国司に食や禄が与えられている点が重要である。初めての殺生禁断令と前後する時期に、皇位継承を本義とする践祚大嘗祭に重要な位置を占める悠紀・主基の卜定と、儀礼後の共食および禄位などの賜与といった服属儀礼的な要素が、相次いで登場してくることは注目に値しよう。

すなわち天武政権は、稲作を中心とする国家体制の創出を強力に推進するために、稲作祭祀権の継承と諸国および臣下の服属を確認する最大の儀式として、践祚大嘗祭を整備したのである。つまり稲作農耕を、最も重要な社会的生産と見なしたため、天皇を頂点とする律令国家は、初めての殺生禁断令を発布するとほぼ同時に、龍田風神祭と広瀬大忌祭を国家的祭祀と位置付け、大祓とともに諸国放生を行うことで、稲の円滑な成育を祈ったのだといえよう。すでに天武天皇四（六七五）年の殺生禁断令については、付編補論一でも引用したので繰り返さないが、古くからの狩猟獣であるシカとイノシシを除いて、ウシ・ウマ・イヌ・サル・ニワトリの五畜の食肉を禁止した。

ただ、これについて近世中期の国学者であった河村秀根・益根は、『書紀集解』巻二九で、中国の仏教書『法苑珠林』巻一〇畜生部述意に「犬夜を勤めて吠ふ、雞暁を競て鳴く、牛田農を弊《へい》し、馬行陣に労す」とある部分を引いている。さらに佐伯有義は、これに続けて「また猿人に類するゆえに食はず、涅槃経に見ゆ」と記しているが［佐伯：一九四〇］、同書の万暦刊本には見えないところから、おそらく異本の注記を採ったものと思われる。

いずれにせよ、この五畜のうち、四つが有用家畜で、一つが人に近いという肉食禁忌の理由が、唐代中国の仏教界にも存在しており、しかも涅槃経に拠っているという点は注目に値しよう。このように肉食を禁ずる『大般涅槃経』は、六朝後期つまり五世紀初頭に中国で成立したもので、「一切衆生、悉有仏性」という立場から、草木国土悉皆成仏という思想を有し、肉食の全面禁止を最初に説いた仏典とされている。これが天台や華厳の教学に採り入れられたことから、律令とともに本格的に日本へ伝えられ、天台本覚思想として日本仏教に大きな影響力を与えるところとなった。

また同様に肉食の禁止を強く主張する『梵網経』も、広く日本で重用された仏典の一つで、いわゆる「三種浄肉」説に厳しい批判を展開しているが、『大般涅槃経』と同じ時期に、中国で撰述された偽経と考えられている。いずれにしても肉食禁忌は、こうした中国系の大乗仏教で強く説かれた教義で、日本の殺生禁断令が、同時期の中国仏教の影響を色濃く受けていることに間違いはない。

しかし最も重要な問題は、それが仏教教義の浸透を目的としたためではなく、仏教の教義を拠りどころとし、先に述べた弥生以来の伝統的な肉食忌避信仰と深く結びついて、稲作推進のための呪術として利用された点にある。あくまでも仏教の殺生戒という教義が先にあって、これを倫理的に実現させようとして、天武天皇四年に殺生禁断令が発布されたわけではない。古代律令国家の水田志向という理念を強力に推進するために、仏教の論理が採用されたのである。

これに関しては、すでに紹介したように、『日本書紀』皇極天皇元（六四二）年七月二五日条に、旱天の際に村々で牛馬を殺して諸社に祭ったり、水神に祈ったりしても効果がなかったが、請雨のために寺院で大乗教典を読ませ悔過したところ、小雨が降ったという記事がある。しかし、ほとんど実効がなかったことから、経を読むことを止め、八月朔日に天皇が四方拝を行ったことによって、雨が降り穀物が豊かに稔ったという。これは天皇の霊力を強調するストーリーとなっているが、仏教に呪力を求めたことは明らかである。

なお、ここで行われた悔過については、『日本書紀』持統天皇五（六九一）年六月条で、長雨を憂いて、「酒宍《ししみき》を禁め断めて、心を攝《おさ》め悔過せしめよ」と命じているところから、皇極天皇元年の悔過にも肉食の忌避が含まれていた可能性も考えられる。また天武天皇四年の殺生禁断令以前にも、『日本書紀』大化二（六四六）年三月二二日条に、「農作の月に当りては、早に田営ることを務めよ。美物と酒をと喫はしむべからず」とあり、稲作農耕に肉食が障害となると考えられていたことに疑いはない。

律令国家は、そのスタートにあたり、大化二年正月のいわゆる改新の詔のなかで、班田収授法の制定を促すとともに、「旧の賦役を罷めて、田の調を行へ」として、稲すなわち米に課税の基本を置くことを宣言した。これに続いて三月二二日には、死者のための殉死や、髪を切ったり股を刺したりする誄を禁じて、「此の如き旧俗、一《もはら》に皆悉に断めよ」とあるが、この「旧俗」には、付編補論一で見たような皇極天皇元年の殺牛馬の祭りや、同三年七月条の常世神のために「酒を陳《つら》ね、菜・六畜を路の側に陳ね」るような殺生を伴う儀礼なども含まれたものと思われる。

こうした一連の政策の結果、一部の集団に伝統的に根付いていた一時的な肉食忌避信仰に、中国仏教による肉食禁止が結びついて、天武天皇四年の殺生禁断令が登場したことになる。なお、これに関しては、『続日本紀』天平九（七三七）年九月二日条に、「月の六歳日に殺生を禁断す」と見えるのを最初の殺生禁断令とし、同一五年正月一三日条に、「七七日を限りて殺生を禁断し、及雑食を断たしむ」としたのを本格的な殺生禁断令とする平雅行の見解について検討しておきたい［平：一九九七］。

平は、初期の殺生禁断令は、断屠令とすべきで、放生・断屠令→六斎日殺生禁断→殺生禁断という発展過程をたどるとしている。確かに、天平九（七三七）年以前のものには、「殺生禁断」の文字は見えず、後には農耕つまり旱魃や水害に限らず、天変地異や疫病の発生に際しても、殺生禁断令が発布されているが、これについては、すでに拙稿で論じたとおりである［原田：一九九三］。さらに平は、断屠令と殺生禁断令との大きな違いとして、後者では漁撈禁止を包含している点を挙げている。

しかし付編補論一に示した天武四（六七五）年のものにも、「漁猟者」を制し「比弥沙伎理・梁」を置くことを禁じていることから、平のいう断屠令にも漁撈禁止を伴っていたことになる。また本格的な殺生禁断令と見なす天平一五（七四三）年のものにも、漁撈禁止の文言がない点は問題だろう。もちろん殺生禁断令に段階的な相違は認められるが、大局的に見れば殺生を禁じ、動物の生命を救うことで国家の安泰を祈るというところに大きな意義がある。それゆえ、やはり天武天皇四年の勅を、最初の殺生禁断令として位置付けるべきだと私は考える。

ところで、こうした殺生禁断令にしばしば放生という行為が伴っており、動物の生命を尊び救うことが、奈良期から盛んに行われていた。放生を作善とする思想は、鎮護国家の経典である『金光明経』や『梵網経』に見えることから、その読経や転読が命ぜられている。なかでも『金光明経』は諸国に配布されたもので、これを中国の義浄が訳した『金光明最勝王経』とともに国家レベルで重要視され、旱魃・水害時や大地震などの際に読まれた。例えば天平九（七三七）年・天平一三年・天平一五年・天平勝宝元（七四九）年などの殺生禁断令に併せて、それらの読経が命じられている。

また『続日本紀』天平宝字八（七六四）年一〇月二日条では、放鷹司を廃して放生司を置くことを定め、同一一日には、諸国に鷹や犬および鵜を養って田猟することを禁じ、御贄に「雑の宍・魚等の類」を貢進することを停止させているが、これは仏教の戒律に基づくもので、「神部はこの限りに在らず」といった例外規定が設けられていた。また次節で見るように、贄としての動物の貢進は後にも問題となるところから、獣肉や魚類が徹底的に排除されたわけではなかった。

いずれにしても、米社会への道を選択した古代律令国家は、殺生を罪と捉える中国系大乗仏教の思想を採り入れ、これを鎮護国家のための基礎理論とし、具体的には国の体制や経済を護るための殺生禁断令として、呪術的に利用した。殺生禁断・放生・肉食禁止という動物の生命を尊ぶ国家的行為が、農耕の順調な推進と安定、さらには天変地異の回避などといった国家の安寧を招くという認識が、後に展開する殺生罪業観の大きな前提となった点に留意する必要がある。

第二章　殺生罪業観と穢れ意識の展開

こうして、動物を捕らえて肉や皮を人間生活に役立たせるという行為に、マイナスのイメージが付されるようになったが、さらに、これに拍車をかけたものに、触穢思想の形成・展開という問題がある。つまり殺生は仏教の教義上では罪とされているが、神道的な立場からは、穢れが重要な殺生排除の要素となる。すでに穢れについては、本編第六章第四節および終章第三節において中国道教にも見られたが、日本では独自な展開を遂げたことを指摘した。しかも、その内容は奈良期と平安期では大きく異なる。

まず奈良期について見れば、イザナギが訪れた死者の国である黄泉国を、『日本書紀』は「汚穢《きたな》き国」と記し、そこを脱して筑紫日向の小戸で「吾が身の濁穢を滌ひ去てむ」ために「祓ぎ除」きを行った。そこで身体を洗って、左の眼からアマテラス、右の眼からツクヨミ、鼻からスサノオという、それぞれ王権、農耕と漁猟、武力を象徴する三貴神を生んだとされている。つまり穢れを祓って清浄にした後に、皇祖の支配する世界が誕生することが強調されており、濁穢の除去つまり祓いや清めが最重視されるという構造は、かなり古い時代から存在していたことが窺える。

そこに天下万民の罪穢を祓う大祓が、律令制の確立後に恒例の六月と一二月の晦日のほか、重要な儀式や災害時などに臨時に行われた理由がある。しかも、天武天皇四（六七五）年に殺生禁断令を発布した翌年の八月一六日に、初めての諸国放生とセットにして、大祓を実施しているところから、殺生や放生つまり動物に対する生命の奪与と、不浄という観念とが深く関わっていたことを窺わせる。

また『続日本紀』神亀二（七二五）年七月一七日条では、「神を敬ひ仏を尊ぶることは、清浄を先とす」としている。その上で、諸国の神社に「多く穢臭有り、及雑畜を放てり」という状況を暗に批判し、僧尼に『金光明経』を読み国家の平安を祈れ、と命じているのも、不浄を忌み清浄を重んじようとしたためだろう。

しかし、平安期に入ると穢れの意識は大きく変わり、延喜五（九〇五）年に編纂が開始された『延喜式』神祇臨時祭「触穢悪事」の規定に見られるように、人死を初め食肉など穢れがある場合は、天皇の住む内裏への参入や神事への参加を禁ずるようになる。やがてこれは、触穢という形で他人へも展転すると見なされるが、こうした独特の穢れ観は、弘仁一一（八二〇）年に撰進された『弘仁式』（逸文）から登場するもので［岡田：一九八二］、多くの研究者によって、九世紀以降に増大することが指摘されている［高取：一九七九、土谷：一九八三、丹生谷：一九八六］。

なかでも三橋正は、九世紀後半に始まる摂関政治期の貴族によって遵守された穢れ意識は、『古事記』『日本書紀』などに見られる穢悪や、路上の死体などによる汚穢などとは明白に異なるとしている。三橋によれば、承和年間（八三四〜四八）頃から穢れ意識が急速に発展するが、これは神祇令における「斎」の規定に基づくもので、先の『延喜式』に見える穢れ規定全九条が、貴族社会に大きな影響力を及ぼし、それは少しずつ形を変えながらも、基本的には室町期まで変わらなかったという［三橋：

一九八九a・b〕。

しかも、こうした穢れ意識は、当時の国家の中核を担った貴族層に顕著で、神祇令に定められたことに象徴されるように、基本的には聖なる天皇と神事に関わるものであった。歴史的な起源は別としても、食肉を含む穢れ意識は、とくに神道的な系譜のなかに強く根付いていった。しかし穢れ意識には、獣死や食肉を忌避する観念も含まれることから、もう一方の仏教的な殺生禁断の思想と無関係ではあり得ず、それは殺生罪業観を形成せしめる重要な要素となっていった。

つまり穢れの対極に位置する斎戒行為は、殺生禁断令に最も典型的に見られるように、個人や集団さらには社会の安穏を祈る行為と考えられていた。さらにプリミティブな神道的観念である斎戒行為は、仏教が入ると悔過という語に代わり、さらに仏教の殺生禁断思想と結びついて精進という語が用いられるようになった〔原田：一九九九〕。精進はもともと仏教用語で、専ら努力して仏道修行に励むこと、およびその心の働きを意味するサンスクリットのビールヤ（virya）の訳語とされている。仏教では菩薩の修行の基本とされる五行として、布施・持戒・忍辱・精進・止観が挙げられており、精進は障害を克服するための五力（五根）や、悟りを得るための七覚などの要素の一つと考えられている。

そうした仏教用語である精進は、日本では願いごとの際の精進潔斎という形で一般化し、やがては仏道修行のために肉食を遠ざける精進料理を意味するようになる。管見によれば精進という語の初見は、仁寿三（八五三）年一二月二二日の太政官牒案（清水寺縁起／『平安遺文』一一三号）で、僧尼の規律の乱れを糺そうとした一文に、「漸く精進の輩絶え」などとあり、この段階で精進は仏道修行の意で用いられている。

ところが『西宮記』には、寛平九（八九七）年七月四日、四衛府に御贄を献ずることを定めた記事として、「また若し御精進あらば、其由の仰せに預かり、雑菜を以て之を進《まい》らさしむ」と見え、明らかに精進物を指すものとなっている。こうして九世紀後半から一〇世紀になると、魚肉を避ける意味で精進という語が、文書や記録および物語などでも、盛んに使用されるようになり、肉食が強く忌避され始めたことが窺われる。

このように九世紀後半から、〝罪〟〝穢れ〟〝精進〟といった観念が強く意識されて、殺生と肉食は忌避すべき行為と見なされるようになる。さらに殺生禁断と表裏一体をなす殺生罪業観については、八世紀末から九世紀初頭に成立した最初の仏教説話集である『日本霊異記』が、その展開に大きな役割を果たした。同書には、魚鳥やウサギ・ウシなどの殺生によって悪報を受けたり、逆に放生により善報を得たりする話が多い。さらに、この伝統は、永観二（九八四）年成立の『三宝絵』に引き継がれて、一一世紀中期の『大日本国法華験記』や一二世紀前半の『今昔物語集』などに大きな影響を与えた。

このうち『三宝絵』法宝の一には、聖徳太子が六歳の時に、六斎日は梵王と帝釈とがやって来て国の政を見る日であるから、六斎日の殺生を止めさせたという『聖徳太子伝暦』推古天皇七年条にも見える話が紹介されている。同書仏宝には、梵天とともに護法の善神である帝釈が、尸毘王などさまざまな釈迦の化身に対して、殺生が悪である旨を諭す話が多く、殺生禁断が護法すなわち護国に繋がるという論理構造が認められる。

この『三宝絵』は、諸書に引用されていることから、かなり流布して広く読まれたもので［小泉：一九九七］、殺生を悪とする観念の浸透に大きな役割を果たしたものと思われる。また同書については、先の中国の『法苑珠林』に拠るものだとする説もあるが［森∴一九七七］、これが直接の典拠ではないにしても[出雲路：一九九〇]、肉食を禁じた『大般涅槃経』の影響下にあったことは疑いがない。

それゆえ一〇世紀後半には、仏教界において動物の飼育および肉食が、穢れとして強く意識され忌避されるようになる。天禄元（九七〇）年七月一六日の天台座主良源起請（芦山寺文書／『平安遺文』三〇三号）には「応《まさ》に山院の界内に牛馬を放飼するを捉え左右馬寮に進《まいらす》るべき事」として、「僧馬を好み牛を愛ずるの家、昼は恣に山上の界内に放飼し、夜は密に労畜を室裏において曲中す、是れ清浄の山を以て、還て雑穢の地となす」とあり、僧侶による六畜牛馬の放牧と肉食を厳しく指弾している。また、この前条にも「葷腥を盛るの器」という語が見え、俗人の旅具・破子を山僧が用いるのは、「浄」に「穢」を交えることだとして厳しく禁じている。

なお牛馬をはじめとする六畜と狩猟による猪鹿では、後者の方が前者よりも穢れが軽く、天武天皇四（六七五）年の殺生禁断令でも猪鹿は除かれ、先に『延喜式』でも見たように食肉の穢れは六畜のみとされていた。しかし一一世紀に入ると仏教によって、猪鹿の殺生つまり狩猟が、国家護持の立場から主要な批判の対象とされていく。

長久六（一〇四五）年あるいは長元六（一〇三三）年の八月八日と推定される大隅国符案（台明寺文書／『平安遺文』六二〇号）では、郡司たちに住民が台明寺内の山野で猪鹿の狩猟を行うことを禁じ、殺生は悪業煩悩のもととなるもので、狩猟の輩は窃盗に準ずるとしているが、その論理が興味深い。「件の狩りを停止し、静に念仏読経の勤を致し、将に国家鎮護の祈りとなすべし」として、念仏読経が国家鎮護に繋がるという奈良期以来の伝統が繰り返されており、猪鹿の狩猟までもが、その障害となっている点が重要だろう。

平雅行は、鹿食禁忌の成立が獣肉穢れ観の実体的内実を整えるものとして重視し、一二世紀初頭の成立と推定される大江匡房の『江談抄』に、「鹿宍を喫せし人、当日内裏に参るべからざる事」とあるのを初見として、昔は天皇も常食していたのに、近代では憚るようになった点と、歯固めの儀式に、雉を鹿猪に変えて用い始めた点に注目している。そして『中右記』嘉承二(一一〇七)年五月一九日条で、伊勢大神宮の鹿が死んだことが穢れか否か、という議論の結果、三日の穢れとなっていることなど、鹿食による穢れの事例を提示し、一二世紀初頭に登場して、同後半から貴族社会で肥大化していったという重要な指摘を行っている[平：二〇〇〇]。

ただし猪鹿といっても、穢れ観において両者には微妙な違いがあった。『中右記』天永三(一一一二)年二月四日条では、近江国から捧げられた祈年祭の供物であるイノシシが、傷を負っていたことから、神祇官が管理する間に死んでしまい、これが穢れにあたるかどうかの議論が起きている。シカは六畜外であるが、イノシシは六畜に入るもので、特別に例外とされたニワトリを除けば、六畜は忌の対象となる。最近の人はイノシシを穢れとして忌むことを知らないだけで、大神宮ではシカを忌む習慣があることからも、猪鹿は同等で忌とするべきだという意見が強く、結局のところ祈年祭は延引され急遽大祓が行われるところとなった。

イノシシが六畜に入るとされたのは、大化前代における猪飼部の存在からも窺われるように、かつて飼育されていたためであろう。また、もともと白馬・白猪・白鶏を捧げていた祈年祭に、一二世紀においても、イノシシが供物として用いられている点が興味深い。しかも祭儀以前に死んだことが問題となっていることから、形式的に供えたか、直前に屠られたか、あるいは活きながら捧げられたか、のいずれかだろう。ここでは一二世紀初頭に、猪鹿が穢れとして扱われるようになった点に注目したい。

先に大隅国符案で見たように、一一世紀中葉に、国家鎮護の観点から、猪鹿をはじめとする狩猟が排除されていることからも、一一世紀後半に、六畜のみならず狩猟獣をも遠ざけるような傾向が強まり、それによって鹿食などを穢れの対象とする社会的風潮が広まっていったものと思われる。こうして見ると、人死・獣死および食肉などを忌として遠ざける神道的な新たな穢れ観が、平安社会に浸透していく過程は、まさしく仏教的な殺生罪業観が展開していくという現象に対応するものといえよう。もともと殺生や肉食については、国家安穏を脅かすという観念が強かったが、やがて個人的なレベルで、殺生罪業観が強く意識され始めるようになる。

国家が選択した仏教教義によって、殺生が悪行として報いを受けるという罪悪観は、さらに平安貴族が「厭離穢土・極楽浄土」を願った往生の思想へと連結する。長久四（一〇四三）年頃の成立とされる『大日本国法華験記』巻下一〇二話と、天永二（一一一一）年以降のものとされる『拾遺往生伝』巻中一五話には、動物を捕らえて殺生を繰り返した左近中将源雅通が、地獄へも堕ちず不思議にも往生を遂げたという話がある。その理由は、雅通が常に法華経を携えていたためであり、善根を作らなくとも法華経によって往生ができるという類話が数多く収められている。

この二つの話のなかで、市井にあって鹿皮の衣を着し皮の聖人と呼ばれた行円と、この雅通とが師弟関係にあったとされることからも、貴族のみならず一般にも同様の論理が通用していたことが窺われる。こうした流れは、浄土系・法華系の仏教において、やがて称名念仏や題目称名として庶民を救う論理として発展していくが、殺生を悪行として罪悪とする意識は、九世紀頃から天皇・貴族層に始まる。そして初期仏教説話や往生伝などを通じて広まっていき、特に一二世紀前半の成立とされる『今昔物語集』に集められた多くの殺生罪業観に象徴されるように、深く民間へも浸透していったのである。

第三章　殺生の否定と狩猟・漁撈の衰退

こうした社会的潮流のなかで、穢れ意識と殺生禁断令・殺生罪業観の展開は、まず具体的には、天皇や貴族などによる狩猟の衰退となって現れる。政権の頂点にあった天皇や貴族は、殺生禁断令を出しながらも、しばしば狩猟つまり殺生を行っていた。『類聚国史』巻三二帝王部から、天皇ごとの狩猟回数をまとめたのが表5で、初めての殺生禁断令を出した天武天皇は少なく、八世紀初頭までは天皇の狩猟は控えられている。

しかし八世紀中期になると、再び天皇の狩猟が行われるようになり、個人的な資質の問題もあろうが、桓武天皇は延暦（七八二〜八〇五）年間に一二八回、嵯峨天皇は弘仁（八一〇〜八二三）年間に六九回、淳和天皇・仁明天皇は、天長三（八二六）年から嘉祥元（八四八）年までの間に、それぞれ一一回・一六回の狩猟を行っているが、九世紀後半になって次第に回数は少なくなる。

もともと天皇の狩猟には、王権の象徴としての側面が強く、七世紀には何度か薬猟として鹿狩りを行ったこともあるが、狩猟好きな桓武天皇が行ったのは、ほとんどが鷹狩りであった。しかし殺生や食肉を忌む社会風潮のなかで、次第に王族の狩猟も衰退の兆しを見せ始める。『類聚三代格』に収められた貞観五（八六三）年三月一五日の太政官符では、「国司并びに諸人鷹鷂を養ひ禁野に狩りに及ぶ事を禁制す」として、各地で国司たちが鷹狩の際に農民の馬を奪い取るので、農耕の障害になるとして、彼らの狩猟を禁じている。

また、この太政官符では、皇室の猟場において、一般の狩猟を厳しく禁ずる禁野の制が定められている。ともに殺生を理由とするものであった点が注目されるが、これは基本的には皇室による狩猟権の独占を意味するものであった。律令制のもとでは、山野河海は「公私共利」を原則としたが、八〜九世紀にかけて、貴族や寺社による山野の占有が進んでいった［戸田：一九六七］。皇室においても、この時期から禁野とともに、蔵人所の猟野を設定し、狩猟による獲物を贄として貢納させる体制を築いたが、そこでの狩猟活動が農耕などの民業を圧迫することから、大きな問題となっていった。

このため一〇世紀に入ると、王族の狩猟にも歯止めがかかり、同じく延喜五（九〇五）年一一月三日の太政官符では、「応に諸院諸宮家の狩使を禁止すべき事」として、大同三（八〇八）年に特別に認められた諸院宮家の狩使を、遂に禁じるようになっている。狩使とは、主人に代わり禁野に派遣されて狩猟にあたるもので、角や皮などの調達

表５：天皇狩猟表

番号	天皇名	在　位	回数A	年間B	A／B
1	応神		1		
2	履中		1		
3	允恭		2		
4	雄略		5		
5	天智	668 ～ 671	2	4	0.50
6	天武	673 ～ 686	1	14	0.07
7	聖武	724 ～ 756	1	26	0.04
8	桓武	781 ～ 806	128	26	4.92
9	平城	806 ～ 809	1	4	0.25
10	嵯峨	809 ～ 823	69	15	4.60
11	淳和	823 ～ 833	11	11	1.00
12	仁明	833 ～ 850	16	18	0.89

に主な役割があったが、いずれにしても王族自らが狩りを行う機会は少なくなっていった。

また一〇世紀前半の成立と考えられる『聖徳太子伝暦』には、太子が六斎日の殺生を止めたという話があることについては、すでに前章で紹介したとおりである。さらに同推古天皇一九(六一〇)年条にも、大和国菟田野で天皇の遊猟が行われたが、太子が殺生は仏教五戒の一つであることから、狩りは好ましくないと諫言し、女帝はこれに従ったという旨が見える。もちろん『日本書紀』推古紀に該当する記事はない。しかしこのことは、天皇の狩猟が好ましくないとする考え方が、この時期に広く受け容れられていたという事実を示すものといえよう。

こうして天皇・貴族の狩猟も衰退に向かったが、これは先にも述べたように民業を妨げたことが問題でもあった。しかし前章で検討した如く、基本的には殺生禁断思想が社会に浸透し、王の狩猟や肉食が好ましくない、という観念が定着していったためと考えるべきだろう。ただ国家の統治機構の頂点に立つ人々以外の場合には、狩猟は容認されており、禁野など特定の場所以外で行われていた。しかし一〇~一一世紀に入ると、これについても、仏教的な殺生観と神道的な穢れ観念とによって、徐々に狩猟一般を排除するような社会的風潮が形成されていく。

治暦二(一〇六六)年七月六日の讃岐国曼陀羅寺僧善芳解案(東寺百合文書ユ/『平安遺文』一〇四一号)は、讃岐善通寺曼陀羅寺の南にある三倹山に、多度・三野両郡の「悪業人」たちが朝夕に入り込んで、シカや鳥禽などを殺害していることを批判し、弘法大師の道場であった聖地での殺生を止めるよう求めている。ここで善芳は、「殺生果報」を強調し、殺生は「汗穢」であり、狩猟を行う人々を「悪業人」「悪人」と呼んでいる。すでに一一世紀には、狩猟すなわち殺生が穢れであり、悪であるという認識が仏教界から強く提起されていた。

ところが現実には、こうした狩猟を行う人々が、少なからず存在していた。安元三（一一七七）年三月日の新興寺住僧等解案（新興寺文書／『平安遺文』三七八五号）では、大和国吉野の金峰山付近での行為として、「甲乙人等殺生し山木を採り用る」のを新興寺の住僧たちが訴え、これを停止するよう求めている。

また治承二（一一七八）年七月一八日の太政官符案（書陵部所蔵壬生家古文書／『平安遺文』三八五二号）からも、山陰道の諸国でも六斎日の殺生禁断の期間に、「遊手浮食の輩」が禁を破って狩猟を行っていたことが窺われる。これらの殺生禁断の事例は、いずれも清浄を尊ぶ寺院領の山野か六斎日に限られており、このほか贄を捧げるために、排他的な狩猟権が成立していた特定の御厨を除けば、狩猟一般が禁じられていたわけではない。

しかし、殺生観や穢れ観の展開と表裏する形で、社会的規模で水田化が進み、稲作農耕の比重が高まっていくと、狩猟のみならず漁撈に対しても、一種の卑賤観や蔑視観が形成されてくる。御厨はもともと採取もしくは狩猟・漁撈の場で、天皇への贄の貢進を行う特定集団を指すが、やがて伊勢神宮や鴨社などの神社にも御厨が設けられるようになる。

さらに延久元（一〇六九）年には、『扶桑略記』同年七月一八日条に、「内膳司の饌、諸国御厨子并びに贄、後院等の御贄を停止す」と見えるように、贄の貢進体制に根本的な改革が加えられた。これによって諸国の贄は、御厨子所預が管理する御厨と御薗が負担するところとなり、贄人たちは供御人と呼ばれて免田を与えられ、御厨には四至が定められて、荘園と同じような所領としての実態をもつようになる［勝浦：一九七八・八八］。

狩猟・漁撈を主体とした御厨からの贄の貢進については、すでに『類聚国史』帝王一三御膳の条に、淳和天皇天長八（八三一）年四月二二日には太宰府からの「鹿尾《（兎カ）》脯」を御贄として上げることを禁止したという記事が見える。前章で見たように穢れ意識が高まる時期ではあるが、脯《ほじし》一般を禁じたものかどうか判断は難しい。

しかし延久元年の贄の貢進体制の改革においては、同じく『扶桑略記』同年七月二二日条に「御厨子所領御厨子等、始めて精進の御菜を供せしむ」とあるように、蔬菜の供御が求められており、狩猟・漁撈という性格から離れて、御厨の農業経営的傾向が強まっていったことが窺われる。ある意味で、御厨の荘園化は、狩猟・漁撈の衰退と表裏をなすものともいえよう。

例えば河内国大江御厨の場合では、寛治六（一〇九二）年に供御免田が成立を見ており［勝浦：一九七八］、その規模は『山槐記』応保元（一一六一）年九月一七日条から、本田二三〇町歩・新加一三〇町歩に及ぶ膨大なものであったことが分かる。これは一一世紀から一二世紀にかけて、著しい水田農耕の進展と米への希求があったためで、急速に狩猟・漁撈の社会的役割が低下したことを示すものであった。

また寛弘九（一〇一二）年正月二二日の和泉国符案（田中忠三郎氏所蔵文集／『平安遺文』六四二号）には、和泉国では荒田などの開発を推進しているにもかかわらず、なかば「魚釣」を中心とするという「耕耘の業を好むこと無き」が、「浮浪之者」の心に適い、農耕を疎かにしている旨が記されている。現実には一一世紀初頭には、農業経営よりも漁撈などを営む者が少なくなかったが、社会を主導する国家の為政者の側からすれば、不埒な人々と映ったであろうことが窺われる。

また一二世紀前半に成立した『今昔物語集』巻一九の第四話では、摂津守であった源満仲が、簗を打って魚を獲ったり、鷹を飼って小動物を仕留めたり、「常に海に網を曳かしめ、数《あまた》の郎等を山に遣《や》り、鹿を狩らしむる事隙無し」という行為を繰り返していた。ところが僧となった息子・源賢の師・源信の勧めで、殺生を止めて出家し、阿弥陀仏を図絵し法華経を始めて功徳を行ったという。このほか同書には、しばしば狩猟・漁撈を生業の一部としていた武士たちが登場するが、彼らは全て非難もしくは救済の対象として描かれている。こうした社会的背景のもとで、次第に狩猟・漁撈に対する一種の蔑視観が形成されていったのである。

この源満仲の話が象徴するように、裕福な武士たちは、やがて上昇転化を遂げ、次第に農耕を中心とした経営に重点を置いて米を主要な収奪物とする立場に回っていったが、山を生産の場とする人々もいた。長治元（一一〇四）年五月日の右大臣藤原忠実家政所下文案（東南院文書／『平安遺文』一六一三号）では、山城国相楽郡光明山の住僧たちの訴えによって、山内での「木樵を蘇《と》り狩猟すること」を禁じる旨が命ぜられている。住僧たちは、旧例のように「郷々の宿直人」を以て伽藍や周辺の山々を守護させ、「樵を採り漁猟す」や「野火を放つ」の停止を求めているが、草木の採取・伐採や狩猟・漁撈および畠作などを行いつつ、山で暮らす人々が相当数いたことが窺われる。

しかし彼らは、殺生を生業とするばかりか、基本的な租税体系からも外れることから、彼らに対する賤視が進行するようになる。山賤と書いて〝やまがつ〟〝やましづ〟と呼び、彼らを、〝身分が低く情趣や条理を解さない人々、卑しい人々〟と見なすようになるのは、この間の事情を物語る一例といえよう。もともと山賤の語は、奈良期の『万葉集』には全く見られず、『古今和歌集』が初見で、平安中期以降になると、和歌や物語などに、賤卑的なこうした用例がしばしば登場し始める。例えば『源氏物語』須磨には「あやしの山がつめきて」などといった形で使われている。こうして山賤の語は、一〇世紀以降から用いられ、猟師や木樵りが山賤として賤視を受け始めたが、これは殺生禁断令が繰り返され、狩猟・漁撈への殺生罪業観が本格的に進行する過程と、ほとんど軌を一にするものといえよう。

もちろん永暦元（一一六〇）年六月二五日の金剛峰寺供僧等解案（高野山文書／『平安遺文』三〇九八号）で、「恣《ほしいまま》に水陸において殺生す」という行為が非難の対象されたように、殺生という観点からは、狩猟も漁撈も、その穢れ観・罪業観としては同格であった。しかし四足・二足・無足という人間からの形態的な差異が、魚類への生命与奪に距離の違いをもたらした。やや時代は下るが、例えば一四世紀の『八幡宮社制』では、社参の物忌を、猪鹿一〇〇日・鳥一一日（タヌキとウサギも同じ）・魚三日としているように、狩猟には厳しかったが、漁撈に関しては比較的寛容に扱われる条件が整っていた。

このため狩猟と漁撈とでは、殺生罪悪観にも差異が生じ、四足を対象とする狩猟に、より強い排除のベクトルが働き、獣肉食は次第に衰退していった。これに対して魚食は、鳥獣のように足を有せず、比較的穢れの度合いが弱いことから、猪鹿に代わって一般に好まれるようになる。久安三（一一四七）年一一月八日付で東大寺に下された官宣旨（東南院文書／『平安遺文』二六三三号）は、摂津国長洲御厨の地子と漁業権をめぐって鴨社との間に起こった相論を裁定したものであるが、本文書からは、鴨社が「海中に網人を招き据え、語り寄せて河漁輩を携《つ》れ、数百家を誘ひ居り、供祭人となす」として、漁民数百家を招き据えて供祭人とし、魚介類を貢進させていたことが分かる。

こうして一二世紀以降において、狩猟のための禁野や御厨は廃れていったが、河海に面した御厨は、皇室や神社に贄を捧げ続けており、漁撈そのものの存立基盤は確保されていたのである。しかし魚類においても殺生という事実は変わらず、その意味で漁民に対する賤視は続いていた。

かなり時代は下がって中世も末のことであるが、一六世紀末に日本にやってきた宣教師ルイス・フロイスは、『日欧文化比較』に「われわれの間では漁夫は重んぜられている。日本では嫌われ、卑しい人々とされる」と記している。また近世においても、河川漁民が「殺生人」と呼ばれるなど［伊東：二〇〇二］、漁撈に対してさえも殺生罪業観は長く作用し続けたのである

終　章　狩猟・漁撈への救済

これまで見てきたように、奈良期における初期の殺生禁断令は、仏教の教義というよりも、一部の集団に伝統的に根付いていた信仰の延長線上にあって、水田農耕のための呪術的効果を期待するという側面が強かった。そこでは一種の斎戒行為に大きな意味があり、仏教的な殺生罪業観とは無縁のものとすべきだろう。しかし国家鎮護の礎とした中国系の大乗仏教の教義が、社会的に浸透していくと、殺生や肉食を厳しく禁ずる『大般涅槃経』『梵網経』さらには『金光明経』などの影響で、次第に殺生や肉食を罪悪視する風潮が生まれた。

これに具体的に貢献したのは、『日本霊異記』『三宝絵』『今昔物語集』といった仏教説話集で、これ

らに示されたような殺生による因果応報観を、法師たちが各地で民衆に説いて回ったことから、殺生が悪と見なされるようになった。また仏教のみならず、これに大きな影響を受けた神道の側においても、その浄・不浄の教えから穢れという観念がとくに強調され、このうちの六畜死から、食肉を忌むという意識が強く根付いていった。こうして仏教の罪や不浄、さらには神道の穢れという観点から、殺生や肉食は悪行と見なされ、徐々に殺生罪業観が形成されたと考えてよいだろう。

歴史的には、繰り返される殺生禁断令や諸国放生を通じて、九世紀頃に六畜死や食肉に対する穢れ観が貴族社会に広まり、殺生罪業観の形成が進んで、一〇世紀には食肉が強く忌避されて、天皇や貴族の狩猟も行われなくなっていく。さらに一一世紀頃から、六畜のみならず狩猟によって確保される鹿猪に対しても、その殺生や肉食が否定され、狩猟一般が社会的に排除されるに至った。漁撈も殺生という観点から、狩猟と同じように悪と意識されたが、魚類までをも食生活から除くことはできず、これについては比較的寛容に扱われた。

こうして狩猟・漁撈に携わる者は賤視されていったが、これを救う論理も登場してくる。狩猟・漁撈が好ましからざる行為と見なされ始めた平安初期には、新たな社会の担い手たる武士団の主要な生業の一つでもあったが、これに対しては阿弥陀仏への帰依や法華経など護持、さらには念仏や題目称名によって救われるとした。肉食の否定を主張する中国系大乗仏教の影響を強く受けた日本の仏教は、その浸透の過程で、肉食を行わざるを得ない人々の救済という課題を避けて通ることができなくなっていったのである。

これを実践したのは、鎮護国家の柱となった南都六宗や天台・真言といった顕密二教ではなく、そこからはみ出した法然・親鸞あるいは日蓮といった鎌倉新仏教の創始者たちであった。むしろ旧仏教側では、本編第五章第一節で触れた『沙石集』巻二の「地蔵菩薩種々利益の事」という話にもあったように、稲作農耕の大敵である害虫を殺すこと自体が罪悪であり、農耕自体をも否定しかねないような一種の原理主義的思考も出現する。一三世紀後半には、このような突出した殺生罪業観も存在したが、一方で親鸞の教えを記した『歎異抄』の悪人正機説に見られるように、狩猟や漁撈などの殺生をせざるを得ない者こそが、まずは往生できるといった救済の論理も産み出された。

そして室町初期の成立とされる『神道集』第三一の「酒肉等を神前に備ふ事」という話では、殺生や肉食を免ずべしとしているが、さらに第五〇「諏訪縁起事」には、著名な「諏訪の詫宣」が収められている。これは「業尽有情、雖放不生、故宿人天、同証仏果」つまり動物は業が尽きて、人に捕らえられるのだから、食べられて人と共に成仏するのが最善の道である、という論理構造を有している。神仏双方の立場から、殺生と肉食を認めるもので、狩猟という行為を生業とする人々の間で唱えられてきた。これは殺生を忌避しながらも、狩猟を社会的に必要としていた中世の産物と考えられる。

ところで『沙石集』巻一の「生類を神明に供ずる不審」において、著者・無住は、安芸厳島神社に魚類を供すことの理由を模索するなかで、「殺るゝ生類は、報命尽て何となく徒に捨べき命を、我に供ずる因縁によりて、仏道に入る方便となす」という話を聞いて納得した旨を記している。これは「諏訪の詫宣」と全く同じ論理に支えられていることが明白であろう。さらに、この論理の前提には、動物にも仏性があり、全てのものが成仏できる、という認識がある。

これは本章第二節で見たように、肉食の全面禁止を最初に説いて、日本仏教に大きな影響を与えた

『大般涅槃経』の「一切の衆生は、悉く仏性有り」に基づくもので、草木国土悉皆成仏という天台本覚思想に基づく。しかもここで単なる「衆生」から「山川草木」つまりは植物を含む「国土」全体にまで、その論理を拡大させた点が重要である。すなわち仏性があるものを殺すなという論理に対して、殺されても仏性があるから救われるという換骨奪胎を行ったところに、日本中世仏教の特色がある。まさに肉食を否定した中国系大乗仏教の教義を逆手にとりながら、衰退しつつあるとはいえ、広く行われた狩猟・漁撈を救済する論理に組み替えて、中世社会の現実に対応させていったのである。

（原題「殺生罪業観の展開と狩猟・漁撈」中村生雄ほか編『狩猟と漁撈の文化誌』森話社、二〇〇七年。ただし収録にあたっては、本編および付編補論一との関係で、多少の修正を行ったが、これについては北條勝貴の指摘が有益だったことを付記しておく［北條：二〇〇八］）

《参考文献・典拠文献》

会津民俗研究会編　一九七三『会津の傳説』浪花屋書店
青木和夫　一九七六「補注(2)職員令」『律令』井上光貞ほか校注、日本思想大系、岩波書店
秋本吉郎　一九五八「播磨国風土記讃容郡町田注」『風土記』同校注、日本古典文学大系、岩波書店
網野善彦　一九八〇『日本中世の民衆像——平民と職人』岩波新書
荒野泰典　一九八八『近世日本と東アジア』東京大学出版会
飯田　真　一九六〇『日光狩詞記』日光・二荒山神社資料3、二荒山神社文化部
イェンゼン、E＝アードルフ　一九七七『殺された女神』大林太良ほか訳、弘文堂
石毛賢之助編　一九〇八『阿波名勝案内』阿陽新報社
石田英一郎　一九四八『河童駒引考』岩波文庫、元本は筑摩書房刊、一九九四
出雲路修　一九九〇「解説」同校注『三宝絵』所収、平凡社東洋文庫
伊東久之　二〇〇二「川の民の世界」赤坂憲雄ほか編『いくつもの日本Ⅳ さまざまな生業』所収、岩波書店
井上秀雄　一九八四「新羅の律令制の受容とその国家・社会との関係」唐代史研究会報告第Ⅴ集『中国律令制の展開とその国家・社会との関係——周辺諸地域の場合を含めて』所収、唐代史研究会
井上秀雄　一九八六「百済の律令体制への変遷——祭祀志・色服志を通じて」唐代史研究会編『律令制——中国朝鮮の法と国家』所収、汲古書院
井上秀雄　一九九三「祭祀儀礼の受容」同『古代東アジアの文化交流』第Ⅱ章、渓水社
井上光貞　一九七六「補注(6)神祇令」『律令』井上光貞ほか校注、日本思想大系、岩波書店
井上光貞　一九八四『日本古代の王権と祭祀』東京大学出版会
弥永貞三　一九七二「古代の釈奠について」『続日本古代史論集 下』所収、吉川弘文館（のち同『日本古代の政治と史料』に収録、高科書店、一九八八）
岩崎敏夫編　一九七七『東北民俗資料集（六）』萬葉堂書店

岩科小一郎　一九四二　『山麓滞在』体育評論社
尹　鐘甲　二〇〇八　「新羅仏教の死生観と生命倫理――殺生救済論と肉食殺生論を中心に」『死生学研究』第九号、東京大学大学院人文社会系研究科
上田正昭　一九六七　「稲荷信仰の源流」『朱』二号、伏見稲荷大社（後に加筆して、山折哲雄編『稲荷信仰事典』戎光祥出版、一九九九に収録）
上田正昭　一九九三　「殺牛馬信仰の考察」松前健教授古希記念論文集『神々の祭祀と伝承』所収、同朋社出版
宇野円空　一九四一　『マライシアに於ける稲米儀礼』東洋文庫論叢第二八（のち東洋文庫刊、東京大学出版会扱、一九六六年再版）
浦添市教育委員会文化課　一九八三　『今姿を見せる古琉球の浦添城跡　浦添城跡第一次発掘調査概報』浦添市
エリアーデ、ミルチャ　一九六八　『大地・農耕・女性――比較宗教類型論』堀一郎訳、未来社
大畑匡山　一九〇八　『日本奇風俗』晴光館
大林太良　一九六六　『神話学入門』中公新書
大林太良　一九七五　「鳥居龍蔵の日本民族形成論」『社会人類学年報』一号、弘文堂
大林太良　一九八六　『神話の系譜』青土社
大林太良　一九九〇　『東と西　海と山――日本の文化領域』小学館
大林太良　一九九一ａ　『北方の民族と文化』山川出版社
大林太良　一九九一ｂ　「王権と稲」松原正毅編『王権の位相』所収、弘文堂
大日方克己　一九九三　『古代国家と年中行事』吉川弘文館
大橋雍二編　一九四四　山村民俗の会『あしなか随筆』「道志山塊の雨乞」体育評論社
岡　正雄　一九九四　『異人その他他十二編』岩波文庫（初出は一九三五）
岡田重精　一九八二　『古代の斎忌』国書刊行会
岡田莊司　一九九〇　『大嘗の祭り』学生社
岡部隆志　二〇〇七　「中国雲南省弥勒県彝（イ）族紅万村「火祭り」における動物供犠について」『東アジアにおける

人と自然の対抗／親和の諸関係にかんする宗教民俗学的研究』［基盤研究(B)］研究成果報告書所収、研究代表者・中村生雄（学習院大学）
岡村秀典　二〇〇五　『中国古代王権と祭祀』学生社
岡村秀典　二〇〇三　『夏王朝――王権誕生の考古学』講談社
沖縄県立埋蔵文化財センター　二〇〇三　『首里城跡・右掖門及び周辺地区発掘調査報告書』沖縄県
長田俊樹　二〇〇〇ａ　「農耕儀礼と動物の血――『播磨国風土記』の記述とその引用をめぐって　上・下」『日本研究』第二〇集・第二一集、国際日本文化研究センター
長田俊樹　二〇〇〇ｂ　『ムンダ人の農耕儀礼：アジア比較稲作文化論序説――インド・東南アジア・日本』国際日本文化研究センター
乙益重隆　一九七八　「弥生農業の生産力と労働力」『考古学研究』二五巻二号
小野重朗　一九七〇　「山の神儀礼の展開」『農耕儀礼の研究』所収、弘文堂
小野正文　一九八四　「縄文時代における猪飼養問題」、地方史研究協議会編『甲府盆地――その歴史と地域性』所収、雄山閣出版
斧原孝守　一九九九　「中国少数民族神話から見た『餅的伝説』の原型」『東洋史訪』五号、兵庫教育大学東洋史研究会
折口信夫　一九二四　「信太妻の話」『三田評論』三二〇・三二一・三二三号（『折口信夫全集 第二巻』所収、中央公論社、一九六五）
折口信夫　一九三二　「風土記に現れた古代生活」『岩波講座 日本文学』所収、岩波書店（『折口信夫全集 第八巻』に「風土記の古代生活」と改題して収録、中央公論社、一九五五）
笠井敏光　一九七九　「祈雨祭祀と殺牛馬」二葉憲香編『国家と仏教 日本仏教史研究Ⅰ』所収、永田文昌堂
勝浦令子　一九七八　「古代における禁猟区政策」、井上光貞博士還暦記念会編『古代史論叢 下巻』所収、吉川弘文館
勝浦令子　一九八八　「御厨」『世界大百科事典』第二七巻所収、平凡社
勝浦令子　二〇〇六　「七・八世紀将来中国医書の道教系産穢認識とその影響――神祇令散斎条古記「生産婦不見之類」の再検討」『史論』五九号、東京女子大学学会史学研究室

勝浦令子　二〇〇七「日本古代における外来信仰系産穢認識の影響――本草書と密教経典の検討を中心に」『史論』六〇号、東京女子大学学会史学研究室
勝連町教育委員会　一九八八『勝連跡　環境整備事業報告書Ⅱ』勝連町
加藤玄智　一九一一「宗教学と仏教史」『仏教史学』一巻二号
川野和昭　二〇〇〇「南九州の牲猟と頭骨祭祀」『東北学』三号、東北芸術工科大学東北文化研究センター
神澤勇一　一九七六「弥生時代、古墳時代および奈良時代の卜骨・卜甲について」『駿台史学』三八号、明治大学史学地理学会
神澤勇一　一九八三「日本における骨卜、甲卜に関する二、三の考察」『神奈川県立博物館研究報告　考古・歴史・美術・民俗』一一号、
喜田貞吉　一九二一「祭政一致と祭政分離」『民族と歴史』六巻六号
鬼頭　宏　二〇〇〇『人口から読む日本の歴史』講談社学術文庫（『日本二千年の人口史』ＰＨＰ研究所［二十一世紀図書館］：一九八三を改題）
木村靖二　一九四八『古代農村社会経済史』葵書房
久保和士　一九九九『動物と人間の考古学』久保和士遺稿集刊行会編、真陽社
栗原朋信　一九六九「犠牲礼についての一考察」『福井博士頌寿記念東洋文化論集』所収、早稲田大学出版部
小泉　弘　一九九七「『三宝絵』の後代への影響」馬淵和夫ほか校注『三宝絵　注好選』所収、新日本古典文学大系、岩波書店
神戸新聞　二〇〇二　九月五日版記事「日本最古と判明　朝来町・船宮古墳の牛形埴輪」
国学院大学　一九六九『年刊 民俗採訪』秋田県山本郡二ツ井町旧響村、国学院大学民俗研究会
小谷汪之　一九九九『穢れと規範――賤民差別の歴史的文脈』明石書店
駒込林二（中山太郎）一九二五「動物を犠牲にする土俗」『中央史壇』生類犠牲研究号（礫川全次編『生贄と人柱の民俗学』所収、批評社、一九九八）
小山有言　一九九四『新版 駿河の伝説』宮本勉校訂、羽衣出版（旧版は安川書店、一九四三）

小山修三　一九八四『縄文時代』中公新書
雑賀貞次郎　一九二七『牟婁口碑集』爐邊叢書、郷土研究社
西郷信綱　一九七三「イケニへ考」『現代思想』一〇月号（のち『神話と国家――古代論集』平凡社選書に「イケニへについて」と改題して収録、一九七七）
佐伯有義　一九四〇「（天武天皇四年四月条頭注）牛馬犬猿雞之完」同校注『六国史 巻二 日本書紀 巻下』所収、朝日新聞社
佐伯有清　一九六七『牛と古代人の生活――近代につながる牛殺しの習俗』日本歴史新書、至文堂
佐伯有清　一九八八『柳田国男と古代史』吉川弘文館
阪本廣太郎　一九六五『神宮祭祀概説』神宮教養叢書第七集、神宮文庫
桜井秀雄　一九九二「殺牛馬信仰に関する文献史料の再検討」『信濃』四四巻四号
桜井秀雄　一九九六「牛と馬と猪と鹿と――日本古代の動物犠牲をめぐって」『長野県の考古学』長野県埋蔵文化財センター研究論集Ⅰ所収
佐々木喜善　一九三一a「馬首飛行譚」『郷土研究』第五巻第一号、郷土研究社
佐々木喜善　一九三一b「馬首農神譚」『郷土研究』第五巻第三号、郷土研究社
佐々木高明　一九七一『稲作以前』ＮＨＫブックス
佐々木高明ほか編　一九八八『畑作文化の誕生』日本放送出版協会
佐々木高弘　二〇〇九『怪異の風景学――妖怪文化の民俗地理』古今書院
佐々木達也　二〇〇五「天田遺跡試掘調査」『平成一五年度防府市内遺跡発掘調査概要』所収、防府市教育委員会
佐藤洋一郎　二〇〇〇『縄文農耕の世界』ＰＨＰ新書
佐原　真　一九八三「三十四のキャンパス――連作四銅鐸の絵画の『文法』」小林行雄博士古稀記念論文集刊行委員会編『考古学論考――小林行雄博士古稀記念論文集』所収、平凡社
佐原　真　一九八七『日本人の誕生』〈大系〉日本の歴史 第一巻、小学館
佐原　真　二〇〇五『佐原真の仕事 4 戦争の考古学』岩波書店

椎野若菜　一九九五　「古代日本の供犠に関する一考察」佐伯有清先生古希記念会編『日本古代の祭祀と仏教』所収、吉川弘文館
嶋崎弘之　一九八〇　「縄文中期の動物供犠」『季刊どるめん』二七号、萩書房
島根教育委員会　一九二七　『島根県口碑伝説集』歴史図書社、一九七九年覆刻
清水　利　一九四四　『稿本三田村史』三田村役場、（『青梅市史史料集』四三号、青梅市教育委員会、一九九三）
下中邦彦編　一九八三　『高知県の地名』日本歴史地名大系四〇、平凡社
白川　静　一九四八　「殷の社会」『立命館文学』六二号（『白川静著作集』第四巻所収、平凡社、二〇〇〇）
白川　静　一九五八　「中国古代の共同体」『古代学講座 共同体の研究 上』理想社（『白川静著作集』第四巻所収、平凡社、二〇〇〇）
白川　静　一九七二　『甲骨文の世界』平凡社東洋文庫
白川　静　一九七五　『中国の神話』中央公論社（のち中公文庫に収録、一九八〇）
白川　静　一九七九　『中国古代の文化』講談社学術文庫
白川　静　一九九六　『字通』平凡社
新対馬島誌編集委員会　一九六四　『新対馬島誌』同委員会刊
新村　出　一九六九　『広辞苑』第二版、岩波書店
杉原荘介　一九六八　「登呂遺跡水田址の復原」『案山子』三号、（同『日本農耕社会の形成』吉川弘文館、一九七七年）
杉本尚雄　一九五九　『中世の神社と社領』吉川弘文館
鈴木正崇・金丸良子　一九八五　『西南中国の少数民族――貴州省苗族民俗誌』古今書院
スミス、ロバートソン　一九四一・四三『セム族の宗教 前編・後編』永橋卓介訳、岩波文庫
瀬川芳則　一九八〇　「弥生人と米――弥生人のくらし」村川行弘他編『倭人の時代』清文堂出版
瀬川芳則　一九八三　「稲作農業の社会と民俗」日本民俗文化大系『稲と鉄』所収、小学館
薗田香融　一九六三　「古代の珍味――宍人部と膳部」『史泉』二七・二八合併号、関西大学史学会
平　雅行　一九九七　「殺生禁断の歴史的展開」大山喬平教授退官記念会編『日本社会の史的構造』所収、思文閣出版

平　雅行　二〇〇〇「日本の肉食慣行と肉食禁忌」、脇田晴子ほか編『アイデンティティ・周縁・媒介』所収、吉川弘文館
高木敏夫　一九七三「牛の神話伝説」『人身御供論』所収、宝文館出版
高取正男　一九七九『神道の成立』平凡社
高橋　護　一九九七「縄文時代中期稲作の探求」『堅田直先生古希記念論文集』所収、真陽社
高谷重夫　一九八二『雨乞習俗の研究』法政大学出版局
辰井隆　一九四一『武庫川六甲山附近口碑伝説集（兵庫県・神戸市及び武庫・川邊・有馬郡）』民俗研究所
田中俊明　二〇〇八「三国の興亡と加耶」同編『朝鮮の歴史』所収、昭和堂
タッジ、コリン　二〇〇二『農業は人類の原罪である』竹内久美子訳　新潮社
千賀　久　一九九一『はにわの動物園Ⅱ――近畿の動物埴輪の世界』橿原考古学研究所付属博物館特別展図録35
千賀　久　一九九四『はにわの動物園』保育社
朝鮮総督府　一九三七『朝鮮の郷土祭祀 部落祭』国書刊行会、一九七二年覆刻
朝鮮総督府　一九三八『釈奠・祈雨・安宅』国書刊行会、一九七二年覆刻
塚田正朋　一九七四『長野県の歴史』山川出版社
土谷博通　一九八三「獣死穢考」『神道宗教』第一一一号、神道宗教学会
都築晶子　二〇〇五「六朝後半期における科戒の成立――上清経を中心に」麥谷邦夫編『三教交渉論叢』所収、京都大学人文科学研究所
デュルケーム、エミル　一九四一・四二『宗教生活の原初形態（上）・（下）』古野清人訳、岩波文庫
寺沢　薫　一九八六a「弥生時代の食料――畑作物」『季刊 考古学』一四号、雄山閣出版
寺沢　薫　一九八六b「稲作技術と弥生の農業」森浩一編『日本の古代4 縄文・弥生の生活』所収、中央公論社
寺沢　薫・知子　一九八一「弥生時代植物質食料の基礎的研究」『考古学論攷』第五冊、橿原考古学研究所
東京国立博物館　二〇一〇『誕生！中国文明』同展覧会図録、読売新聞社
戸田芳実　一九六七『日本領主制成立史の研究』岩波書店

戸田芳実　一九九一　『初期中世社会史の研究』東京大学出版会
鳥居龍蔵　一九一八　『有史以前の日本』磯部甲陽堂
鳥越憲三郎　一九九五　『稲作儀礼と首狩り』雄山閣出版
ナウマン、ネリー　一九九四　『山の神』野村伸一ほか訳、言叢社（原著は一九六三・六四）
直木孝次郎　一九五八　「人制の研究――大化前官制の考察、その一」同『日本古代国家の構造』所収、青木書店
直木孝次郎　一九六八　「門号氏族」同『日本古代兵制史の研究』所収、吉川弘文館
中山太郎　一九二五　「人身御供の資料としての『おなり女』伝説」『中央史壇』八月生類犠牲研究特集号（のち「田植に女を殺す土俗」と改題して『日本民俗志』總葉社、一九二六に所収、なお礫川全次編『生贄と人柱の民俗学』批評社、一九九八にも所載）
中山太郎　一九三三　「アマゴヒ〔雨乞〕」同編『日本民俗学辞典』昭和書房
西岡　弘　一九五二　「散米考」國學院大學編『古典の新研究』所収、國學院大學編、角川書店
西本豊弘　一九九一ａ　「狩猟」『古墳時代の研究　4 生産と流通Ⅰ』所収、雄山閣出版
西本豊弘　一九九一ｂ　「弥生時代のブタについて」『国立歴史民俗博物館研究報告』第三六集
西本豊弘　一九九一ｃ　「縄文時代のシカ・イノシシ狩猟」『古代』九一号、早稲田大学考古学会
西本豊弘　一九九五　「縄文人と弥生人の動物観」『国立歴史民俗博物館研究報告』第六一集
西本豊弘　一九九九　「家畜そのⅠ――イヌ・ブタ・ニワトリ」西本豊弘・松井章編『考古学と自然科学② 考古学と動物学』所収、同成社
西本豊弘　二〇〇八　「ブタと日本人」『人と動物の日本史1 動物の考古学』所収、吉川弘文館
日光市史編さん委員会　一九七九　『日光市史 中巻』日光市
丹生谷哲一　一九八六　『検非違使――中世のけがれと権力』平凡社選書
ネフスキー、Ａ＝ニコライ　一九一八　「農業に関する血液の土俗」（岡正雄編『月と不死』所収、平凡社東洋文庫、一九七一）
野本寛一　一九八四　『焼畑民俗文化論』雄山閣出版

萩原法子　一九九三　「弓神事の原初的意味を探る――三本足の烏の的を中心に」『日本民俗学』一九三号
萩原法子　一九九九　『熊野の太陽信仰と三本足の烏』戎光祥出版
萩原法子　二〇〇六　「オビシャと長江文明」安田喜憲編『山岳信仰と日本人』所収、NTT出版
萩原秀三郎　一九八七　『稲を伝えた民族――苗族と江南の民族文化』雄山閣出版
原田信男　一九九三　『歴史のなかの米と肉』平凡社選書
原田信男　一九九九　「精進の系譜と懐石」筒井紘一編『懐石と菓子　茶道学体系四』所収、淡交社
原田信男　二〇一一　「近世農政家の焼畑観」原田ほか編『焼畑の環境学』思文閣出版
原田信男ほか著　二〇一二　『捧げられる生命――沖縄の動物供犠』御茶の水書房
早川孝太郎　一九三〇　「山村手記」同著『花祭』後編 所収、岡書房（『早川孝太郎全集第二巻』未来社、一九七二）
林屋辰三郎　一九六〇　『中世芸能史の研究』岩波書店
平川　南　一九九九　「新発見の『種子札』と古代の稲作」『国史学』第一六九号
平賀　久　一九九四　『はにわの動物園』保育社
平郡達哉　二〇〇八　「先史」田中俊明編『朝鮮の歴史』所収、昭和堂
平林章仁　二〇〇〇　『三輪山の古代史』白水社
平林章仁　二〇〇七　『神々と肉食の古代史』吉川弘文館
福田アジオほか編　二〇〇〇　『日本民俗大辞典下』吉川弘文館
藤森栄一　一九七〇　『縄文農耕』学生社
プリチャード、エヴァンズ　一九八二　『ヌアー族の宗教』岩波書店
フレーザー、ジェイムス　一九五一・五二　『金枝篇（一）～（五）』永橋卓介訳、岩波文庫
ブレイ、フランチェスカ　二〇〇七　『中国農業史』古川久雄訳、京都大学学術出版会
北條勝貴　二〇〇八　「中村生雄・三浦佑之・赤坂憲雄編『狩猟と供犠の文化史』」『民俗文化』第二〇号、近畿大学民俗学研究所
堀田吉雄　一九六六　『山の神信仰の研究』伊勢民俗学会

前城直子　二〇一二「牛はなぜ捧げられるか」原田信男・前城直子・宮平盛晃共著『捧げられる生命』御茶の水書房
松井　章　一九九一「家畜と牧――馬の生産」『古墳時代の研究 第四巻 生産と流通Ⅰ』所収、雄山閣出版
松井　章　一九九五ａ「古代・中世の村落における動物祭祀」『国立歴史民俗博物館研究報告』第六一集
松井　章　一九九五ｂ「池島・福万寺遺跡出土の動物遺存体」『池島・福万寺遺跡発掘調査概要Ⅺ』大阪文化財センター
松井　章　一九九七「具志原貝塚出土の動物遺存体」『伊江島具志原貝塚発掘調査報告――沖縄県文化財調査報告書第一三〇集』沖縄県教育委員会
松井　章　二〇〇三ａ「動物祭祀」赤坂憲雄ほか編『いくつもの日本Ⅶ 神々のいる風景』所収、岩波書店
松井　章　二〇〇三ｂ「出雲国府跡5号土坑から出土した動物遺存体」『史跡出雲国府跡1』島根県教育委員会
松井　章　二〇一〇「渡来した習俗・技術」松藤和人ほか編『よくわかる考古学』所収、ミネルヴァ書房
松井　章　二〇一一「山と海の考古学 3 コウノトリの足跡」『信濃毎日新聞』六月一一日
松村武雄　一九五八『日本神話の研究 第四巻 綜合研究編』第七章、培風館
三浦佑之　一九九二「イケニエ譚の発生――農耕と縄文と」赤坂憲雄編『叢書 史層を掘る 4 供犠の深層へ』新曜社
（のち三浦『神話と歴史叙述』若草書房、一九九八年に改稿して所収）
三浦佑之　二〇〇七「人間鉄骨論」中村生雄ほか編『狩猟と供犠の文化誌』森話社
三品彰英　一九七三『古代祭政と穀霊信仰』三品彰英論文集 第五巻、平凡社
三橋　正　一九八九ａ「『延喜式』穢規定と穢意識」『延喜式研究』第二号、延喜式研究会
三橋　正　一九八九ｂ「『弘仁・貞観式』逸文について」『国書逸文研究』二二号、国書逸文研究会
宮崎康雄　二〇〇八「今城塚古墳」大阪府近つ飛鳥博物館編『埴輪群像の考古学』所収、青木書店
六車由実　二〇〇三『神、人を喰う』新曜社
六車由実　二〇〇七「人柱の思想・序論」中村生雄ほか編『狩猟と供犠の文化誌』所収、森話社
村井章介　一九九五「王土王民思想と九世紀の転換」『思想』八四七号
モース、マルセル・ユベール、アンリ　一九八三『供犠』小関藤一郎訳、法政大学出版局

本山桂川　一九三四　『信仰民俗誌』昭和書房
桃崎祐輔　一九九三　「古墳に伴う牛馬供犠の検討――日本列島・朝鮮半島・中国東北地方の事例を比較して」『古文化論叢』第三一集、九州古文化研究会
森　正人　一九七七　「三宝絵の成立と法苑珠林」『愛知県立大学文学部論集（国文学科編）』二六号、愛知県立大学文学部
森田克行　二〇〇八　「新・埴輪芸能論」大阪府近つ飛鳥博物館編『埴輪群像の考古学』所収、青木書店
森枝卓士　一九九八　『アジア菜食紀行』講談社現代新書
諸橋轍次　一九五五～六〇　『大漢和辞典』大修館書店
柳川文吉　一九二五　「夏の雨乞ひの話――全国各地の雨乞ひの奇習」『青年』一〇巻七号、日本青年館
柳田国男　一九〇九　『後狩詞記』自費出版（『柳田国男全集 第一巻』筑摩書房、一九九九）
柳田国男　一九一一　「掛神の信仰に就て」（『柳田国男全集 第二四巻』筑摩書房、一九九九、初出『仏教史学』一巻八号）
柳田国男　一九一四　『山島民譚集』甲寅叢書刊行所（『柳田国男全集 第二巻』筑摩書房、一九九七）
柳田国男　一九一六　「浜弓考上・下」（『柳田国男全集 第二五巻』筑摩書房、二〇〇〇、初出『郷土研究』第四巻七・八号）
柳田国男　一九一七　「一目小僧」『一目小僧その他』（『柳田国男全集 第七巻』筑摩書房、一九九八、初出「東京日日新聞」八月一四日～九月六日）
柳田国男　一九一八ａ　「農に関する土俗」『郷土誌論』（『柳田国男全集 第三巻』筑摩書房、一九九七、初出『黒潮』三巻四号）
柳田国男　一九一八ｂ　「橋姫」『一目小僧その他』（『柳田国男全集 第七巻』筑摩書房、一九九八、初出『女学世界』第一八巻第一号）
柳田国男　一九二五　「餅白鳥に化する話」『一目小僧その他』（『柳田国男全集 第七巻』筑摩書房、一九九八、初出「東京朝日新聞」一月九～一一・一三日）

柳田国男　一九二七ａ「鹿の耳」『一目小僧その他』（『柳田国男全集 第七巻』筑摩書房、一九九八、初出『中央公論』第四二巻一一号）
柳田国男　一九二七ｂ「松王健児の物語」『妹の力』（『柳田国男全集 第一一巻』筑摩書房、一九九八、初出『民族』第二巻第二号）
柳田国男　一九二七ｃ「人柱と松浦佐用媛」『妹の力』（『柳田国男全集 第一一巻』筑摩書房、一九九八、初出『民族』第二巻第三号）
柳田国男　一九三五「遠野物語拾遺」『遠野物語 増補版』郷土研究社（『柳田国男全集 第二巻』筑摩書房、一九九七）
柳田国男　一九四二「供物と神主」『日本の祭』弘文堂書房（『柳田国男全集 第一三巻』筑摩書房、一九九八）
柳田国男　一九四六「田の神と山の神」『先祖の話』筑摩書房（『柳田国男全集 第一五巻』筑摩書房、一九九八）
柳田国男　一九四九「サンバイ降しの日」『年中行事覚書』現代選書、修道社（『柳田国男全集 第一八巻』「年中行事」所収、筑摩書房、一九九九、初出『讃岐民俗』第三巻第一号）
柳田国男　一九五三ａ「国語史のために」『国語学 第一二輯』武蔵野書院（『柳田国男全集 第三二巻』筑摩書房、二〇〇四）
柳田国男　一九五三ｂ「稲の産屋」『海上の道』筑摩書房（『柳田国男全集 第二一巻』筑摩書房、一九九七、初出『新嘗の研究 第一輯』創元社）
柳田国男　一九五六『妖怪談義』現代選書、修道社（『柳田国男全集 第二〇巻』筑摩書房、一九九九）
籔元　晶　二〇〇二「空海請雨伝承の成立と展開」同『雨乞儀礼の成立と展開』御影史学研究会民俗学叢書、岩田書院
山田仁史　二〇〇七ａ「金の枝を手折りて」『論集』三四号、印度学宗教学会（東北大学）
山田仁史　二〇〇七ｂ「東南アジアにおける〈首狩文化複合〉」『東アジアにおける人と自然の対抗／親和の諸関係にかんする宗教民俗学的研究』［基盤研究(B)］研究成果報告書所収、研究代表者・中村生雄（学習院大学）
山田仁史　二〇〇八「台湾原住民における首狩」『アジア民族文化研究』七号、アジア民族文化学会
山中　裕　一九七二『平安朝の年中行事』塙書房

山本幸司　一九九二『穢と大祓』平凡社選書
横田健一　一九六九『古代日本の精神』講談社新書
義江明子　一九九六『日本古代の祭祀と女性』吉川弘文館
吉岡　勲　一九五五『岐阜県の伝説』第三章第一七項「雨乞い百相」、大衆書房
吉田敦彦　一九九〇『豊穣と不死の神話』青土社
吉田敦彦　一九九二『昔話の考古学――山姥と縄文の女神』中公新書
吉田比呂子　二〇〇〇「宗教的・儀礼的性格を持つ解釈用語の問題点――生贄・身代わり・人身御供・人柱」国語語彙史研究会編『国語語彙史の研究 一九』所収、和泉書院
吉田美穂　一九一三「熊野雨乞行事（牛の首）」『郷土研究』一巻七号、郷土研究社
吉野　裕　一九七一「〈鹿の血〉の秘密――賛用都比売伝承批判」『文学』三九号
李　杜鉉　一九七七「歳時風俗」同ほか編『韓国民俗学概説』崔吉城訳、学生社
若松良一　一九九〇「南関東」『はにわの動物園――関東の動物埴輪の世界』所収、橿原考古学研究所付属博物館特別展図録34

《日本関係史料》

『阿蘇大宮司惟忠御田出仕次第写』阿蘇品保夫ほか校注『神道大系 神社編五十 阿蘇・英彦山』神道大系編纂会、一九八七年
『阿蘇大明神流記』阿蘇品保夫ほか校注『神道大系 神社編五十 阿蘇・英彦山』神道大系編纂会、一九八七年
『阿蘇社年中神事次第写』阿蘇品保夫ほか校注『神道大系 神社編五十 阿蘇・英彦山』神道大系編纂会、一九八七年
『阿蘇宮御田植歌』阿蘇品保夫ほか校注『神道大系 神社編五十 阿蘇・英彦山』神道大系編纂会、一九八七年
『阿蘇宮神事注文写』阿蘇品保夫ほか校注『神道大系 神社編五十 阿蘇・英彦山』神道大系編纂会、一九八七年
『阿蘇宮由来略』阿蘇品保夫ほか校注『神道大系 神社編五十 阿蘇・英彦山』神道大系編纂会、一九八七年

『吾妻鏡』黒板勝美編『吾妻鏡 第一』吉川弘文館、一九七七年
『有馬郡誌』上巻、山脇延吉編、一九二九年、名著出版、複刻版、一九七四年
『海人藻芥』『群書類従』第二八輯、続群書類従完成会、一九三二年
「伊居太神社日記(下巻)」『池田市史 史料編③』池田市史編纂委員会編、池田市、一九六八年
『伊勢二所太神宮神名秘書』田中卓ほか校注『神道大系 論説編五』神道大系編纂会、一九九三年
『伊丹市史』第六巻、伊丹市史編纂専門委員会編、伊丹市、一九七〇年
『一宮社伝書上』藤井駿ほか校注『神道大系 神社編三十八 美作・備前・備中・備後国』神道大系編纂会、一九八六年
『一遍聖絵』大橋俊雄校注、岩波文庫、二〇〇〇年
『伊呂波字類抄』一〇巻本、原装影印版、古辞書叢刊、雄松堂書店、一九七七年
『色葉字類抄 一』前田育徳会尊経閣文庫編、尊経閣善本影印集成、八木書店、一九九九年
『伊予三島縁起』続群書類従完成会『続群書類従』第三輯下、一九二五年
『石見外記』中川顕允著、内閣文庫蔵本(国立公文書館所蔵)
『宇治拾遺物語』渡邊綱也ほか校注、日本古典文学大系、岩波書店、一九六〇年
『宇都宮大明神代々奇瑞之事』続群書類従完成会『群書類従 第二輯 神祇部』、一九三二年
『雲根志 上巻』木内小繁著、正宗敦夫校訂、日本古典全書、一九三〇年(覆刻版、現代思潮社、一九七九年)
『延喜式』黒板勝美編『交替式・弘仁式・延喜式 前篇』『延喜式 中篇』『延喜式 後篇』国史大系、吉川弘文館、一九八一年
「大阪朝日新聞」昭和一四年八月三一日「通信燈欄」国会図書館蔵
『奥三河花祭り祭文集』武井正弘編、岩田書院、二〇一〇年
『甲斐国志 第二巻』佐藤八郎ほか校訂、大日本地誌大系四五、雄山閣、一九七〇年
『加東郡誌』加東郡教育会、一九二三年
『鎌倉遺文』古文書編第一巻、竹内理三編、東京堂出版、一九七一年
『清輔雑談集』藤原清輔、古典資料19、古典資料研究会 藝林舎、一九七一年

『源氏物語』須磨　山岸徳平校注『源氏物語』二、日本古典文学大系、岩波書店、一九五九年
『公室年譜略——藤堂藩初期史料』上野市古文献刊行会編、清文堂史料叢書、二〇〇二年
『皇太神宮儀式帳』胡麻鶴醇之ほか校注『神道大系 神宮編一　皇太神宮儀式帳 止由気宮儀式帳 太神宮諸雑事記』神道大系編纂会、一九七九年
『江談抄』後藤昭雄ほか編『江談抄 中外抄 富家語』新日本古典文学大系、岩波書店、一九九七年
『弘仁式』逸文⇓『西宮記』巻七臨時六
『古今和歌集』佐伯梅友校注、岩波文庫、一九八一年
『古語拾遺』西宮一民校注、岩波文庫、一九八五年
『古事記』青木和夫ほか校注、日本思想大系、岩波書店、一九八二年
『粉本稿』内田武志ほか編『菅江真澄全集 第九巻』未来社、一九七三年
『今昔物語集 四・五』小峯和明・森正人校注、新日本古典文学大系、岩波書店、一九九四・九六年
『西遊雑記 巻二』宮本常一ほか編『日本庶民生活史料集成 第二巻 探検・紀行・地誌・西国篇』三一書房、一九六九年
『校正 作陽誌 上・下』長尾勝明編、大谷藤次郎校正、仁科照文社、一九〇四年
『薩隅日地理纂考』鹿児島県教育会編纂、鹿児島県地方史学会版、一九七一年
『山槐記 二』増補史料大成刊行会編、増補史料大成、臨川書店、一九六五年
『三国名勝図会 第四巻』天保一四年刊、五代秀堯ほか編、原口虎雄監修、青潮社、一九八二年
『三国神社伝記』文化五年序、大河平隆棟編、（佐伯有義校訂、思文閣、一九〇八年）
『三宝絵』馬淵和夫ほか校注『三宝絵　注好選』新日本古典文学大系、岩波書店、一九九七年
『詩学大成抄』大塚光信編『新抄物資料集成 第一巻』清文堂出版、二〇〇〇年
『下野狩集説秘録』阿蘇品保夫ほか校注『神道大系 神社編五十 阿蘇・英彦山』神道大系編纂会、一九八七年
『沙石集』渡邊綱也校注、日本古典文学大系、岩波書店、一九六六年
『拾菓集』外村久江ほか編『早歌全詞集』中世の文学、三弥井書店、一九九三年
『聖徳太子伝暦』藤原猶雪編『聖徳太子全集』第二巻 太子伝上、臨川書店、一九八九年（初出：財団法人聖徳太子奉讃

会、一九四二年）
『書紀集解』河村秀根・益根著（小島乗之補注、臨川書店、一九六九年）
『十訓抄』浅見和彦校注、新編日本古典文学全集、小学館、一九九七年
『小右記』東京大学史料編纂所編、大日本古記録、岩波書店、一九七六年
『拾遺往生伝』井上光貞ほか編『往生伝　法華験記』日本思想大系、岩波書店、一九七四年
『続日本紀 一・二・四・五』青木和夫ほか校注、新日本古典文学大系12・13・15・16、岩波書店、一九八九・九〇・九五・九八年
『史料総覧 巻二』東京帝国大学史料編纂所編、東京大学出版会、一九二三年
『神祇志料 下巻』栗田寛著、栗田勤校訂、思文閣、一九二七年
『新撰字鏡』京都大学文学部国語学国文学研究室編『天治本 新撰字鏡 増訂版』臨川書店、一九六七年
「神伝鹿卜秘事記」東京都あきる野市阿伎留神社所蔵
『神道集』近藤喜博編『神道集 東洋文庫本』、角川書店、一九五九年
『字鏡集 六』古辞書叢刊刊行会編、原装影印版、増補、雄松堂書店、一九七七年
『住吉松葉大記』梅園惟朝　真弓常忠監修覆刻、皇學館大学出版部、一九八四年
『諏訪大明神絵詞』今津隆弘「校訂『諏訪大明神絵詞』（前編・後編）」『神道史研究』四三巻二・三号、一九九四・九五年
『すわの海』内田武志ほか編『菅江真澄全集 第一巻』未来社、一九七一年
『駿国雑志』二、阿部正信、中川芳雄ほか校訂、吉見書店、一九七七年
『正卜考』伴信友著『伴信友全集 第二』国書刊行会、一九〇七年
『勢陽五鈴遺響（四）』安岡親毅著、倉田正邦校訂、三重県郷土資料叢書八四集、三重県郷土資料刊行会、一九七七年
『摂陽群談』岡田徯志編、大日本地誌大系、雄山閣、一九三〇年
『節用集』中田祝夫ほか編『印度本節用集 和漢通用集 他三種研究並びに 総合索引 影印篇』古辞書大系、勉誠社、一九八〇年
『撰集抄』久保田淳編『西行全集』日本古典文学会、一九八二年

『箋注倭名類聚抄』狩谷棭斎（『倭名類聚抄』一〇巻本）京都大学文学部国語学国文学研究室編『諸本集成 倭名類聚抄 本文篇』、臨川書店、一九八一年
『全讃史』中山城山著、青井常太郎校訂国訳『国訳 全讃史』藤田書店、一九三七年（復刻讃岐叢書第一、一九七二年）
『古老口実伝』伴五十嗣郎ほか校注『神道大系 論説編五 伊勢神道（上）』神道大系編纂会、一九九三年
「蘇渓温故」阿蘇品保夫ほか校注『神道大系 神社編五十 阿蘇・英彦山』神道大系編纂会、一九八七年
『体源抄』正宗敦夫編『軆源鈔 四』覆刻日本古典全集、現代思潮社、一九七八年
『大日本国法華験記』井上光貞ほか編『往生伝　法華験記』日本思想大系、岩波書店、一九七四年
『大神宮諸雑事記』群書類従 第一輯、続群書類従完成会、一九二九年
『太宰管内志（下）』伊藤常足著、歴史図書社、一九六九年
『歎異抄』金子大栄校注、岩波文庫、一九三一年
『丹波志』古川茂正ほか編、名著出版、一九七四年
『中右記 三・四』増補史料大成刊行会編、増補史料大成普及版、臨川書店、二〇〇二年
「東京朝日新聞」大正一三年七月一二日「地方色欄」国会図書館蔵
「徳大寺実基政道奏状」伏見宮御記録本（東京大学史料編纂所蔵）、佐藤進一ほか編『中世政治社会思想下』所収、日本思想大系、岩波書店、一九八一年
『中山神社縁由』藤井駿ほか校注『神道大系 神社編三十八 美作・備前・備中・備後国』神道大系編纂会、一九八六年
『寧楽遺文』上巻、竹内理三編、東京堂出版、一九六二年
『南路志』武藤致和編著、高知県文教協会、一九五九年
『日光山縁起』萩原龍夫ほか校注『寺社縁起』日本思想大系、岩波書店、一九七五年
『西宮記』土田直鎮ほか校注『神道大系 朝儀祭祀編二』神道大系編纂会、一九九三年
『日本紀略』黒板勝美編『日本紀略 第二・第三』新訂増補国史大系、吉川弘文館、一九八〇年
『日本三代実録』黒板勝美編　新訂増補国史大系、吉川弘文館、一九九六年
『日本書紀』坂本太郎ほか校注『日本書紀 上・下』日本古典文学大系、岩波書店、一九六七・六五年

『日本霊異記』遠藤嘉基ほか校注、日本古典文学大系、岩波書店、一九六七年
『年内神事次第旧記』信濃史料刊行会『新編 信濃史料叢書 第七巻』一九七二年
『祝詞』武田祐吉ほか校注『古事記　祝詞』日本古典文学大系、岩波書店、一九五八年
『播磨国風土記』⇒『風土記』
『八幡社宮制』続群書類従 第三輯下、続群書類従完成会、一九二五年
『肥後国誌 下巻』(享保一三年成立の成瀬久敬著『新編肥後国志草稿』が原形)後藤是山編、九州日日新聞社、一九二七年
『日向国風土記』逸文⇒『風土記』
『常陸国風土記』⇒『風土記』
『百錬抄』黒板勝美監修『日本紀略後編 百錬抄』新訂増補国史大系、吉川弘文館、一九三四年
『袋草紙』上巻、佐々木信綱編『日本歌学大系』第二巻、風間書房、一九五六年
『扶桑略記』黒板勝美監修『扶桑略記　帝王編年記』新訂増補国史大系、吉川弘文館、一九三二年
『二荒山旧記』菅原信海校注『神道大系 神社編三十一 日光・二荒山』神道大系編纂会、一九八五年
『風土記』秋本吉郎校注、日本古典文学大系、岩波書店、一九五八年
『夫木和歌抄』『新編国歌大観』編集委員会編『新編 国歌大観 第二巻 私撰集編 歌集』角川書店、一九八四年
『平安遺文』古文書編第一・二・四・六・七・八巻、竹内理三編、東京堂出版、一九六四年
『北山抄』土田直鎮ほか校注『神道大系 朝儀祭祀編三 北山抄』神道大系編纂会、一九九二年
『豊後国風土記』⇒『風土記』
『本朝神社考』谷川健一ほか編『日本庶民生活史料集成 第二六巻 神社縁起』三一書房、一九八三年
『房総志料』房総叢書刊行会『房総叢書 第六巻』一九四一年
『政基公旅引付』宮内庁書陵部編、図書寮叢刊、養徳社、一九六一年
『万葉集』佐々木信綱編『新訓 万葉集 下巻』岩波文庫、一九二七年
『萬葉拾穂抄』影印本、第四巻、新典社、一九七六年

『万葉集仙覚抄』日本文学古註釈大成『万葉集仙覚抄 万葉集名物考 他二編』日本図書センター、一九七八年
『参河国官社考集説』羽田野敬雄編、真壁俊信校注『神道大系 神社編一五 尾張・参河・遠江国』神道大系編纂会、一九八八年
『御子神記事』柳瀬五郎兵衛著、吉村春峰編纂『土佐国群書類従 巻一』所収、秋澤繁ほか編、高知県立図書館、一九九八年
『三島宮御鎮座本縁』大山祇神社編、宮司三島喜徳、一九八六年
『箕面市史』史料編六、箕面市史編集委員会編、箕面市役所、一九七五年
『美作国神社資料』藤巻正之編、美作国神社資料刊行会、一九二〇年
「都新聞」大正一三年九月二日「諸国の噂欄」国会図書館蔵
『名語記』北野克編、勉誠社、一九八三年
『山城国風土記』逸文⇒『風土記』
「大和国高取領風俗問状答」竹内利美ほか編『日本庶民生活史料集成 第九巻 風俗』三一書房、一九六九年
『大和志』並河永校訂『大和志・大和志料』臨川書店、一九八七年
『夢前町史』夢前町教育委員会、夢前町、一九七九年
『養老律令』井上光貞ほか校訂『律令』日本思想大系、岩波書店、一九七六年
『令義解』黒板勝美編『律・令義解』新訂増補国史大系、吉川弘文館、一九六六年
「両社御造営領并御神領等帳」竹内秀雄校注『神道大系 神社編三十 諏訪』神道大系編纂会、一九八二年
『類聚国史』黒板勝美編『類聚国史 第一』新訂増補国史大系、吉川弘文館、一九七九年
『類聚三代格』黒板勝美編『類聚三代格 後編・弘仁格抄』新訂増補国史大系、吉川弘文館、一九八〇年
『類聚名義抄』野間光辰ほか編『類聚名義抄観智院本仏・法』天理図書館善本叢書、八木書店、一九七六年
『倭名類聚抄』国会図書館蔵元和古活字版二〇巻本、中田祝夫編、勉誠社文庫23、勉誠社、一九七八年
『倭名類聚抄』一〇巻本⇒『箋注倭名類聚抄』
『倭名類聚抄』下総本、国立公文書館蔵本

《中国・朝鮮・ポルトガル関係史料》

『淮南子』楠山春樹校注『淮南子上・中・下』新釈漢文大系54・55・62、明治書院、一九七九〜八八年
『漢書』第一〇冊、班固撰、顔師古注、中華書局版
『魏志』韓伝・高句麗伝・挹婁伝（井上秀雄ほか訳注『東アジア民族史1』平凡社東洋文庫264、一九七四年）
『魏志』扶余伝（『三国志』裴松之注、中華書局版）
『魏志』倭人伝（『新訂 魏志倭人伝・後漢書倭伝・宋書倭国伝・隋書倭国伝』石原道博編訳、岩波文庫、一九八五年）
『魏略』（同右『魏志』倭人伝所引）
『儀礼』池田末利訳注『儀禮Ⅰ〜Ⅴ』東海大学古典叢書、東海大学出版会、一九七三〜八七年
『高麗史』鄭麟趾奉勅修『高麗史 第一』国書刊行会、一九〇八年
『後漢書』扶余国伝（井上秀雄ほか訳注『東アジア民族史1』平凡社東洋文庫264、一九七四年）
『後漢書』倭伝（『新訂 魏志倭人伝・後漢書倭伝・宋書倭国伝・隋書倭国伝』石原道博編訳、岩波文庫、一九八五年）
『金光明経』大蔵経編輯部編『昭和新纂国訳大蔵経』経典部第四巻所収、東方書院、一九二八年
『金光明最勝王経』塚本賢暁編訳『国訳密教』経軌部一所収、一九七六〜八四年
『山海経』前野直彬校注『山海経・列仙伝』全釈漢文大系33、集英社、一九七五年
『三国史記』金富軾撰、学習院大学東洋文化研究所、一九六四年
『三国史記（鋳字本）』金富軾撰、学東叢書第一三　学習院大学東洋文化研究所、一九八六年
『史記』吉田賢抗校注『史記 一』『史記 五（世家上）』明治書院、新釈漢文大系38・85、一九七三・七七年
『周礼』本田二郎『周礼通釈 上』秀英出版、一九七七年
『四民月令』崔寔著（渡辺武訳注、平凡社東洋文庫467、一九八七年）
『十誦律』上田天瑞訳『国訳一切経 律部六 十誦律』大東出版社、一九三四年
『真誥』陶弘影撰、百部叢書集成四六、芸文印書館影印（台湾）

『神仙伝』葛洪撰、福井康順訳注、明徳出版社、一九八三年
『上清太上帝君九真中経』道蔵正乙部一九、芸文印書館影印（台湾）、一九六二年
『隋書』高祖伝、二十四史、中華書局
『隋書』倭国伝（『新訂 魏志倭人伝・後漢書倭伝・宋書倭国伝・隋書倭国伝』石原道博編訳、岩波文庫、一九八五年）
『説文解字』尾崎雄二郎訳註『訓讀 説文解字注 金冊』東海大学出版会、一九八一年
『大般涅槃経』塚本啓祥ほか校注『新国訳一切経 涅槃部一 大般涅槃経（南本）Ⅰ』大蔵出版、二〇〇八年
『大般涅槃経疏』横超慧日訳『国訳一切経 経疏部一三大般涅槃経疏』大東出版社、一九八五年
『大戴礼記』（栗原圭介校注『大戴礼記』明治書院、新釈漢文大系113、一九九一年）
『通典』挹婁伝・馬韓伝（井上秀雄ほか訳注『東アジア民族史2』平凡社東洋文庫283、一九七六年）
『東国歳時記』洪錫謨著（姜在彦訳注『朝鮮歳時記』平凡社東洋文庫193、一九七一年）
『日欧文化比較』ルイス＝フロイス著、（岡田章雄ほか編訳『日本大王記 日欧文化比較』大航海時代叢書Ⅺ、岩波書店、一九六五年
『邦訳 日葡辞書』土井忠生ほか編訳、岩波書店、一九八五年
『梵網経』加藤観澄訳『国訳一切経 律部一二梵網経』大東出版社、一九三〇年
『法苑珠林』道世撰、四部叢刊初編子部『法苑珠林 一』上海商務印書館縮印明万暦刊本
『礼記』竹内照夫校注『礼記 上・中』明治書院、新釈漢文大系27・28、一九七一・七七年
『呂氏春秋』呂不韋編、楠山春樹校注『呂氏春秋 上』明治書院、新編漢文選1、一九九六年

＊なお本書における史料引用は、読みやすさを考慮して読み下し文とし、カタカナ文も適宜ひらがな文に改めた。ただ辞書類における名詞部分にはカタカナを残したり、刊行された読み下し文が存在する場合には、校注者の表記を生かすなどしたため、表記上の統一を欠く部分があることをお断りしておきたい。また引用のうち〈 〉は割注を示す。

あとがき

旧著『歴史のなかの米と肉』(平凡社選書)を一九九三年四月に刊行して、私は同年秋からのウィーン留学の準備に入った。そして九月からウィーンを拠点に、西欧と東欧のほかトルコやロシア・エジプト・モロッコさらには南米のアルゼンチンまで、とにかく異国を見て回った。思えば四〇代は、ヨーロッパをはじめとする西側世界を歩き回り、その最終段階にあたる一九九九年に、学位論文『中世村落の景観と生活』(思文閣出版)を上梓することができた。その後の五〇代は、予定通りアジアへと旅路を移し、人々の生活を見て歩くことに重きをおいた。とくに東南アジアと中央アジアを見る機会が得られたことは幸せだった。

もともと韓国には、一九八五年に初めての外国として訪れ、爾来、しばしばウオッチングを続けてきたが、肝心の中国については、内モンゴルとチベット・雲南を見て回っただけで、中原の見聞はほとんど皆無に等しかった。いくつかの共同研究が一段落しつつあった二〇一〇年夏、珍しくパックツアーに参加して、かつて一度立ち寄っただけの北京を再訪した。四泊五日で六つの世界遺産を回るという簡便な旅行で、ゆっくりした見学時間など確保できなかったが、何よりも天壇が印象に残った。まさに中国における国家祭祀の要所だったからである。

そして帰国後まもなく、一週間ほど入院を余儀なくされた。ただ予定されたスケジュールで、点滴中心の治療だったため、病室にパソコンと『史記』を持ち込んだ。ちょうど二〇年以上も続いた関東平野西部における村落史の共同研究報告書の最終編集段階で、パソコンでの全体校閲に疲れると『史記』を読みふけった。中国の政治や文化に触れれば触れるほど、もちろんいくつかの違いはあっても、日本の国家制度や祭祀の原型は、やはり中国に求められると感じた。

それまでは、かつての居住地であった札幌を起点に、北海道と沖縄の各地に興味を抱いて出かけ、サハリンや台湾へも足を伸ばして、日本と南北との交流に眼が向いていた。しかし日本の歴史を考えるにあたって、私たちの民族や国家の形成に、圧倒的な影響力を及ぼした中国や朝鮮、つまり大陸と半島の問題を軽視すべきではないことを痛感するようになった。それから焼畑研究における日中関係史料の比較・検討が必要なこともあって、しばらく四書五経をはじめとする中国典籍や朝鮮史書に没頭する毎日を送った。

このことは実に貴重な体験で、日本の歴史を相対化させるのに大いに役立った。まだはっきりとはつかめていないが、明らかに中国・朝鮮・日本という東アジア世界には、そこに通底する歴史的な心性とでもいうべきものがある。日本の文化や歴史を考える上で、東アジア世界という視座の重要性をつくづくと実感するに至った。

旧著を刊行したことで、一九九八年には、中村生雄氏が主宰する供犠論研究会に誘われ、以後有志たちと研究を続けてきた。この研究会では、赤坂憲雄氏や三浦佑之氏などをはじめ、さまざまな専門分野の研究者たちと、しばしば現地調査や合宿に出かけて、酒を飲んでは深夜まで議論に明け暮れた。ここで学んだことは実に多く、本書はまぎれもなくその成果の一部である。この研究会は、二〇一〇年の中村氏の逝去を機に幕を閉じたが、その期間は約一〇年に及んだ。なお供犠論研究会については、拙稿「供犠から供養へ」（『季刊 東北学』第二六号、二〇一一年）を参照されたい。

もともと本書は、沖縄の動物供犠を扱った姉妹編『捧げられる生命』（御茶の水書房）の総論として書かれるはずのものであった。それゆえ同書第二章の拙稿「ハマエーグトゥと沖縄の動物供犠」をできるだけ参照されたい。しかも初めは同書をより簡略な体裁で刊行することを考えていたが、執筆を始めてみると、内容は膨大に膨らみ、予定していた総論自体も、かなりのボリュームに達してしまった。そこで、この総論部分を独立させ、かつこれに関連の深い旧稿二本を補論として付編に加えて本書とした。この両論については、本編との多少の重複は避けられなかったが、論旨に関しては収録を機に若干の削除と改稿を行ったので、これらを決定稿としたい。

こうした事情から本来なら三年前に刊行する予定であったものが、あまりにも構想が膨らみすぎて収拾がつかなくなってしまった。しかも二〇一一年度中には、単編著『地域開発と村落景観の歴史的展開』（思文閣出版）、共編著『焼畑の環境学』（思文閣出版）、共編著『都市歴史博覧』（笠間書院）の三冊を公刊しなければならない責務を負っていた。さらにラオスの村落調査を通じて、網野善彦氏が提起した日本中世の職人論に対する批判を試みた研究ノート「ラオス北部村落の景観と農民」（『季刊 東北学』二九号、二〇一一年）の公表にも迫られていた。

これらの大仕事を間に挟む執筆となったため、本書と姉妹編の刊行は大幅に遅れる結果となったが、このことについては、我慢強く首を長くして待っておられた御茶の水書房社長・橋本盛作氏に深くお詫びしなければならない。また考古学関係では、長いお付き合いとなった奈良文化財研究所の松井章氏と沖縄県立芸術大学の安里進氏に、そして文化人類学では東北大学の山田仁史氏に、さまざまなアドバイスを戴いた。ともに記して感謝したい。

いうまでもなく本書の問題意識は、旧著の延長線上にあるが、その刊行までにはすでに一〇年近くを要している。さらに本書の結論に至るまでの期間を加えれば、ほぼ四半世紀の歳月が流れたことになる。ほかでも記したことだが、このテーマを見つけ出す以前の私は、決して熱心な学徒ではなかった。正直いって自分の軸足が持てなかったのだと思う。本だけはそれなりに読んでいたつもりではあったが、目的地が見えなかった。旧著の「あとがき」にも記したように、このテーマを得たことで、もう一つの専門である村落史の方も目標が定まってきた。

そして、それからは無我夢中で走りに走り続けた。その一つの仕上げでもある今回、本書のために明治大学図書館をしばしば利用させて戴いたが、私が必要とした書籍の多くは、かつてご指導を仰いだ萩原龍夫先生の旧蔵書だった。私の村落史研究は明らかに木村礎先生の影響下にあるが、思えば、本書のテーマは萩原先生が抱えておられた問題意識の一部だったのかも知れない。先生の下では、不肖の弟子でしかなかったことが悔やまれる。

いずれにしても、この歳になって改めて学恩という言葉の重みを噛みしめざるを得ないが、これでやっと日本における肉食と動物供犠のテーマから卒業することができる。歴史的にも史料的にも、その痕跡を日本のマジョリティたちが剥がしたり隠したりしてきたため、本書を完成させるまでの道のりは、実に長く苦しいものであった。すでに還暦を過ぎたが、これからも日本の歴史そのものを見つめ直すための新たな課題に取り組んでいきたいと思う。

二〇一二年一月三一日

杉風庵にて　原田信男

著者紹介

原田　信男（はらだ　のぶを）

1949年　栃木県生まれ
1974年　明治大学文学部卒業
1983年　明治大学大学院博士後期課程退学
1987年　札幌大学女子短期大学部専任講師に就任、2002年からは国士舘大学21世紀アジア学部教授

専　攻：日本文化論・日本生活文化史

著　書：『江戸の料理史』（中公新書、1989年、サントリー学芸賞受賞）
『歴史のなかの米と肉』（平凡社選書、1993年、小泉八雲賞受賞）
『中世村落の景観と生活』（思文閣史学叢書、1999年、学位論文：史学博士＝明治大学）
『コメを選んだ日本の歴史』（文春新書、2006年）
『食べるって何？』（ちくまプライマリー新書、2008年）
『食をうたう』（岩波書店、2008年）

編　著：『食と大地』（ドメス出版、2003年）
『いくつもの日本　全7巻』（共編、岩波書店、2002～03年）
『地域開発と村落景観の歴史的展開』（思文閣出版、2011年）
『焼畑の環境学』（共編、思文閣出版、2011年）
『都市歴史博覧』（共編、笠間書院、2011年）
ほか論文多数

なぜ生命《せいめい》は捧《ささ》げられるか——日本《にほん》の動物《どうぶつ》供犠《くぎ》

2012年6月1日　第1版第1刷発行

著　者　原田信男
発行者　橋本盛作
発行所　株式会社御茶の水書房
〒113-0033　東京都文京区本郷5-30-20
電話　03-5684-0751

Printed in Japan　　組版・印刷／製本　㈱タスプ

ISBN978-4-275-00980-7　C0036

索　　引

あ行

か行

さ行

た行

な行

は行

ま行

や行

ら行

わ行